幼狮工程

WENZHU CHENGZHANG DE JIAOBU
JIANLI JIAYUAN HEZUO XINJIZHI

稳住成长的脚步

建立家园合作新机制

崔利玲 著

江苏教育出版社

图书在版编目(CIP)数据

幼狮工程·稳住成长的脚步:建立家园合作新机制/崔利玲著.—南京:江苏凤凰教育出版社,2013.7(2018.1重印)

ISBN 978-7-5499-3142-2

Ⅰ.①幼… Ⅱ.①崔… Ⅲ.①学前教育—教学参考资料 Ⅳ.①G613

中国版本图书馆CIP数据核字(2013)第147301号

书　　名	幼狮工程 稳住成长的脚步 ——建立家园合作新机制
作　　者	崔利玲
责任编辑	李一民
出版发行	江苏凤凰教育出版社(南京市湖南路1号A楼　邮编210009)
苏教网址	http://www.1088.com.cn
照　　排	南京前锦排版服务有限公司
印　　刷	江苏扬中印刷有限公司　(电话0511-88420818)
厂　　址	江苏扬中市大全路6号　(邮编212212)
开　　本	787毫米×1092毫米　1/16
印　　张	17.5
字　　数	230千
版　　次	2013年7月第1版　2018年1月第2次印刷
书　　号	ISBN　978-7-5499-3142-2
定　　价	35.00元
网店地址	http://jsfhjycbs.tmall.com
公 众 号	苏教服务(微信号:jsfhjyfw)
邮购电话	025-85406265,025-85400774,短信02585420909
盗版举报	025-83658579

序

守住幼儿教育的根

当崔利玲园长把《稳住成长的脚步》一书的书稿交到我手中时，我便被书名中的"稳住"一词所吸引，并断定这可能是一本有态度的书。带着这样的期待，我读完了整部书稿，从中我读出了一名园长对当今幼儿教育面临问题的不懈思考，以及对待这些问题上的基本态度和立场——要守住幼儿教育的根。

中国的幼儿教育的根是什么？早在 1923 年，鼓楼幼稚园创办之日起，中国的幼教先驱陈鹤琴先生就针对当时我国幼儿教育中存在的"外国病、花钱病、富贵病"三大顽症，提出要把鼓楼幼稚园办成适合国情的中国化、科学化、大众化的幼儿教育。90 年后，当我们再次审视今天的幼儿教育时，我们发现，困扰当今幼儿教育发展的"盲目照搬国外的课程模式"问题、"入园贵"和"入园难"问题，以及鼓吹"不要输在起跑线上"违背幼儿身心规律，实施超前教育问题，依旧和当年幼儿教育三大顽症一样困扰着当下我国的幼儿教育。而陈鹤琴先生当年在鼓楼幼稚园实验基础上提出的 15 条教育主张仍不失为解决今天幼儿教育问题之根本。从这个意义上说，一所经历了 90 年发展历程的幼儿园要稳住成长的脚步，就要坚守陈老当年提出的"中国化、科学化、大众化"的办园根基。我想，从陈老的思想中去汲取办园的智慧，不被一些错误的观点和思潮所左右，正是崔园长试图通过本书要表达的一个态度。

幼儿教育的根是什么？18 世纪法国启蒙运动者、近代资产阶级思想家卢梭在《爱弥儿》一书中对此做出了回答："大自然希望儿童在成人以前就像儿童的样子，如果我们打乱了这个秩序，我们就会造成早熟的果实，长得既不丰富也不甜美，而且很快就会腐烂。”这就是说，唯有遵循人成长和发展的规律才能不偏离幼儿教育的根本。作为鼓楼幼儿园的创办人陈鹤琴先生，早在20世纪20年代就对中国儿童心理特征进行了十分详尽的研究，并针对当时家庭教育经验的缺乏实际，在其1925年出版的《家庭教育》一书中揭示出了儿童心理的七大特征。应该说，尊重幼儿身心发展规律，以人为本的教育理念一直是鼓楼幼儿园的办学宗旨。

在本书中，鼓楼幼儿园的现任园长崔利玲老师从各年龄幼儿心理特点出发，科学地梳理了不同发展阶段幼儿的教育要点，并站在一个幼儿教育者的立场，告诫那些“急功近利”的家长不要去催促和压缩孩子的童年，以免把他们变成“年纪轻轻的博士和老态龙钟的儿童”。崔园长把日常面对面的家长工作、网络上与家长的互动交流以及自己作为家长和管理者的经验和理性思考梳理成册，引导家长正确认识幼儿教育的价值，走出家庭教育的误区；指导教师与各种家长交往时保持尊重、平等和公平的态度；进而明确幼儿园和家庭在孩子成长中应共同承担的责任。应该说，这里的“稳”，既有思想的、观念的，又有技术的、艺术的，具有重要的现实意义的。

当然，守住幼儿教育的根，并不意味着不要创新和超越。作为鼓楼幼儿园的第八任园长崔利玲的这本家园共育必备手册，既有对陈鹤琴先生的家园共育思想的继承，同时也有对价值多元化时代如何满足社会和家长对幼儿教育多层次诉求的思考和探索，这些在幼儿园管理、家长工作和教师培养方面的探索正体现了其创新和超越所在。

杨九俊

引言

家园互动，携手共育

让每个孩子拥有幸福快乐的童年，保证他们身心健康成长，是所有父母的愿望，也是学前教育机构的责任。让每个孩子接受适宜的教育，促进他们在原有基础上的不断发展，是《3—6岁儿童学习与发展指南》的要求，也是世界幼儿教育的追求。遗憾的是，在“不能输在起跑线上”的口号警示下，人们对早期教育狂热追求，导致现有的幼儿教育与科学的教育方向发生了偏移。社会上早教商业机构林立，“兴趣班”遍地开花。教育中过分追求与学习相关的知识量的积累，忽略习惯、兴趣、能力的激发与培养，孩子的年龄特点及个体差异性未得到充分的尊重。

幼儿园阶段的孩子由于遗传素质、家庭环境、性格特征、教育资源的不同，他们的发展也差异明显。他们如同站在不同阶梯上，从不同的起点开始起步。当孩子们跌跌撞撞被大人们推上一层又一层台阶时，我们有没有考虑孩子是否站稳，是否做好迈向更高一层的准备？

早期教育是基础性教育，是为儿童做好适应未来准备的教育，是在尊重儿童年龄特点基础上的教育。早期教育不是早点让孩子学习知识，早期教育开发也不等同于早期智力开发，而是促进儿童身心两方面全面和谐的发展。教育孩子如同种树，千万不能走捷径、省环节而“拔苗助长”。社会不需要“人工神童”式的“天才”，需要的是在科学的幼儿教育下成长的心智健全、终身能为社会为家庭做出贡献的人才。

我国著名儿童教育家、心理学家陈鹤琴先生指出，儿童教育是幼稚园与家庭共同的责任，“幼稚教育是一件很复杂的事情，不是家庭一方面可以单独胜任的；也不是幼稚园一方面单独可以胜任的；必定要两方面共同合作方能得到充分的功效。”“十五”期间，我园参与了国家重点课题“基础教育阶段现代学校制度的理论与实践研究”，在校本管理机制研究中也强调了幼儿园与家庭关系的重要，提倡建立幼儿园、家庭互动机制，增强幼儿园与家庭的横向联系与沟通，要求家庭介入幼儿园的管理、决策。

我们希望幼儿园与家庭摒除浮躁、焦虑、功利的心态，携手合作，实施符合科学规律的、奠定基础的教育，稳住孩子成长的步伐，为孩子的未来奠基，给予孩子幸福、快乐的童年！

崔利玲

目 录

第一章　家园共育
——幼儿园与家庭共担责任

第一节　幼儿教育是幼儿园与家庭共同的责任

两年前秋季开学，幼儿园中班转来一位男孩子，孩子的父亲在本地一所重点大学读MBA，妈妈在一家医院培训。幼儿园每年都有转学的孩子，本应平常的事情却在班级引起轩然大波。

开学的第一天，班级老师就到园长室抱怨："这个孩子的习惯太差了，随便滚坐在地上，不断地冲撞别人，一个上午已经有不少孩子被他欺负了。这样下去，我们怎么向其他家长交代！"随着这个孩子攻击行为的加剧，园内所有的老师都知道中班新来了一个"问题孩子"。开学不到一周，这个孩子的大名全园皆知。

一周后，班级的家长开始议论纷纷："天哪，这个孩子怎么坐在地上！""我们孩子现在喜欢跟别人推挤，这是和谁学的啊？""这样的孩子总有一天要出事的！"

班级的两位老师开始找孩子的父母交流，让孩子的父母观察孩子在园的行为，希望家长通过观察发现孩子的问题。但是，家长的观察没有任何效果，他们认为一切正常。在老师与家长交流十余次无任何效果后，园长从老师手中接过了交流棒。

孩子的父母如约来到园长办公室。园长与孩子父母聊孩子以前的幼儿园，聊孩子是谁带的，聊孩子以前的好朋友，聊孩子喜欢玩的游戏。很快，答案出来了：环境、文化是问题的症结。因为孩子原来生活在山区的县城，起伏跌宕的环境造就了粗犷的地域文化，他们喜欢用攻击性动作以示友好，喜欢在地上玩耍……家长自己就在这样的生活环境中长大，习惯并认同了一切，自然无法知道孩子的行为与新班级、新伙伴的不协调。

园长希望家长能了解文化和环境的差异，就继续与家长聊来省城后的感受，饮食、同事、交通、娱乐……家长感叹，省城的人比较自我，不如家乡的人直率。园长追问："你改变自己原来习惯了吗？""当然，不过很难受！"

从孩子父母的改变，聊到了孩子，交流进入了主题。因为孩子变换了生活环境，原有的习惯在新环境里被否定，孩子同样必须改变自己，适应新环境的要求。从自己想到孩子，家长顿悟。园长为家长提供了几条策略：1. 学习幼儿园网站里有关中班孩子习惯养成的参考要项；2. 观察班级其他孩子的行为，并与自己孩子作比较；3. 按照规范的要求开始新行为，并不断强化。

之后，园长不断与班级老师沟通，希望她们给孩子正向强化的机会，并跟踪观察孩子的行为变化。

一个月后，园长再次约家长交流，家长手中多了纸和笔。

两个月后，家长发来份邮件：

尊敬的园长：您好！

昨天早上老师把您亲自整理的材料转交给了我，我既惊讶又感激：惊讶于您在繁忙的工作中仍能挂念着一个普通孩子的教育与成长；感激于孩子的任何进步都融入了您及老师们的爱心与耐心！回家后我把材料交给爱人看，她也是感叹不已！

仔细拜读您的材料，体会上次您与老师对我们的指导，以及这两个多月来幼儿园对我的触动，颇有感触：

1. 以前孩子所上幼儿园的量化知识型的教学总让人感觉不对，但又不知道正确的幼儿教育应该是什么样子的；幼儿园在这方面给我们打开了一扇大门。虽然我们还未登堂入室，但是我们已经有了前进的方向。

2. 我们也非常重视孩子的教育，但对应该教育成什么样(目标)、如何教育(方式方法)、出现问题如何应对(技巧)等方面，如普天下大多数家长一样，模糊而不全面，总有一种有劲使不上的感觉。

3. 我们有时候抱怨“这孩子怎么那么让人费心”，有时候又认为“男孩子调皮一点好”。其实，纠正“费心”与“调皮”没有错，错的是忽略了对孩子良好行为习惯的培养，而这恰恰是解决“费心”与“调皮”的最好办法。

您给的材料告诉我们，习惯培养的重要性，以及培养良好行为习惯的方法和技巧，即奖惩措施。有了这些材料的辅导，我们准备不断地探讨对孩子习惯的培养问题，改进我们的教育方法，努力让孩子适应团队、融入社会、自强自立。

最后，还希望您以后在孩子的教育上多给我们指点。感谢您对孩子的关注、关心和关怀！

到孩子毕业，他的行为还没有完全达到要求，但是他对规则的执行已经不再痛苦，内化的行为规范正成为习惯。

这个案例告诉老师和父母：教育孩子是一门科学，凭经验教育不可行，轻易否定也是不慎重的。教育孩子首先要尊重孩子的年龄特点，要实施符合科学规律的教育，学会顺藤摸瓜，从根上找结，才能从根本上解决问题。

一、家园共育需双方的通力协作

有些家长抱有这样的观念：我把孩子送到幼儿园，就是让老师教育的。如果让我教育，还要老师干吗？甚至有家长公然向老师宣战：“我无能，我耽误的是自己的孩子。你无能，耽误的是一群孩子。”确实，老师没有让家长信服的专业水平，会被心高气傲的家长鄙视。老师有了教育理念与技能，又会被家长赋予过高的期望。

我国著名儿童教育家、心理学家陈鹤琴先生为了研究儿童心理，探寻适合国情的科学化、大众化的幼儿教育道路，于 1923 年在自己住宅里办起幼稚园，取名“南京市私立鼓楼幼稚园”。在办园中，陈鹤琴十分重视家长工作，认为教育儿童是幼稚园与家长共同的责任。陈鹤琴先生在其《儿童教育是幼稚园与家庭共同的责任》及《学校与家长怎样联络》等文章中阐述：“幼稚教育是一件很复杂的事情，不是家庭一方面可以单独胜任的；也不是幼稚园一方面单独可以胜任的；必定要两方面共同合作方能得到充分的功效。”(《陈鹤琴教育文集》下卷)陈鹤琴在创办鼓楼幼稚园初期，就通过恳亲会的方式让家长到幼儿园来，听取幼稚园在教育教学、管理等方面的汇报，还通过讨论会、报告家长、探访家庭等方法增进对孩子的全面了解，与家庭保持良好的合作。

二、家园共育是社会发展的需要

自 20 世纪 80 年代起，幼儿园以举办家长学校的方式加强家园交流，用科学的方法指导家庭开展子女教育。进入 21 世纪以来，现代学校制度的研究改变了传统的家庭与幼儿园互动模式，要求幼儿园从“闭门办学”的状态中走出来，构建开放的机制，强调幼儿园与家庭的沟通、交换、互动和资源共享，让家长有更多的知情权、选择权、参与权。幼儿园将大小事情，通过宣传册、网站、家长会、通知、公告栏、家长委员会等方式公开，让家长了解了幼儿园“做什么”“为什么做”“怎么做”，猜疑与误解就会减少，取而代之的是理解与支持。幼儿园管理透明度的提高，可以加强幼儿园廉政建设和教育管理的科学化、民主化，提高社会、家长对幼儿园教育工作的满意度。家长的角色转变了，对幼儿园的了解全面了，参与决策的机会多了，与幼儿园的协同性自然就高了，实施家园共育也就有基础了。

三、家园共育以正确认识幼儿园教育为前提

幼儿园教育是基础教育的重要组成部分，是我国学校教育和终身教育的奠基阶段。幼儿园的教育对象是 3—6 岁的低幼孩子，主要任务是实施保育和教育相结合原则，幼儿教育应尊重孩子的人格和权利，尊重其身心发展的规律和学习特点，以游戏为基本活动，保教并重，关注个别差异，促进每个孩子在园富有个性的发展。

（一）幼儿教育是全面发展教育

孩子的发展包括身体的、认知的、行为的、情感的发展等方面，而各个方面的发展又相互联系、相互制约，形成了一个有机的整体。因此，幼儿园教育教学不能以片面发展孩子的某种机能为主要任务，而是要从整体的角度考虑，促进人的全面发展。《幼儿园教育指导纲要》将幼儿园教育教学的内容分为健康、语言、社会、科学、艺术五大领域，实施过程中要求“各个领域的内容相互渗透，从不同角度促进幼儿情感、态度、能力、知识、技能等方面的发展”。也就是说从整体上要求幼儿园教育教学是全面的，包括儿童发展的方方面面，同时也要求幼儿园教育教学是整合的，各个领域要相互渗透，有机结合。从这个意义上认识，幼儿园教育不能以某项技能、特色项目为主。

（二）幼儿教育以游戏为主

幼儿教育以游戏为基本活动形式，因为游戏最适合儿童的发展，最能满足儿童的需要，能最好地促进儿童的成长。由于学前儿童在游戏中生活、在游戏中成长的特点，以游戏为基本活动成为幼儿教育的特点。在幼儿园一日生活中，处处都有游戏：教学活动强调游戏化，体育活动强调游戏化，区域活动强调游戏化等等。要求每天要保证 3 小时的游戏活动、保证 2 小时的户外活动、保证 1 小时的体育活动。同时又要求，幼儿园不能重上课、轻游戏。

（三）幼儿教育强调生活化

幼儿园应为幼儿提供健康、丰富的生活和活动环境，满足他们多方面发展的需要，使他们在快乐的童年生活中获得有益于身心发展的经验。幼儿园教育应从幼儿生活出发，而不是从书本上的概念和知识出发。只要与孩子生活有关的，是他们感兴趣的，急于想知道或解决的，有助于拓展其经验和视野的内容，都是幼儿园教育教学的内容。孩子在园一日生活，凡与他们有关的社会生活及游戏都是重要的教学资源。老师要善于从班级孩子的生活出发，利用孩子身边的人和事，结合熟悉的环境，以适合的方式组织活动。让孩子在生活中学习，在生活中发展。陈鹤琴还提出鲜明的主张：“大自然，大社会，都是活教材”“做中学，做中教，做中求进步”，死读书、读死书应予摒弃。

了解了这些，老师和家长都要知晓：家长不能甩包袱，老师不能揽责任。老师、家长均有教育孩子的职责。如何教，就要互相配合、互相支持、互相理解、共同担责。

第二节　陈鹤琴《家庭教育》的魅力

家庭教育理论是陈鹤琴教育思想的重要组成部分，陈老关于家庭教育的理论与实践，是我国家庭教育史上的宝贵财富。早在 1925 年，陈鹤琴就著书《家庭教育》，阐述了家庭教育的重要性。在独生子女进入第二代的今天，学习与了解陈鹤琴家庭教育的理论，对当今的父母有重要的教育意义。

一、陈鹤琴的家庭教育观

陈鹤琴认为家庭教育关系着人一生的发展，他在《家庭教育》中写道：“一个人知识丰富与否、思想发展与否、良好习惯养成与否，家庭教育应负完全的责任。”“儿童教育是振兴中华民族的希望，儿童教育是整个教育的基础，关系到我们伟大祖国的命运。”陶行知先生为该书作序，“愿天下父母共读之”，他告诉家长，如果读了这本书，孩子会得到愉快。

1. 注重健康。在陈鹤琴的教育主张中，身心健康在儿童成长中居首要位置。他认为：“强国必先强种，强种先强身，要强身先要注意幼年儿童。”他的子女在回忆文章中写道：“父亲爱好运动，经常带我们去郊游、爬山、游泳、打网球，我们从小都会骑自行车、滑旱冰、踩高跷、荡秋千等。父亲一生性格开朗、乐观向上，与他从少年时热爱自然、热爱运动有关。

受到他的感染，我们兄弟姐妹从小养成勇敢、开朗、活泼、向上的性格，这对我们后来的人生道路产生了深远的影响。”

2. 注重习惯。陈鹤琴非常重视儿童良好习惯的培养，并将其与儿童一生的幸福联系起来。他指出：“一个人假使养成了一种良好习惯的话，他将得到很多益处，一生受用不尽。假使习惯不好的话，那么，将使他一生蒙受害处。”陈先生认为：要使孩子有良好的习惯，首先应从家庭教育入手。人们一旦形成良好的习惯，其学习、生活和工作效率便会提高。陈老的三女儿在《回忆父亲陈鹤琴》中描述：“他要求我们从小养成良好习惯，包括卫生习惯，每天早晨大便，保持肠道顺畅，不容易便秘，这一习惯使我们受益终身。”

3. 注重劳动。陈鹤琴反复强调“对子女要爱护，但绝不可溺爱”，“凡是儿童自己能够做的，应当让他自己做”，“凡是儿童自己能够想的，应当让他自己想”。家长的责任是帮助孩子生活、自立和做人，给他以关心和爱护，帮助他做事，而不是代替他做事，否则有其害处：“一是剥夺了小孩子肌肉发展的机会，二是养成小孩子怠惰的习惯，三是养成小孩子不识世务、不知劳苦的习性，四是阻止儿童发展独立自主的精神。”在家庭中，他要求子女自己的事情自己做，不许贪图安逸，不许随便指使别人，要尊重、珍惜他人的劳动成果，从小树立“求人不如求己”的观念，培养自立、自强的意志和独立生活的能力。他的女儿 16 岁从江西去重庆读书，陈鹤琴作为父亲没有多少担心，只是帮女儿收拾了行李，就让女儿独自远行，因为他相信女儿有自己照料自己的能力。

4. 注重品德。在家庭德育方面，从小让孩子养成良好的品质与习惯“是构建健全人格的基础”，家长应教育孩子体谅他人，具有同情心，对长者有礼貌，尊重别人，养成诚实不作伪的品质，不横行霸道，不欺侮别人，适当参加家务劳动。在《家庭教育》中，陈先生提醒家长：“带孩子不要姑息，也不要严厉。娇生惯养的教育在家庭里是常看见的，会使孩子养成利己害人的坏思想，成为很倔强很刚愎的孩子。相反，规矩多而严，也是不好的，其实施秉承父母意志，以父母意志为意志，以父母性情为性情，也会损害孩子的发展。应该一方面予以充分的机会以发展孩子的能力和健全的意志;一方面限以自由范围,使他不得随意乱动,以免侵犯他人的权利,如此,小孩未有不受其惠的。"

二、陈鹤琴的父母观

陈鹤琴十分重视家庭教育中父母的重要作用,他认为:"小孩子生来是无知的,不知什么是好,什么是坏。他们的一举一动可以说是一方面受遗传的影响,一方面受环境的约束、受教育的支配。小的时候,环境中最重要的因素是父母,教养中的最重要因素,恐怕也是父母。"

1. 担负责任。陈鹤琴在《怎样做好父母》中写道:"做父母是一桩不容易的事情。一般人以为结了婚、生了孩子就有做父母的资格了,其实不然。栽花的人,先要懂得栽花的方法,花才栽得好;养蜂的人,先要懂得养蜂的方法;教育孩子是一样的,为人父母者首先要负起为人父母的责任。"陈先生养育了7个子女,日常生活中,他集慈爱与严格为一身,细心教导孩子,他还专门写了《我的半生》,作为子女做人的参考。子女长大后在各地工作,每逢子女中有人过生日,他和老伴都要吃寿面或蛋糕,遥祝子女生日快乐。

2. 了解孩子。陈鹤琴在《家庭教育》一书中阐述了了解儿童心理的重要,强调"家庭教育必须根据儿童心理方能行之得当,若不明儿童心理而妄加教育,那教育必定没有成效可言的"。在长期的观察实践中他总结出儿童的七大心理特点:好游戏、好模仿、好猎奇、喜欢成功、喜欢野外生活、喜欢群体、喜欢称赞,并据此特点提出了相应的正面教育、以身作则、及早施教、严格要求、教养态度一致、宽严适度、责罚慎重等7条教育原则和游戏法、激励法、榜样法、诱导法、暗示法、动作教育法等10种教育方法。陶行知总结陈鹤琴教育思想有两条,一是"科学的方法",二是"慈爱的心肠"。陈鹤琴从长子一鸣出生第一天起,连续观察记录808天,依据观察分析,写下了著名的《儿童心理之研究》,书中总结的100条教育原则,以一鸣为例的就有73条。此后,陈鹤琴对一鸣观察、研究、跟踪、实验持续了十余年，对一鸣挚爱培育、悉心引导，为一鸣终生发展奠定了基础。

3. 以身作则。陈鹤琴多次告诫家长："做父母的教养子女第一条原则，就是要尊重'以身作则'这条原则。"婴幼儿时期父母是孩子心目中的理想人物，他们的一举一动都会直接或间接影响孩子；即使进了幼儿园，老师和父母对于小孩子具有平均的力量，由于父母与儿童相处时间长，他们对儿童的影响仍然特别大，因此做父母的必须处处以身作则。陈老儿女在回忆录中写道："父亲闻鸡即起，几十年如一日，生活非常有规律。他还要求我们早睡早起，在他的感染下，我们也很少睡懒觉。我想，我们兄弟姐妹之所以都能长寿，与我们从小养成良好生活习惯是有关系的。"

4. 营造环境。陈鹤琴十分重视家庭教育中环境的作用。他认为"孩子生下来都是好的，到了后来，或者是好，或者变坏，这和环境有很大关系。环境好，小孩子就容易变好；环境坏，小孩子就容易变坏"，"凡是可以给小孩子刺激的都是他的环境"。他强调父母步调要一致，认为"做父母的对于子女的教育应有一致的措施"，他反对中国传统家庭中的慈母严父一个白脸、一个黑脸的做法，要求父母"在小孩子面前取同一态度"，只有步调一致，才能使儿童按照统一的、正确的方向发展，"父母施教的方法不一致，宽严不同，孩子就无所适从，甚至会产生投机取巧、轻视父母等流弊"。他主张家庭教育要民主化，父母要平等对待小孩，尊重小孩的人格，特别强调"做父亲的应当同小孩作伴侣"，认为这是家庭教育民主化的一个表现。他认为父子作伴游戏的好处很多，既可以沟通父子间的情感，增加家庭中的天伦之乐，又可以利用作伴机会教育孩子，还可以发现孩子不好的行为和思想，及时加以纠正。

三、启示

陈鹤琴认为，做父母应该是一种专门的技能、专门的知识，提出"要重视幼儿家庭教育的科学实验，对幼儿的家庭教育应作为一门科学来研究和推广，普及儿童心理学和学前教育学的知识，使广大家长都能对自己的子女有个正确的培养目标和教育方法"。

1. 做父母首先要学习。如同孩子需要训练一样，父母也需要再教育，需要学习对孩子各种行为表现的反应方式和应对之道。我们与其在子女不当行为发生后后悔，不如预先了解儿童心理、知晓教育策略，以预防和减少孩子问题的发生。现在，幼儿园都设有家长学校，建议家长积极参加家长学校组织的讲座、育儿沙龙、论坛交流，多通道了解和掌握最基本的育儿教育方式、态度、儿童发展的知识，采取适应孩子个性特点的教育方式，使子女在正确的教育方式引导下获得积极健康的发展。

2. 家庭中制订规范。每到寒暑假，家长就因孩子在家不听话犯愁，恨不得幼儿园不放假孩子能天天入园。为什么孩子们在幼儿园养成的不挑食、东西放回原处、准时睡觉等好习惯到了家里似乎就“遗忘”了？原因就在于幼儿园有严格的规范，有良好的激励机制。孩子的习惯具有不稳定的特点，需要家庭制订相应的规范，并严格执行。有些家庭虽然制订了规定，但由于父母对子女的溺爱、娇宠，规定往往难以执行，而规定一旦破例，便会前功尽弃，良好的习惯再也难以形成了。家庭只有不断地将社会要求、标准转化为家庭的需要、准则，并用来支配家庭成员的行动，才能形成良好的家庭常规。

3. 要与幼儿园形成合力。陈鹤琴认为，“幼儿家庭教育和幼稚园教育在儿童成长中的作用和意义都非常重大，二者不能脱节，必须共同合作才能取得最大的教育效果。”现在年轻父母忙于工作，接送孩子的任务大多落在老人、保姆身上，老师和父母接触少，很难与其交流孩子的在园情况。另外，由于保姆和祖辈不能很好地传达老师需要父母配合的工作，会让父母对老师产生抵触情绪。建议父母采用电话沟通、网络交流、联系册互动等方式与老师保持联系，平时每周保证到幼儿园接送一次以上，以了解孩子所在幼儿园、班级的情况，使家庭、幼儿园对孩子的教育相互配合，形成完整、协调的教育过程，有效地促进孩子的健康成长。

陈鹤琴先生所提出的家庭教育思想，值得我们学习和借鉴。每一位家长只有在学习中不断提升为人父母的素养，积极参与和配合幼儿园的教育，才能让孩子健康快乐地成长。

第三节　家长工作的 101 条主张

家园共育的实施者是幼儿园所有的工作人员。我们在对家长提出科学教育要求的同时，自己也要通过课题研究、互助学习等方式促进专业成长。幼儿园、家庭之间形成良好家园共育环境有众多值得讨论的话题，这些话题将放在后面的章节讨论。本节拟换个思路，用简明易懂的方式将幼儿园家园共育中的策略变为主张，好似“新手上路”的简明本。陈鹤琴在《家庭教育》中提出了家庭教育的 101 条原则，提醒父母遵照行之。我们在这里也提出“家园共育”的 101 条主张，只是遵照执行的对象由家长转为了幼儿园教师。

一、接待

1. 用笑脸迎接所有的家长，而不是你看着顺眼的人。

有些家长虽然看上去冰冷不可接近，但他们可能比热情的家长更渴望老师的主动相迎。给所有的家长相同的笑脸，特别是对班级管理尚有不满的家长，就能温暖家长的心，拉近彼此的距离。

2. 主动与孩子家长打招呼，而不是等待对方的行动。

很多老师认为对孩子的礼貌教育从“早上好！”开始，在早晨看到不言语的孩子时，不要单纯提示“看见老师说什么啊？”主动说一句“××早”，既化解尴尬，又树立了榜样。

3. 口头语言来不及就用体态语言打招呼，而不是视而不见。

有些孩子来园时班级已经开展集体活动了，老师因为要组织教学活动，无暇与迟到的孩子及家长打招呼，家长虽理解但仍有被“忽略”的感觉。如果向孩子招招手，向家长挥挥手，孩子、家长都能感受到温暖。

4. 用站立姿势与家长交谈，而不是保持原有的坐姿。

家长接送孩子的时间，也是班级自由游戏时间，老师通常是坐在区域或桌边指导孩子游戏。此时如果家长过来询问或交谈，老师应礼貌站立应答。一起一立的小动作，给予家长的是尊重。

5. 视老人为长辈，而不是单纯的家长。

到幼儿园接送孩子的老人通常多于年轻人。面对爷爷奶奶，一要尊重，主动招呼老人；二要关照，搬张凳子让老人歇一歇。想想，六七十岁的老人还坐地铁、挤公交，确实不易啊！

6. 善用接送时段简短交流，而不是逮着机会就喋喋不休。

除了全职太太，家长接送孩子所需时间几乎是计算好的。有些家长很少露面，老师碰到立刻一厢情愿地滔滔不绝。超长时间的交流只会打乱家长的安排，让他更怕到幼儿园。

二、委托

7. 牢记家长的特殊交待，而不是随口应答。

再心细的老师也有疏漏的时候，家长交待的事情有时会彻底遗忘。忘记提醒上火的孩子喝水啦、忘记10点后棉衣换马甲啦等等，家长知道肯定不高兴。最好的办法是在班级门口设个特殊委托记录本，毕竟好记性不如烂笔头啊。

8. 回应委托的结果，而不是只做不说。

家长委托老师照料的，往往是家长最不放心的。鱼虾过敏的孩子食堂换了什么菜、在家未大便的孩子什么时候大便的、视力矫治的孩子穿珠练习了多长时间……在家长接孩子的时候，把委托结果详细描述，家长感激之后增添的是信任。

9. 班级成员共同完成委托，而不是零敲碎打。

有些委托是临时性的，如幼儿咳嗽、情绪不佳等，就应填写在《全日观察记录表》中。有些委托是长期的，如肥胖儿饮食控制、尿频等，就应填写在《特殊儿童观察记录表》中。记录表既是对老师的提醒，也是对家长委托的交代。

10. *满足家长的合理要求，而不是所有的要求。*

在保育教育中，孩子会遇到许多不适应与挑战，家长也会提出各种不同的要求。家长的意见和建议应尊重，但不能无条件满足。幼儿园是教育机构，如果家长的要求与教育目标相悖，要委婉拒绝。

11. *婉言拒绝家长的不合理要求，而不是断然回绝。*

“中午不睡觉单独游戏”“每天从家里带餐”等，家长会提出一些不合理要求。对不能满足的要求，老师不仅要说明原委，如保健要求、集体生活规范等，还要表达对此事的后期关注。只有老师合适的教育方式的介入，才能让家长放心。

三、通知

12. *重要通知发放通知单，而不是口头传递。*

老师会采用口头布置任务的方式提高孩子的任务意识，却不知未完成任务的孩子家长，会因为知情权被“剥夺”而恼怒。如果在家长会上说明缘由，重要通知再附加通知单，家长就从信息的接收者进位为任务意识的检查者。

13. *重要票据通知家长签名领取，而不能随意发放。*

托儿费收据、家长会通知等，班级每月都有此类重要单据发放。家长如拿错、多拿，其他家长势必无法报销或请假，定会质疑班级管理。建议在儿童花名册中专门设“领取签名”一页，签名后再领票据或通知，差错就大大减少了。

14. *通知老人的同时还要告知父母，而不是简单办事。*

老人忘性大，幼儿园发放的通知或要求揣在身上回家往往会忘记。如果遗失的是重要的票据，将造成家庭的损失。发放这些重要通知或票据时，最好再短讯转告父母，避免误会与损失。

15. *称呼家长为“您”，而不是“你”。*

南方人口语中没有称呼“您”的习惯，所以“你”也就成为书面语言中的常用称呼。如果日常口语无法改变，试一试，从书面语言开始。假使家长拿到的通知单，开头是“您好”，他们感受的不仅有尊重，还有满足。

四、家访

16. 家访需提前预约，而不是临时通知，更不能意外“惊喜”。

为迎接老师家访，家庭有时提前一周就开始行动——打扫卫生，毕竟家长希望给老师留下好印象。老师提前几天与家长预约，可以让家长有时间整理房间，避免尴尬。

17. 是否家访要尊重家长的意愿，而不是教条。

“新生必访、老生随访”是幼儿园家访的要求，但执行起来会有难度。有些家庭居住环境不佳，有些家庭成员不太和睦，有些家庭太富有，都会婉拒老师的家访。将家访改为到幼儿园面谈，也不失为佳策。

18. 确定的家访时间要严格遵守，而不能早到或迟到。

除了步行、骑自行车，其他的交通方式都无法准确把握时间。如果提前到达受访家庭，很有可能孩子父母还在赶回家的路上。如果晚到，也可能影响家庭下一个时间段的活动安排。让家长信任老师，就从守时开始。

19. 进入家庭落座后即交谈，而不要随意参观。

每个家庭都有独特的房型结构与装修风格，好奇的老师如果提出参观的请求，家长是不会拒绝的。如果家长仅收拾了客厅，到其他未整理的房间参观就会尴尬。请记住，家访的目的是与孩子建立感情，不是检查卫生。

20. 打扮端庄得体进入家庭，而不是随意或时髦。

新生家访，老师给家长的第一印象就是外在形象。端庄得体的装扮会在满意度上加分。穿出职业的味道，就会得到职业的认同。不要穿吊带衫、拖鞋见家长，不要浓妆艳抹、珠光宝气。否则，你离开家庭后，园长就会接到家长换班的申请了。

五、交流

21. 约请家长面谈要给对方时间的选择权，而不是只有唯一的时间表。

老师的上班时间也是家长的工作日。在工作日约请家长来园面谈，需要双方均有时间。给家长3个左右的可选时间段，让家长有调整工作的主动权，面谈就不会成为负担。当然，利用午休、下班后，家长会更满意。

22. 放下手中工作专心交谈，而不是一心二用。

家长来园前夕，老师会边备课或制作教学具边等待。家长来了，继续忙手中的活就不合适了。找一个安静的地点，为家长递一杯热水，能消除家长的忐忑，达到交心的实效。

23. 以倾听、分析为主，而不是滔滔不绝讲理论。

学前教育的从业人员大专生、本科生很多，研究生带班也很普遍。这些拥有深厚专业功底的教师遇到问题就喜欢套理论，经常把家长“忽悠”得云里雾里。理论到实践需要转换，高学历的教师更应学会倾听。

24. 保持合适的交流距离，而不是传递悄悄话。

交流的体位、空间的距离，决定交流中双方的舒适度。有的老师喜欢贴着别人的耳根说话，有的老师喜欢倾身细说，有的老师喜欢压低音量，这些都是不合适的。保持一米左右的距离，会让双方都惬意。

25. 在园交流聊孩子，而不是“衣服”和“鞋子”。

有些老师期望用聊家常的方式拉近彼此的距离。“东家长”“西家短”的聊天、有一搭没一搭的闲扯既浪费时间，又会让其他听见闲聊话题的家长觉得老师俗气。

26. 仪态大方地交流，而不是眉飞色舞。

幼儿园的教师性格开朗，体态语言丰富，但与家长的交流要稍有收敛。谁也不想交流时看见老师摇头晃脑、指点江山。有些老师喜欢文眉、描眼线，远距离看无所谓，近了看会越看越怪。端庄、大气，一定是成功交流的条件之一。

27. 善用交流袋、留言箱，而不限于面对面交流。

很多家长工作很忙，想交流但没有时间。如果老师想主动与家长交流，可以在班级门口设立交流袋，犹如寄信一样注明收件人。如果家长想主动与老师交流，老师可以在班级门口设立班级留言箱，及时了解家长的需求。

六、特殊孩子

28. 特殊孩子需科学诊断，而不能任意下结论。

身体残疾的孩子易判别，其他特殊的孩子就需专业人员诊断了。遇到有特殊行为的孩子，可以请心理辅导员或上级指定的专业人员来园观察、分析，再提醒家长到专业机构诊治。让特殊孩子融入正常环境，是教育的需要，但教育要得法。

29. 给特殊孩子的家长更多观察的机会，而不是一味指责。

大部分特殊孩子的家长是不愿意承认孩子与他人不同的，因此老师帮扶指导也较难进行。建议让特殊孩子的家长多走进幼儿园，让家长在集体环境中观察孩子的自然状态，就能面对现实了。当然，前提是家园合作教育，而不是劝退。

七、投诉

30. 耐心听家长的投诉，而不是急于辩解。

年幼孩子不能完整描述与自己相关的事件，家长如果听信孩子的描述，会因孩子吃亏而生气。对此类家长的投诉，要耐心听完。家长说完了，火气也消一半了。如果急于辩解，如同火上浇油，最后是双方皆激动。

31. 大胆解释事实，而不是刻意回避。

让运动过量的孩子坐在一旁休息，会被家长误以为罚坐；让孩子轮流做值日，会被家长误以为老师偷懒。有些老师抱着“身正不怕影子斜”的想法，用冷处理的方式对待家长的误解，只会让误解越结越深。利用家长会、班级论坛解释原委、消除疑虑、打开心结，家长会愈加放心。

八、评价

32. 提出孩子的不足要回避孩子和其他家长，而不是当着众人的面向家长“告状”。

年幼的孩子喜欢“多管闲事”，谁在幼儿园犯错，接送时家长往往会从其他孩子口中得到信息。如果家长向老师求证，最好请孩子再去游戏区玩一会儿，老师与家长单独交流。当着众人面数落孩子的不是，家长会觉得脸面全无。

33. 评价孩子要用实例，而不要只说“有进步”“蛮好”。

家长虽然喜欢听到孩子有进步的评价，但他们更想了解孩子有了什么进步。如果老师说不出实例，家长只会有两个想法：一是老师根本不关注我们家孩子；二是老师能力不足。

34. 向家长指出孩子的不足要先表扬后批评，而不是只“打”不“揉”。

每个孩子都有犯错的时候，只有屡屡犯相同的错误，才可作为与孩子家长交流的话题。如果用进步、表扬的“揉”开头，家长反倒会主动提出孩子的不足，老师借着家长的话题往下“打”，就有水到渠成之效。

九、公平

35. 给予每个家庭相对均等的交流时间，而不是谁主动就与谁交流。

每个孩子都是家庭的宝贝，所有的父母都有爱孩子的心。不要因为某些家长有时间、喜欢与老师交谈，就给予了大量的交流机会，这样会让其他的家长“吃醋”，认为老师“偏爱”或“不公平”。

36. 给予每个家庭均等的选择机会，而不是抢先的人受益。

床铺位置、衣帽架位置、座位等，是家长敏感的公平问题。有些家长开学第一天早早来园，就是为了抢得好位置。建议将全班孩子分成六组，每组在三年六学期中各有一次首选的机会，就能给予每个家庭相对的公平。

37. 座位轮换体现公平性，而不仅仅是保健的要求。

看表演谁坐第一排、谁第一个倒牛奶、谁第一个选游戏，都与座位有关。切记：一个月换一次座位，一学期换一次小组。让每个小组都坐过第一组，让每个孩子都有排头的经历，这就是看得见的公平。

38. 重要活动机会均等，而不是谁强谁机会多。

表演节目、运动会专项比赛等，教师喜欢选择此方面能力强的孩子，落选孩子的家长一定不愉快。既然幼儿园一切的活动都是游戏，不妨以孩子的自主选择为前提。如果我们关注儿童学习、活动的过程，结果如何又怎样呢？

39. 分组活动按组划分，而不是打乱选择。

教师间的研讨学习需要观摩教学活动，怎样选择开课的孩子考验着教师公平。选择心仪的孩子固然能让教学出彩，但落选的孩子与家长会因此沮丧。建议严格按顺序或有规律的方式选择，敢于面对不同的孩子才能显现真正的功底。

40. 采取轮流满足方式，而不是死搬硬套。

护旗手人人能做，升旗手则机会甚少。不要采用评选好孩子做升旗手的方式，因为家长眼中自家的孩子就是好孩子。用抽签、猜拳等方式在护旗手中产生升旗手，孩子能接受，家长更认同。

十、公开

41. 标出班级资源使用情况，而不是只有用的人明白。

衣帽架、鞋柜、小抽屉、茶杯格、床铺，每个孩子都会拥有自己的资源空间。给每个资源点贴上孩子的图文标识，既帮助孩子分辨，又利于家长了解，避免老师担着“好地方总是给那几个孩子”的误解。

42. 巧用图表公开管理方式，而不是口头公开。

孩子今天喝水了没有？喝了几次？今天大便了吗？这些问题是家长关注的，又是难以启齿的。问吧，让老师觉得家长只关注吃喝拉撒，不问吧，心里确实想了解。如果老师在饮水区、厕所各制作一张图表，让孩子自己记录，家长心里的疑问自然消除。

43. 将计划安排张贴告知，而不是只有自己掌握。

随着孩子的成长，中大班逐渐开展“故事大王”“说新闻”“讲天气”等培养孩子语言表达能力的活动。老师可以将全班孩子的轮值时间排成表格，张贴在班级内。一来提醒孩子，二来让家长知晓班级的安排，更加配合班级活动。

44. 多通道的信息披露，而不是单向传递。

现代通讯技术为班级信息公开提供了互动的媒介，校讯通、论坛、

QQ 等，家长能快速得到信息或深入互动了解，实现配合到位。食谱、家委会成立、分组名单、资源征集、公开课分组等，信息越公开，家长参与的积极性越高。

十一、亲子活动

45. 亲子活动的目的是增进情感，而不是吃吃玩玩。

增进家长与子女的感情，增进家长与教师的感情，增进家长与家长的感情，是亲子活动的主要目的。要增进，就要互动。要互动，就要活动。3 年 6 个学期，每次的亲子活动都要目标明确，才能不流于形式。

46. 亲子活动为自愿参加，而不是全班统一要求。

亲子活动的时间是周末或晚间，老师有空了，不代表家长有空。亲子活动又需要物质保障，有的家长愿意掏钱，有的家长不乐意。所以，自愿是前提。只要大部分家庭参与，就能达到目的。

47. 选择活动地点要利于互动，而不是“赶庙会”。

春天踏青、夏天游泳、秋天登高、冬天溜冰，这些时尚的活动方式并不适合亲子活动。让家长之间有交流，让家长教师之间有互动，才是目的。如果大家到某个地点集中，进门后又分散活动，就成了“家庭自由行”了。

48. 亲子活动应与教育教学结合，而不是天马行空任意命题。

表演游戏需要扇子，可以开展一次制作扇子的亲子活动；“六一”表演需要服装，可以开展一次自制服装大赛。将亲子活动、义工、教学资源巧妙结合，既减轻了家长的负担，又实现了相互学习、相互交流的目的。

十二、开放日

49. 让承担教育责任的家长参加，而不是随意找个人敷衍。

参加的对象不同，视角也不同。父母参加关心教育，老人参加关心护理，保姆参加关心安全，其他人参加则是看热闹了。开放日是让家庭了解幼儿园、了解教师、了解孩子在集体中的发展水平、了解其他家庭的重要方式之一，最好让关心孩子教育的家长参加，便于以后的沟通、合作。

50. 让家长做观察者，而不是欣赏者。

让家长记录小班孩子举手的次数、与多少小朋友接触过、有没有主动去喝水等；让家长记录大班孩子专注的时间、接触同伴的方式等。家长记录的结果肯定是老师意料之中的，老师将问题抛给家长，家长接招的同时，也客观了解了孩子。

51. 让家长做评价者，而不仅为关注者。

家长接送孩子都是在游戏时段，开放日可以让家长完整了解一日活动和教师的专业水准。开放日的近距离接触，可以改变家长对老师的某些误解，也可以萌生合理的建议。幼儿园此时发放评价表让家长评价班级和老师，才会有实在的内容。

52. 精心安排开放日流程，而不是流于混乱、无序。

幼儿园来了比孩子还要多的家长，活动中家长停车地点、站在哪里、坐在何处，都需要事先考虑。年级组、班级要讨论开放日与平常不同的计划安排，保证每个家长的观察视野、参与程度大体均等。

十三、义工

53. 让家长有多种义工的选择，而不仅仅是单纯劳动。

为运动会拍照、为“六一”表演制作道具、为种植园地翻地、为新教室装饰，班级需要家长的义工方式有多种，供家长的选择也应多样。发挥每位家长的特长，就如同挖掘孩子的潜能一样。让家长做不擅长的事，是很痛苦的。

54. 挖掘义工中的“脑力”资源，而不是“劳力”资源。

如果不是单位办园，幼儿园家长的工作岗位基本遍布了社会各领域。俗话说“隔行如隔山”，让家长中的专业人士为孩子提供教育信息与资源，好于老师“半桶水乱晃荡”的尴尬。家长的尝试，也能体味老师教学的艰辛。

55. 要指导义工备课，而不是任其发挥。

义工毕竟是非教育专业的，给孩子们上课他们会忐忑不安。义工组织活动前，班级教师务必要提前帮他备课，帮助义工选择孩子感兴趣的互动方式与话题，让义工教学后有满足感，让孩子有新奇感。

56. 及时给义工发放感谢状，而不是“想到就用，用了就忘”。

给做义工的家长发一张感谢状，家长会和孩子得到小红花一样激动。感谢家长的付出，是一种尊重。如果说“好借好还，再借不难”，用在义工上，则是“尊重付出，再做不难”。

57. 合理利用家长资源，而不是过度挖掘。

家长有家长的本职工作，做义工基本是业余时间。不要将家长的自由时间占满。有些老师今晚布置任务，明天就要家长完成，挑灯夜战的感受只会加剧家长的抱怨。义工就是义工，使用要适度。

十四、成长档案

58. 让家长参与档案记录，而不是老师包干。

成长档案是孩子家园共育的成果方式，里面有孩子在园的记录，也有在家庭的记录。好的成长档案可以代替家园联系册，通过老师、家长的共同记录，全面反映孩子的真实变化。

59. 档案以图文方式呈现发展过程，而不是另一本影集。

如果目的不明确，成长档案很容易成为照片、作品的收藏册。成长档案是记录孩子成长变化的过程，在若干年后翻看，不仅有影集回味的效果，还需有教育花絮的回忆。所以，观察记录、分析、跟踪效果，应是成长档案的重要内容。

60. 成长档案要真实加美感，而不是原始资料收集本。

低水准的成长档案是原始资料的堆砌；一般水准的成长档案是单纯就收集的观察记录、画面、作品展开教育评价，拟定后续教育策略，有教育价值但缺乏观赏性；高水准的成长档案是既有教育价值，也有赏心悦目之美感。

61. 成长档案靠“分享”提高制作水准，而不要让家长畏缩恐惧。

老师年年制作成长档案，经验丰富。可以将往年的成长档案拍摄下来，供新生家长学习借鉴。发现精彩的记录方式，也可及时在班级展示分享。家长“举一反三”的能力很强，给一点灵感，一定会灿烂。

十五、家长园地

62. 家长园地是家园交流的渠道之一，但不是全部。

家长园地、班级论坛、成长档案、家长手册等，是不见面的交流方式。面谈、家长会、亲子活动，是面对面的交流方式。不要以为在家长园地中呈现的内容家长都知晓，那些来去匆忙的家长需要多种交流方式。所以，家长园地的内容，要在其他的交流渠道中再次出现。

63. 家长园地是给家长看的，而不是做样子的。

班级的家长园地应布置在班级家长来往频率最高的场所，便于家长察觉、阅读。有些班级将园地布置在教室进门的通道中，如果家长驻足观望，一定影响他人行动，这样的设置就不妥了。有些园地设置在游戏区域中或衣帽架后，家长无法进入，也是不适宜的。

64. 园地内容以家园共育为主，而不仅仅是课程的介绍。

作为家园共育的载体之一，园地要有独特的班本文化。除了向家长介绍近期教学内容、提出配合事项外，还要有针对性的科学育儿文章、书目介绍，有连续性的家庭教育心得等。与本班家长的实际越贴近，园地的作用就越大。

65. 呈现方式要图文并茂，而不是简单手写。

随着现代教育技术手段的进步，幼儿园的网络、电脑也基本普及。将通知做成招贴画，将教学目标用书签标注，为家长的育儿心得装饰花边，园地就有可读性了。如果老师的书写功底不足，千万不要手写张贴，那样，只会降低老师的美丽形象。

十六、家长委员会

66. 民主产生家长委员会成员，而不是教师指定。

有热情、有时间、有能力，三个要项成为老师寻找家长委员会成员的外部标准。殊不知，家长有没有参与班级管理的积极性，也是重要的内部因素。教师要先发出成立家长委员会信息，由家长自由申报，再产生合适者，这才是民主的方式。

67. 家长委员会是家园沟通的桥梁，而不仅是帮手。

家长委员会是班级中教师与家长的桥梁，不仅代表家长表达对班级的期望、意见、建议，也代表班级教师向家长传递教育配合事项。把家长委员会成员当作信息提供者、协调者，可以及时发现问题、解决问题，得到家长的认同。

68. 让家长委员会参与班级管理，而不是单纯接受老师管理。

班级学期计划的制订、特殊儿童的教育、大型活动组织，都可以让家长委员会参与其中。家长委员会的参与可以让其他家长换位思考，理解并支持班级活动。开放的班级管理可以培育积极的家长委员会，积极的家长委员会可以营造朝气蓬勃的教育氛围。

69. 开家长会要提前与家长委员会沟通，而不是单一由教师做决定。

班级家长会，主要是解决家园配合的问题，如冬季孩子穿怎样的服装合适？老师希望家长给孩子穿易穿脱的衣服，家长希望给孩子穿保暖的衣服，两者如何统一？如果老师提前与家长委员会沟通，家长委员会成员就能提前为老师支招，会上积极回应，决定就容易被其他家长接受。

70. 班级经费由家长委员会管理，而不是由老师代管。

很多班级开展亲子活动会涉及经费，费用的预算、收取、使用、保管应该由家长委员会管理。老师千万不要碰钱，也千万不要将班费用在老师参与活动的门票等的支出上。让家长把钱全部用在孩子身上，家长才能真正满意。

71. 活动方案要多选，而不是家长委员会某个成员的个人经营范围。

如果家长委员会成员个人开有图文社，班级亲子活动需要冲洗的照片、制作的光碟就要另寻门店，以回避利用职权的嫌疑，除非这个家长按成本收费或不收费。有时，做好事不一定有好回报，就是因为存在误解。

十七、家长学校

72. 家长学校形式多样，而不是用讲座包揽一切。

既然强调家园共育的互动性，家长学校也要避免讲座的单一传输形式。

对家长开放半日活动、育儿沙龙、主题论坛、咨询交流、读书研讨，都是好形式。需要注意的是，任何形式都要有互动的效果，否则家长不如在家看书。

73. 科学育儿是重点，而不是简单的要求、通知。

在我国父母成长学校尚缺的状况下，幼儿园家长学校更多地承担了家庭科学育儿知识传递的重任。儿童的年龄特点、适宜开展的活动、教育指导的策略等，都是家长学校必备的内容。将家长学校简单理解为配合幼儿园，仅提注意事项，就显得肤浅了。

74. 学习的内容应富有园本特色，而不是人云亦云。

不同的资源、不同的主张、不同的策略，会形成不同的园所文化。社会上家长学校的读本很多，但未必有适宜本园的。家长学校的主题、内容要与幼儿园办学理念一致，与园本课程趋近。所以，组织者的先期调研非常重要。

75. 家长学校要引领家长的成长，而不是被家长引领。

早期教育的误区和谬论很多，家长在商业宣传的诱惑下会焦虑、浮躁。家长学校要了解家长的育儿心态及实际做法，用科学的解释及幼儿园的教育策略安抚家长，引领家庭教育的科学方向。坚守教育理想，从家长学校开始。

76. 让了解本园家长的老师授课，而不是“外来的和尚好念经”。

有些园长缺乏理论指导或工作繁忙，就聘请校外机构来园授课，这是不适宜的。校外机构的指导内容是面对大社会的普遍现象，幼儿园家长学校需要解决的是小社会的个性化问题，后者难度更大。总是请校外专家作宣讲者，会让园长丧失话语权。

十八、防范

77. 进出校园凭证刷卡，而不是开放大门。

幼儿园是特殊的教育机构，安全防范的措施要格外严谨。父母、祖父母、外祖父母、保姆等，门卫一个个认全实在不易。科学的方法是凭证（卡、指纹）进入，快速、安全。有了进出的依据，门卫和保安的重心就可以转向安全防卫了。

78. 有序进出校园,而不是拥挤推搡。

谁都想第一个进教室接孩子,但第一只有一个。防范的前提是合理、有序,分出进出通道,列出顺序等待区,标明园内行走路线,可以避免拥挤与冲撞,让教育的场所更加文明。

79. 应急预案须经常演练,避免临阵抓瞎。

消防演习、地震演习、防御入侵者演习等,名称不同,目的一致:保障儿童的生命安全。预案要工作人员人手一份、人人皆知,演练要常态化。在特殊时间(消防日、减灾日),演习更要成为教学的一部分,知行结合,孩子理解,家长放心。

十九、事故

80. 孩子受伤应立即通知父母,而不是等处理完毕再传递信息。

年幼孩子缺乏自我保护意识与能力,意外伤害事故不可避免。意外事故紧急处理后要第一时间通知父母,征求父母到何处就医的意见。让父母看到就医的过程,会解除他们心中的疑虑,为后续事件处理铺平道路。

81. 孩子受伤及时上门探望,而不是等第二天。

孩子在幼儿园受伤,不管是什么原因,都要在当天上门探望。一是表示慰问,二是了解或解释事件的过程,三是安抚孩子的情绪。老师的诚恳会换来家长的谅解,让家长看到幼儿园不推卸、不回避的态度。

82. 意外发生要如实还原真相,而不是推卸责任。

谁都不愿意发生事故,但"意外"防不胜防。幼儿园会让老师填写事故分析表,家长会询问事故的发生过程。千万不要避重就轻,更不能捏造事实或推卸责任。真实地还原过程,可以准确找出原因,防止事故的再发生。

83. 事故发生后需安抚的是三方,而不仅是受伤的一方。

事故发生后,有些老师会在焦急中对"肇事"孩子进行一通批评,对旁观孩子进行一番诫勉,结果是三方皆受伤。受伤的孩子让人心疼,殊不知"肇事"的孩子与旁观者也需安抚。老师对待"肇事"者的态度,将决定“肇事”者家长对待事故的态度。

84. 分析事故原因要从自身开始，而不是归咎于孩子的“顽劣”。

调皮好动的孩子一旦成为事故的受伤者，老师往往会把孩子的“顽劣”列为事故的主要原因。一句话说得好让人笑，一句话说不好让人跳。孩子已受伤，如此分析、解释犹如在受伤孩子家长的心坎上“撒盐”，事件处理往往难以收场。

二十、园长接待

85. 对家长的接待时间应是全天候的，而不是固定的某一时段。

传统的园长接待日是每月固定一天，集中接待家长的来访。理想的接待方式应是灵活、随机的，只要家长提前预约或园长在园，都可以接待。事件的处理、信息的收集越早越好，有些事情是不适宜等待的。

86. 与家长的交流是多通道的，而不仅仅为面对面。

如同老师与家长交流一样，园长与家长的交流也是多通道的。“园长信箱”、“论坛悄悄话”、短信等，都是快捷、私密的方式，既能顾及家长的担忧，又能及时沟通，解决问题。

87. 将家长的来访视为寻求帮助，而不是看作告状。

家长找园长，大多是在教育孩子的问题上产生矛盾和疑惑而寻求园长的帮助。他们的心态是解决问题，而不是投诉。有些班级教师反对家长找园长，认为遇事在班级解决，这种看法要修正。

88. 如实记录与家长的交流，而不是随意敷衍。

记录交流的内容，可以提醒园长关注事件的后续结果，为梳理反思提供依据。一些家园矛盾突出的问题，可以跟踪交流、记录。适当的时候，这些记录可以作为园长介入的佐证。

89. 如实了解事件过程，而不是偏袒某一方。

完全维护教师的利益，或者完全认同家长的要求，都是不妥的。园长要了解事实的过程，再依据相关政策、办法处理。当然，人性化的解决方式是最佳的结果。园长要倾听、安抚、分析、建议，以释疑为上策。

二十一、育儿指导

90. 给家长提供与课程相配的完整手册，而不是让家长自己找寻。

孩子既然在幼儿园，家长就必须了解幼儿园的教学，配合教育的要求。幼儿园根据课程的安排，可以制作《家长手册》，将儿童年龄特点、教育目标、计划安排、教育内容等汇集成册，让家长也有计划、有目的地合作和指导孩子。

91. 以园刊的形式让全园分享优秀案例，而不是局部交流。

班级沙龙的育儿讨论、亲子活动的感悟、教育书籍读后感……很多班级开展的活动也能给其他家长启示。幼儿园如定期出版园刊，将各班有意义的育儿交流经验分享，受益的面就广了。

92. 及时接住家长抛来的球，而不是避而远之。

家长遇到教育难题会寻求信赖的教育者帮助，园长、班级教师是首选。班级教师与家长接触多，交流可随机完成。园长则需先了解提出问题者的背景资料，才能准确分析。故园长要在管理中留出相应的时间，做及时回应者。

93. 做学术型园长，而不是简单管理者。

园长的教育理念、教育主张，影响一所幼儿园的课程改革和教育方向。家长选择幼儿园，除了选环境，就是选队伍。园长是引领幼儿园方向的舵手，一个好园长，可以为造就好幼儿园提供组织保障。

94. 园长应努力记住每一个孩子，而不是笑笑应付。

能叫出孩子的名字，家长会感觉到园长的用心，也就放心园长的管理。园长多到班级听课，多与孩子交流，多参加班级活动，就能分辨孩子。家长遇到疑惑求助的时候，园长也就能快速应对、给予帮助了。

二十二、监督

95. 公布收费标准，而不是变相收费。

幼儿园的收费标准是物价部门核准的，要将核准的收费专案、标准及时张贴在公示栏中，接受家长的监督。任何名目的超范围、超标准收费，包括为营造园本特色开展特色活动的收费，均属变相收费，是违规的，家长一旦举报，幼儿园必将受到处罚。

96. 规范使用伙食费用，而不应克扣或挪用。

根据带量食谱购买的食材是伙食费用的主要支出。幼儿园要按月结算当月伙食支出，按时向家长公布伙食账。以大量库存来增加当月成本的做法是不合适的，将伙食款用在购买炊具、改善厨房设备的做法也是不宜的。

97. 家长问卷中的问题要及时回馈，而不能走过场。

幼儿园让家长填写的调查问卷回收后要及时归类分析，问题的梳理及应对的策略要向园级家长委员会汇报。家长看到幼儿园的诚意，就能信任幼儿园的管理。如果幼儿园能后续汇报应对后的结果，家长就更满意了。

二十三、师德

98. 爱所有的孩子，而不仅是你喜欢的孩子。

外形漂亮的孩子人人喜欢，他们的父母会窃喜骄傲。但孩子中总有邋遢、调皮、冲动、怪模样的，在父母眼中他们胜过天使。把所有的孩子都当作天使，你就能拥有父母的慈爱。把所有孩子当成可爱的儿童，你就拥有教育者的智慧。

99. 利用班务会商讨问题，而不在背后议论、指责。

有些老师说话不注意，对家长的看法不经意间脱口而出。说者无意听者有心，如果孩子把老师的话传给父母，掀起的一定是轩然大波。利用班务会商议私密问题，是礼貌，更是规范。

100. 让家长做与教育相关的事，而不是为己办私事。

有些老师对家长的职业很“关心”，在个人有需求时就找具有相关职业背景的家长寻求帮助。有些老师觉得与某个家长谈得来，就常托家长办私事。这都是违反职业道德的行为，会降低老师在家长心目中的形象。

101. 婉拒家长的礼物，而不是一口回绝。

送礼是社会的顽疾，是对教师的鄙视。但对家长送礼行为，不要冷冰冰地回绝。在赞赏礼物、表达欢喜的同时，要说明不收礼物的原因，只要上升到师德、纪律，家长都能理解。对仍坚持送礼的家长，将礼物交园长处理是最佳的办法。

第二章　家庭中的教育

——走出误区

第一节　“天才”与“凡人”

1917年，日本著名心理学家、教育学家木村久一在被教育界奉为“家教圣经”的著作《早期教育与天才》（河北大学日本研究所译）开篇，描述了早期教育造就“天才”的实例[①]：

大前年，美国哈佛大学毕业了一个年仅15岁的少年，名叫威廉·詹姆斯·塞德兹，是著名心理学家塞德兹的儿子。他的学历颇为惊奇，听说他从1岁半开始接受教育，3岁时就能用本国语言自由阅读和写作。到5岁时，看到家中的骨骼标本，便对人体发生了兴趣，开始学习生理学。听说没多久就在行医开诊考核的初试中，获得了合格成绩。6岁那年春天，和别的孩子一样，上了小学。入学那天，上午9时被编入一年级，到中午12点母亲去学校接他时，已经成了三年级的学生。并于同一年内，结束了小学校的学习。翌年7岁时，本想上中学，但由于年龄小而被拒绝了。没有办法，只好在家里自学。学习科目主要是高等数学，这是因为古今的语言学等知识他早已学过了。

转过年8岁了，他终于上了中学，不论哪门学科都非常优秀。由于数学尤为超群，学校准其免学，同时让他帮助其他同学批改数学作业。在这期间，他还编写了天文学、英语语法和拉丁语语法的教科书。由于

① 木村久一. 早期教育与天才. 河北人民出版社，2001：1－3。

中学教的知识他全部学过了，所以不久就退学了。

……9岁和10岁时，继续在家学习，第二年刚过11岁就进了哈佛大学。

……就这样，大前年他作为哈佛大学的优等生毕业了。现在正在取得博士学位，继续在该大学的研究生院里学习。

……古人说“10岁神童，15岁才子，过了20岁是凡人”。所以他们的黄金时代也只是现在的这一时。你等着瞧吧，再过些时候，都不过是些俗人罢了……然而，这种认识错了，塞德兹等人不是偶尔产生的所谓神童，而是接受某种教育所必然形成的天才。

……对此，有人可能认为：既然这么说，他们诚然可能是由于某种教育的结果。所说的某种教育是指什么样的教育固不得知，但可以想像到，这种教育一定是像在温室里栽培花草那样的教育。所以这些少男、少女像温室里的鲜花一样，因为有人工培育之差，当然就早熟了，亦不外乎是神童的一种，也就是人工神童。所以他们的发展只不过是一种病态现象，最终只能落得“过了20是凡人”的结果。

我无法证明这种认识是错误的，因为我确实无法预卜一个红颜少男或少女的未来。但是，即使从过去的例子来推论，我认为他们的未来还是非常有希望的。

木村先生写这本书的时候，塞德兹还是各方人士赞叹惊奇的少年。后来塞德兹怎样了呢？正如古人“过了20是凡人”所言，童年时期的辉煌成绩并没有把威廉引向成功之路。过度教育使他精神失常，住进了精神病院。出院后，威廉一心想过普通人的生活，便在一家商店做店员，一生无所作为。

“我无法证明这种认识是错误的……我认为他们的未来还是非常有希望的。”木村先生当年对塞德兹是否能成功也是将信将疑，还是抱着良好的祝愿看待“人工神童”的未来。如果先生有来生，一定会感叹：催熟的瓜不甜啊！

当今，很多目前看似“成功”的家长（以他们的孩子现在的学业看）都将自己的教育经验作为成功案例广为宣传，这些经验被其他家长视为圣经。“狼爸”“虎妈”的孩子是否也会像塞德兹一样无法摆脱“凡人”的厄运呢？我们现在还无法预测。

对孩子实施早期教育，能够挖掘他们的潜能、开发他们的心智、促进他们的发展，但早期教育不是违背孩子自然成长规律的教育，更不是按父母的个人意愿随意塑造的教育。教育要遵循儿童发展规律，要尊重儿童的年龄特点，要在适宜的阶段做适宜的事情。要像种树一样先在苗圃培育幼苗，然后移植进田里接受大自然的风雨，最后再根据外形、特性移植到合适的地点，在继续生长的同时，成为人与自然共存互惠的媒介。整个过程，浇水、施肥、除草、修枝、捉虫一样不能少。缺了任何一个环节，都可能导致树木无法成型甚至夭折。教育孩子如同种树，千万不能走捷径、省环节，“拔苗助长”。社会不需要“人工神童”式的“天才”，需要的是在科学的幼儿教育下成长的心智健全、终身能为社会为家庭做出贡献的人才。

第二节 家庭教育的误区

自独生子女家庭占主流后，家庭对早期教育的关注达到痴狂状态，年轻的父母将优生优育的“理想”贯彻得无与伦比。怀孕前调整身体、怀孕中胎教、生育后早教、3 岁选择幼儿园，一切都是为了养育一个健康、聪明的宝宝。随着孩子的成长，父母的期望越来越高，预先设定的目标不自觉地偏离了科学的教育方向，家庭教育走进了误区。

一、理解的误区

（一）不让孩子输在起跑线上

这是电视广告里教育类商品惯用的宣传口号，也是造成家长恐慌心理的根源。为了不输在起跑线上，家长不惜时间、不惜金钱，带着孩子学着不感兴趣的知识、做着不愿意做的功课。“不让孩子输在起跑线上”，这里的起跑线，并不是全面发展的起跑线，而是社会、家长热衷的知识学习、艺术学习的起跑线。这是急功近利的短视眼光，是压抑孩子学习兴趣的杀手行为，是违背教育规律“拔苗助长”的肤浅动作。

20 世纪 90 年代末，我园有个大班孩子，家长为其一周报了 8 个兴趣班，孩子整天疲于在各个教学点奔波，晚上回家还要练琴、练书法，身心极度疲惫。这个可怜的孩子白天来到幼儿园，在游戏中竟然连续只选“今天我休息”角色，因为只有这个角色可以在娃娃家的床上睡觉，可以不动脑筋在所有游戏间游荡。还有些孩子因为太多的学习压力，未入小学就萌生了“像爷爷奶奶一样退休多好啊”的念头。个别单纯的孩子大班毕业前不愿上幼儿园，以为不上幼儿园就可以不上小学，就没有学习压力。

就是这句“不输在起跑线上”，成为中国早期教育最成功的商业忽悠，导致了“拔苗助长”的出现，让孩子失去了快乐的童年。

（二）大家都选的，就是最好的

商家在选择经营方向时都知道，两类人的钱最好赚，一是想长寿的老人，一是想学习的孩子。家长宁愿自己省吃俭用，也要给孩子教育投资，至于什么投资是好的，普遍的认同就是大家都选的就是好的。一度时期，以商业追求为目标的所谓的早教机构打出“蒙氏教育”“感统训练”“珠心算”“经典阅读”的招牌，家长趋之若鹜，商家赚得盆满钵满。

比如面向正常儿童开设蒙氏教育班，我持反对观点。“有序”“有礼”“独立”，是蒙氏教育成效中出现频率较高的词汇。进入开展蒙氏教育的场所，通常看到的场景是：地毯（地垫）上、玩具柜旁、桌子边，男孩、女孩各自专心操作着自己面前的蒙氏教具，没有吵闹声，没有奔跑者，摆放、收拾，每个孩子都十分到位，教室里静逸安宁。正是这种安静，让人恐惧、不安。随着科学技术的发展和人类文明的进步，社会发展的趋势将以合作、交融为主。如果我们的教育仅以守规则、懂秩序、独立为重点，可以预见这些孩子在未来的学习、生活中缺乏团队合作的愿望与行动，照本宣科，保守，偏执。我们的孩子已经处在独生子女的不良养育环境中，如果仍缺乏高密度的团队协同活动，孩子没有联合游戏、合作游戏的经验，将来他们怎么面对人际协作、团队合作，甚至国际交流的需求呢？

商家正是通过宣传攻势和从众心理，让家长误以为选择多的就是最好的，这和"只买最贵，不买最好"是一样的道理。

二、追求的误区

（一）"高、大、全"式的孩子

做父母的都有这样的经历：一群孩子在一起，大家会羡慕这个孩子外表漂亮、那个孩子唱得好听；那些举止文雅的、体格健壮的、聪慧伶俐的、主动积极的孩子总能得到其他父母的夸奖，被夸奖的孩子的家长欣喜之余也会感叹："漂亮有什么用？一天到晚生病，烦死人了！""聪明是聪明，就是太调皮，每天只有睡觉时才能安稳，被他弄得要崩溃了！""我这个孩子除了能吃能睡身体好，其他都不如你们的孩子！"父母为什么都不满意孩子的现状？因为他们期望有一个各方面都优秀的孩子。

案例分享

上中班的远志为什么不如小小班的表妹？

家长：带远志在上海表妹家玩了一周回来，我发现远志不如妹妹：让妹妹讲故事，妹妹能不假思索，脱口而出，滔滔不绝，虽然条理性并不强，但讲上半小时没有问题。让妹妹跳舞，虽然她从未上过舞蹈班，但打开录音机，随便放什么歌曲，或电视里播放什么歌，妹妹都能随着音乐起舞，或蹲或起，或舒展或转身，姿态优美大方。而哥哥却只会复述，只有看过的东西才能讲，其想象力不及妹妹十分之一，还远没有妹妹大胆、热情奔放、无拘无束。这是为什么呢？要知道哥哥的记忆力是很强的，他看过的动物表演连我都没有他说得那么细致。就是没有想象力。园长，应该如何训练这样的孩子呢？

园长：为什么拿远志的弱项和妹妹的强项比呢？如果是妹妹的妈妈，也会有感慨：为什么远志比妹妹强那么多呢？比如……

孩子越小，个性上越外显和张扬。了解每个孩子的独特性，挖掘每个孩子的特长与潜能，让孩子充满自信与快乐，是现阶段的主要任务。远志有诸多独特的优势，如执著、有爱心、反应快、记忆力强等，至于想象力，是启发、训练的结果，不妨从添画、续编故事入手。

我们要做的是，发现孩子的强项，通过教育提高弱项，用强项形成个人特色，用弱项弥补发展不足。说到底，就是“补长教育”与“补短教育”。如果我们都有这样的正确认识，就不会对孩子产生太多的抱怨，也不会拿自己孩子的弱项和别人的强项相比了。我们对孩子的发展就会依据孩子的基础科学地实施，就不会“跟风”教育了。

（二）我的理想在孩子身上实现

外貌俊美的父母希望孩子长得像自己；学历较高的父母希望孩子的聪明程度像自己；小时候羡慕芭蕾舞演员的父母希望孩子学舞蹈；小时候被邻居琴声吸引的父母希望孩子学乐器……父母种种的期望叠加在孩子身上，孩子受累，大人更累。孩子承载着父母的期望被迫学习，悲切切、泪汪汪。父母驮着孩子东跑西奔到处“占坑”，连轴转、头发昏。如果孩子的某方面正好与父母的期望吻合，皆大欢喜。如果差异较大，父母在投入大量钱财、劳心劳力之余，体验的是失落、失望。

教育资源的多元，社会文化的变化，都会影响人们对理想的追求。青出于蓝胜于蓝不单单体现在外在的证书、成绩、学历上，还体现在个性、才能、兴趣、责任上。为什么要随家长的兴趣选择孩子发展的方向？孩子们难道不能为自己的兴趣做主吗？律师的家庭可能培养出一位驾驶员，教师的家庭可能培养出一位兽医，农民的家庭可能培养出一位音响师……只有让孩子们按自己的兴趣做想做的事，才能给予孩子真正的快乐。

三、方法的误区

（一）“圈养”教育

圈养，就是把小动物关起来饲养，泛指在幼儿教育中，把孩子封闭起来，在条条框框的约束下中规中矩地教育。相对“圈养”的是“散养”，就是打破空间的限制，让孩子在自由的环境中，根据自己的喜好选择活动内容，接受成人随机的、灵活的教育影响。家庭中圈养的原因有多种，一是家庭成员没有时间或精力带孩子到户外活动；二是担心户外活动风险而将孩子关在家里；三是父母信奉去除杂质的书本教育和独处教育。

案例分享

有个父亲向园长咨询：孩子的妈妈信奉阅读，从孩子出生起就给孩子读书，家里在教育上投资最多的就是图书。从认识苹果、汽车，到小红帽、花仙子，孩子的知识基本来自书中，家庭教育的主要方式为书本教育，很少外出游玩，孩子与小区同伴基本不接触。因为神仙、鬼怪、精灵听多了，孩子混淆了幻想与现实，整天沉浸在“假想”的世界里，神秘兮兮地与桌子对话、与扫帚谈心，说精灵住在吊灯里，天使住在花瓶中，夫妻两人在教育孩子的问题上矛盾不断。园长开出的第一份处方是：停止书本阅读，每天带孩子到户外与同龄孩子一起玩耍，先从小同伴开始。如果玩耍中出现矛盾和冲突（争、抢），家长尽量不介入，让孩子自己解决。三个月后，家长告诉园长，孩子从观望到加入，经历了很长的等待时间。现在孩子很期待与同伴一起玩，但是又害怕别人欺负她。园长开出的第二份处方是：告诉孩子两个以上的解决策略，让孩子自己尝试运用。再过一个月，园长的第三份处方是：到小朋友家玩，或者邀请小朋友到家里做客。

从这个例子可以看出，刻板的、缺乏主动认知的“圈养”教育是“本本教育”，是“教死书、死教书”。儿童是活泼泼的人，他们是为未来面向社会做准备的人，他们的学习需要在生活的环境中完成。脱离了社会的学习，必然衰减社会的多元文化，缺乏现实生活教育和矛盾冲突体验，孩子就成了脱离现实的“真空人”。所以，我们呼吁家长将孩子带出家庭、走进社区、走进社会、走进同伴，犹如放羊一样，让他们主动寻找水源与嫩草，学会抵御狂风、躲避恶狼。

（二）表扬为上

“让鼓励伴随孩子成长”是早期教育中对成人提出的要求。鼓励性的语言与动作可以让孩子产生愉悦的情绪，获得幸福感与满足感；否定性的语言则会让孩子感到失落从而丧失自信。但是，并不是说对孩子的评价只有表扬没有批评。单纯的鼓励性语言会让孩子只能听好话不能听坏话，长期下去，当他们与社会融合的时候，对否定性语言的敏感性就比一般孩子要高。只有合理使用评价方式，孩子才能既自信又能抵御挫折。

案例分享

请园长指点迷津

家长：我孩子淘淘在学习与人交流沟通时，我和家里的其他成员更多的是给予鼓励和赞扬，比如说：“淘淘，你真能干！”“淘淘你真棒！”“淘淘，这件事情你肯定能做好。”等等，这种鼓励和赞扬的话语取得了一定成效。但慢慢地我发现我们现在不能给予他一点批评，从他听到批评时的表情可以看出，他很难受并且抵触情绪很大。事后我也会跟他解释为什么他受到了批评，他错在哪里，我告诉他，小宝宝要学会接受别人的批评和教育。但我看不到效果！

我现在的想法是：激励和表扬能很好地培养孩子良好的自信心和独立性，但是否也存在一些弊端？我们家长不能时时刻刻守在孩子身边不停地表扬他。如何能让他在听到别人批评时不要那样抵触？

园长：孩子是成长中的人，是在现实生活中与社会时刻发生关系的人，他们在成长的同时也在了解社会、了解自己与他人的关系。社会是多元的，社会允许人们拥有不同的性格、文化、信仰等，但是社会需要人们遵守共同的规范，也就是社会的法律、公德。在家里，孩子时时刻刻面临社会规则的约束：不能在别人休息的时间大声喧哗、嬉闹，不能在住宅的公共区域做不允许的事情（墙上画画、小便等），不能往楼下扔东西等等；离开家，需要遵守和约束的规范更多：过马路看红绿灯、不摘花、不踩踏草地、不抢别人的玩具、人多时要排队等等。在这些规范的学习过程中，孩子有一个习得的过程，也是尝试错误的过程。孩子首次习得正确，家长肯定要给予表扬；孩子首次习得错误（如抢玩具），家长一定要批评孩子的行为，并要求孩子立即（或下次）纠正。总之，我们抓住孩子每一个新行为的第一次矫正，孩子对这个行为的要求就会先入为主产生认同感，良好的习惯就极易养成。

对孩子行为的矫治过程，实际上就是否定性评价的产生过程，只要从孩子行为发生起（三个月左右）就不断刺激，孩子就会适应，调节自己行为的能力就很强，社会适应的能力相应也较高。

为了帮助成人对表扬与批评有一个适度的把握，我们对孩子的评价一般分四类：肯定、否定、中性（淡然的对已形成习惯的重复性行为的评价）、混合性（表扬与批评交织），其中，表扬与批评的比例为4∶1，也就是说，一天中，对孩子的表扬要占大多数，但批评绝不可少。

生活中，困难与挫折无时不在，孩子受到批评也是受挫，他们会用沉默、躲避、过激反应、积极处理等方式表现。一旦发现孩子有此行为，疏导的对策是“引导孩子分析失败的原因——心理释放（说出心中的愉快或不愉快，用相应的动作或表情来表现）——心理疏导（转移注意——找孩子的长处，鼓励自信——延伸其他活动，让孩子产生新的希望——与孩子进行身体接触，进行抚慰）”。

孩子现在3岁，正是社会性发展的敏感期，建议根据以上的要求每天给予一定的批评刺激，首先脱敏，然后逐步增强对挫折的耐受性，一段时间以后，这种状况一定会缓解的。

四、理念的误区

（一）好上加好

家长对孩子的教育经常选择“扬长避短”，唱歌好，就在唱歌上投资更多，使得孩子的某项能力越来越好。对弱项，家长往往忽略。3—6岁是打基础的阶段，这个阶段的孩子可塑性极强，是各项能力快速发展的阶段。所谓的“长”“短”尚在发展、渐变中，还没有固定。片面地扬长避短，只能使孩子加剧丧失某方面的能力，不利于孩子的全面发展。

《3—6岁儿童学习与发展指南》实施原则指出：“关注幼儿学习与发展的整体性。儿童的发展是一个整体……促进幼儿身心全面协调发展，而不应片面追求某一方面或几方面的发展。”幼儿园的孩子由于遗传素质、家庭环境、性格特征、教育资源的不同，他们如同站在不同阶梯上，在不同的起点起步，“长”与“短”都是相对的。为了帮助每个孩子在原有水平上的最大化发展，幼儿园里老师在面对众多儿童时，会根据儿童的差异相应调整教育策略，以尊重孩子的原有水平。家庭中只有一个孩子，更应促进孩子在原有基础上的适度发展。如果孩子的某方面发展相对其他方面较弱，家庭教育的中心应该是填补弱项，即所谓的“填坑”。

（二）知识学得越多越好

大部分家长认为，将孩子送到幼儿园就是让老师多教些知识，希望在孩子智力发展的关键期，多教给孩子一些知识，为以后上小学做准备。在选择幼儿园时，也有相当多的家长将幼儿园是否教识字、教汉语拼音、上英语课作为选择的条件。作者9次到新疆送教，记得第一次到霍城的一所幼儿园，看到小班黑板上是10以内加减题，中班黑板上是20以内连加连减，大班黑板上是百以内进位加、退位减，园长解释“我们这个地方的家长只认识字和加减，教其他的，家长不同意”。2010 年 9 月，作者再次来到该幼儿园，他们的教育理念发生了重大的转变：课桌减少了，区域形成了；书本减少了，游戏材料增多了；孩子在教室里的时间减少了，到户外活动的时间增多了。黑板上没有了加减题，代之的是孩子的观察记录表。

对于学龄前孩子来说，习惯的培养、兴趣的萌发、能力的提高远比知识的传授更重要。知识是量的积累，年幼的孩子大多靠记忆完成，而习惯、兴趣、能力则是开启知识宝库的钥匙，需要孩子调动全方位的智能。只有全方位的发展，孩子才能为未来做好充足的准备。

第三节　习惯、兴趣、能力最重要

幼儿教育是奠基性教育，是帮助孩子们为将来的入学做准备、为未来适应社会生活做准备、为将来进入成人社会做准备。在年幼孩子自己还没有明确发展目标、职业追求的情况下，幼儿园、家庭就应为保证每个孩子拥有广泛的兴趣、良好的习惯和多方面的能力而努力。

一、好习惯终身受益

案例分享

1978 年，75 位诺贝尔奖获得者在巴黎聚会。人们对于诺贝尔奖获得者非常崇敬，有个记者问其中一位：“在您的一生里，您认为最重要的东西是在哪所大学、哪所实验室里学到的呢？”这位白发苍苍的诺贝尔奖获得者平静地回答：“是在幼儿园。”记者感到非常惊奇，又问道：“为什么是在幼儿园呢？您认为您在幼儿园里学到了什么呢？”诺贝尔奖获得者微笑着回答：“在幼儿园里，我学会了很多很多。比如，把自己的东西分一半给小伙伴们；不是自己的东西不要拿；东西要放整齐；饭前要洗手；午饭后要休息；做了错事要表示歉意；学习要多思考，要仔细观察大自然。我认为，我学到的全部东西就是这些。”

所有在场的人对这位诺贝尔奖获得者的回答报以热烈的掌声。事实上，大多数科学家都认为，他们终生所学到的最主要的东西，就是幼儿园老师教给他们的良好习惯。

幼儿园时期的孩子，哪些习惯是重要的呢？我们先来看看幼儿园小中大班各年龄阶段关于“习惯”的发展要项。

（一）儿童习惯发展参考要项

小　班

1. 知道餐前便后以及手脏时要洗手，掌握正确的洗手方法。坚持早晚刷牙。

2. 会自己使用勺子吃饭，不偏食、挑食，能把饭菜吃干净。饭后能用毛巾擦嘴、漱口。

3. 喜欢吃瓜果、蔬菜等新鲜食品。愿意饮用白开水，不贪喝饮料。

4. 知道小便要上厕所，不随地小便或尿在身上。

5. 在成人的帮助下有次序地穿脱衣物、鞋子，并放在固定的地方。学习自己穿脱套头的衣服，会自己扣纽扣。

6. 在成人的提醒下按时起床和睡觉，睡觉姿势正确，不蒙头睡，侧睡或仰睡。能坚持午睡。

7. 养成勤洗澡、理发、剪指甲的习惯。

8. 知道五官的用处，不咬手指，不揉眼睛，不挖鼻孔，不把异物塞进自己的耳、鼻、口中。连续看电视、电脑等不超过 15 分钟。

9. 不害怕健康检查和各种预防接种。

10. 上街不随意要大人买东西。

11. 能在成人的提醒下使用恰当的礼貌用语，知道别人说话时不随便插嘴。与别人讲话时知道眼睛要看着对方，说话自然，声音大小适中。

12. 在学习、游戏活动中能遵守常规，爱护玩具和操作材料，知道轻拿轻放，用后能归还原处。

13. 喜欢参加体育活动，逐步掌握正确的坐、立、行的姿势和握笔的姿势。

中　班

1. 坚持早晚刷牙，学会自己洗脸和手脚，会正确使用手帕或者纸巾擤鼻涕、擦嘴巴。

2. 学习用筷子进餐，不挑食，不偏食，不暴饮暴食。喜欢吃瓜果、蔬菜等新鲜食品。常喝白开水，不贪喝饮料。

3. 逐渐学会大小便自理。学会自己拉拉链，大小便后学习自己整理衣服。

4. 学习梳理短发和整理衣服，愿意请成人帮助剪指甲、洗澡，不害怕理发，知道保持仪表的整洁。

5. 每天按时睡觉和起床，并能坚持午睡。上床后不玩身体或被子，能很快入睡，姿势正确。

6. 能独立地、有次序地穿脱衣服、鞋袜，并整理好放在固定的地方。能两人一组合作折叠被子，学习整理床铺。

7. 爱护五官，不揉眼睛，不挖鼻孔，不把异物含在口中。知道保护眼睛，不在光线过强或过暗的地方看书，连续看电视、电脑等不超过 20 分钟。

8. 不随地吐痰，乱抛果壳纸屑，并能制止别人的不良行为。

9. 喜欢参加体育活动。

10. 在成人的提醒下，在看书、绘画活动中保持正确的姿势。

11. 做事动作迅速，有条理，不拖拉。

12. 能主动使用礼貌用语，不说脏话、粗话。别人对自己讲话时能回应，能根据场合调节自己说话声音的大小。

13. 爱观察、爱动脑、爱提问，积极动脑举手发言，对各项活动感兴趣。

大 班

1. 每天早晚主动、正确地刷牙,饭前便后主动洗手,方法正确。用后会主动关紧水龙头,节约用水。

2. 安静就餐,不在吃饭时大声说笑,知道爱惜粮食,不浪费。

3. 养成每天按时睡觉和起床的习惯。入睡姿势正确,会用鼻呼吸。在成人帮助下尝试整理床铺。

4. 迅速有次序地穿脱衣服和鞋袜,能根据冷热增减衣服,保持仪表整洁。能分清左右,会系鞋带。

5. 知道换牙的一般常识,吃东西时细嚼慢咽。主动饮用白开水,不贪喝饮料。

6. 不大声喊叫,游戏活动不过量,累了知道休息。

7. 养成每天定时排便的习惯。

8. 在各种健康检查和预防接种中不恐惧,能与医生很好地配合。

9. 主动保护眼睛。不在光线过强或过暗的地方看书,连续看电视、电脑等不超过 30 分钟。

10. 能按类别整理好自己的物品。

11. 别人讲话时能积极主动地回应。懂得按次序轮流讲话,不随意打断别人。

12. 能根据谈话对象和需要,调整说话的语气,使用恰当的语言。如在别人悲伤时会用恰当的语言表示安慰。

13. 主动积极地参加各项游戏、学习、体育锻炼等活动,有好奇心和探究解决问题的积极性。

案例分享

宝宝特爱看电视怎么办

家长:我女儿上小班,一到晚上就吵着要看电视,每天看的时间还特别长,两个小时左右都不过瘾,我强行关机后她都要哭闹。跟她讲道理她也都知道，还保证下次不这样了，可第二天还是这样，打了骂了都没效果。据报纸上报道：小时候每天看电视长达两小时以上者，到了青少年时注意力会出现问题。园长，我现在都急得不行了，怎么办呢？麻烦您给我会诊一下，非常感谢！

园长：所有的孩子都喜欢看电视，因为电视不仅有听觉效果，更有视觉享受，尤其是动画片，绚丽的色彩、夸张的语言、幽默的情节，更加受到孩子的喜爱。我们并不反对孩子看电视，只是希望孩子看电视有所选择和控制。

选择是指给孩子看的内容是健康、快乐的，立意是积极向上的，如传统动画片中的《熊猫商店》等。有些动画片虽然制作很好，但是需要孩子有了一定的鉴别基础后才能欣赏，如《灌篮高手》等。年幼的孩子喜好模仿，对于一些有趣的动作、语言，往往喜爱重复性尝试，一旦模仿了有伤害可能的动作，常常产生攻击性行为。所以，帮助孩子选择合适的动画片是非常必要的。

控制是指掌握孩子观看电视时间的长度。从培养孩子的学习兴趣来说，我们建议孩子每天看电视不要超过两次，每次控制在30分钟之内。对于孩子来说，尝试练习是获得直接经验的最佳方式，电视、阅读、口口相传的经验概念等学习则是获得间接经验的最佳方式。幼儿园阶段，我们提倡孩子的经验更多来自于直接经验，幼儿园的游戏、一日的生活、与自然的接触等，都是直接经验积累的好途径，它可以帮助孩子在探索的过程中积累感性经验，在体验的同时形成自己的认知结构，我们常把这样的认知过程称为尝试错误的过程。孩子尝试练习的机会越多，探究性越强，学习的兴趣自然就高。如果孩子长时间看电视，接触的知识面虽然广了，但是不是自己的经验，不能像自己操作那样留下深刻的印象。

从孩子的学习习惯来说，长时间看电视也是不好的。因为知识点的传递不可能都像动画片一样有趣，有些学习的内容相对比较枯燥，孩子必须培养专注学习的习惯。以看电视作为主要学习内容的孩子，到了大班、小学，注意力的集中一定会成为难题。

要改变孩子依赖电视的习惯，我们首先要改变自己的养育方式。一是留些时间给孩子，与孩子一同玩游戏，把孩子从电视机前拉回到自己的身边。二是与孩子共同商议看电视和其他游戏的时间，可以让孩子选择组合方式，但不能满足无理要求(如把画画的时间让给看电视)。三是建立奖惩制，孩子遵守了要约，可以奖励；违反了要约，一定要惩罚(不是简单的口头批评)。四是使用一些小技巧：如告诉孩子为了保护大家的眼睛，给电视机加一个“限时保护设计”，小朋友看电视到了 20 分钟就会“自动关机”等，或用闹钟提醒孩子看电视的时间等。

总之，孩子的所有习惯都是教育的结果。只要家庭里的人员齐心协力，孩子好的习惯一定能养成。

案例分享

孩子为什么不容易午睡

家长：中午让孩子午睡，她总是在那儿磨很久，只要早上没有什么消耗体力的活动，她就总是睡意全无。她也知道不睡午觉晚上就得很早睡，不能请小朋友来玩，所以她自己也很想睡着。她也常问我：“妈妈，我为什么就不困呢？”

问题在哪儿呢？是活动量不够还是作息时间没安排好？平常她每天的睡眠时间总量在 11 个小时左右。请各位老师指点。

园长：很多研究表明，中午适当地休息，可以保证人体的健康，所以，有午睡的习惯是好事。为什么有的孩子愿意睡觉，有的孩子不愿意或无法入睡呢？

孩子不愿意午睡，和他长期养成的习惯有关，也就是生物钟形成规律了。我们常说，儿童的发展不是千篇一律，是有个体差异的。有些孩子属于“动”型，睡眠需求量少；有些孩子属于“静”型，睡眠需求量大。出现睡眠时间短而孩子的精力依然旺盛的现象是正常的，家长不必过虑。如果孩子的睡眠时间短，平时哈欠连天、倦乏无力，则说明孩子的睡眠不足。

对需要补充睡眠时间的孩子来说，入睡的快慢就非常重要。建议用以下方法试一试：

1. 故事催眠法：家长可以选择一些安静的、场景描述性语言较多（人物对话相对较少）的故事，在孩子就寝后侧卧在其枕边，边讲故事边轻轻抚拍孩子，讲故事的声音越来越轻，直到孩子入睡为止。幼儿园里，老师常用此办法。

2. 精神安慰法：家长坐在孩子的床前，边拍孩子边说一些安慰的话，如“快睡啊，妈妈最喜欢你啦！”“睡一觉，起来有精神，快睡吧！”

3. 正话反说法：有些孩子，一上床就哭闹，家长可以说一些“反话”，如：“我们不睡觉，我们把眼睛睁得大大的，一直看着×××，不要眨眼睛！”“我们休息一下，一会儿就起来。”

4. 物质鼓励法：用孩子最喜欢的活动或玩具来吸引其睡觉。如果孩子睡觉任务完成，家长一定要兑现诺言。但此办法不宜多用。

5. 疲劳—休息法：此办法适合精力特别旺盛的孩子，加大孩子的运动量，让其疲乏后产生睡意。

有些人可能一辈子都没有午睡的习惯，我们只能尊重孩子的个体适宜性了。

（二）好习惯形成好性格

陈鹤琴先生认为：“习惯是一种行为，是一种不知不觉不假思索的行为。”就如同遇到台阶要抬脚一样，经常上楼的人会不自觉地做出抬腿的动作。孩子也是如此，在草地上，他们必然会奔跑嬉戏，看见好玩的器械，他们必定会摆弄玩耍。行为与习惯密切关联，行为反映人的习惯，习惯又养成人的行为。习惯是通过行为来反映人的精神面貌、文化修养的，所以，习惯不仅可以反映出人的文明程度，更可以看出一个人的综合素质。

既然习惯是行为反复练习的结果，有些人会疑惑：孩子自己可以养成习惯，成人为什么要干预？有句话说得好："行为养成习惯，习惯形成性格，性格决定命运。"这句话深刻地揭示了良好习惯对于人一生的重大影响。

心理学认为，性格是在生活过程中形成的对现实的稳定态度以及与之相适应的习惯化的行为方式。性格不是与生俱来的，每个人的性格形成需要经历日积月累的过程。好的性格很容易生成好的习惯，坏的性格容易生成坏的习惯。好的习惯可以改变自己不好的性格，好的性格也可以改变自己不好的习惯。

良好性格的形成和改变，是一个渐变的过程。犹如盖大楼一般，没有坚实的基础，缺乏根基的大楼是无法经历风雨的。家庭教育要从行为入手，从习惯起步，让好行为养成习惯，好习惯固化成好性格。

案例分享

小孩进入第一个逆反期了

家长：现在润润好像进入第一个逆反期了，有时跟她怎么讲也不听，晓之以理不行，动之以情也不行，只剩威胁利诱了。但威逼不可多用，用多了更会逆反；利诱也不可多用，家庭教育毕竟不能全讲"市场经济"。还望园长百忙之中指点迷津！

园长：这个时期很快会过去，只要大人把孩子"不听话"的后果（生气、轻微处罚等）坚持下去，孩子自然会改变逆反心理的。

其实孩子的逆反代表自我的成长，他们不再依赖大人为他们量身定做的一切，他们开始尝试做自己想做的事情。当然，孩子因为能力有限，初次尝试肯定失误较多，家长要容忍。如果家长意见过多(批评、指责、制止、嘲笑)，都会损伤孩子的尝试自信，孩子就会以消极的抵制(怠工、耳边风、哭闹等)与家长抗衡。

在孩子经历此阶段时，家长要和孩子多交流，多听听孩子的想法和建议，不要总是让孩子听自己的，总给孩子指明正确的道路。要在安全的前提下鼓励孩子尝试做自己想做的事。

孩子需要民主的空间，大人需要转变“母鸡护小鸡”的养育方式，哪怕孩子做了不成功的尝试，也是宝贵的经验。

为什么大人要对孩子的逆反表示出生气的态度？我以为，这是要让孩子知道尊重大人，知道每个人都有自己的意愿和想法，不是所有的事情孩子觉得快乐大人也觉得快乐的。这是让孩子学习接纳他人意见的经验体验。

如果家长迁就孩子，孩子就会过度自我中心，就会养成骄横、自私的个性。如果家长压制过度，孩子就会胆怯、守旧。如果家庭民主，互相尊重对方，孩子就会自信而富有创造性！

案例分享

请教宝宝性格方面的问题

家长：我家宝宝在家一般都是大胆顽皮，很疯、很不听话，可是一到了外面，特别是陌生人多的时候，她就会非常胆小、安静。她还非常害怕小动物小昆虫，往往看到了就会哭得脸发白。用什么好的方式能改变宝宝的这种性格呢？

园长：孩子在家有“真我”的表现，是家庭熟悉、安全的环境造就的。孩子出生后，就在家庭的环境中成长，父母、长辈的关爱，让她对家庭环境产生强烈的依恋。所以，孩子在家庭中的表现，基本上就是真实的表现。

为什么孩子在家庭之外的环境中会出现上面描述的行为呢？我认为是环境改变的原因。空旷、嘈杂的环境，会给孩子带来不安全感。他们渴望接触外面缤纷的世界，但因缺乏相关的能力与经验，会表现出紧张与担忧，他们会紧拉大人的手不让大人离开左右（担心找不到亲人。因为他们很矮小，在成人的腿中找人是很困难的事；因为他们缺乏观察力，在人群中找亲人也是恐惧的事）。因此，带孩子走出家庭，首先要给孩子安全感，让孩子知道父母就在你的身边，“我们一直看着你，你不用担心找不到我们，我们能找到你”。这样，孩子没有安全上的顾虑，就能放心大胆地和小伙伴游戏了。

当然，和小伙伴游戏也不是一次就能成功的，需要经验的积累。在这里，爸爸妈妈们要注意的是：孩子此时是在伙伴的群体中，他需要了解与遵守独自游戏以外的要求与规则，如不抢别人的玩具、不打人、按秩序轮流等待……如果他没有这样的意识或父母没有帮助他遵守，他就会失去伙伴。同样，如果别人侵犯了他，经验就会告诉他：我不喜欢（玩这个），我害怕！

最好的策略是，多带孩子到外面去，让孩子在与环境、伙伴的交往中，积累经验。爸爸妈妈可以从最初的保护，到渐渐放手，直到孩子完全信任环境、认同伙伴。

至于您提到的孩子害怕小动物的事，没有什么关系，估计这和大人们给孩子的经验有关。比如大人看见家里的苍蝇就全力捕杀，这样的场景会给孩子留下对此动物的最初印象，从而影响对此动物的正确判断。建议以后大人们在做这样的事情时，不妨给孩子说一说，让孩子观察一下，减轻孩子的敏感性。

二、兴趣、能力是开启知识宝库的钥匙

《幼儿园教育指导纲要》提出：“幼儿园应为幼儿提供健康、丰富的生活和活动环境，满足他们多方面发展的需要，使他们在快乐的童年生活中获得有益于身心发展的经验。”著名儿童教育家陈鹤琴在课程论中亦认为“大自然、大社会，都是活教材”。幼儿园的孩子思维处于直觉形象阶段，需要的是亲身感知、体验，故幼儿园教育应从孩子生活出发，而不是从书本中的概念和知识出发。只要与孩子生活有关的，是他们感兴趣、急于想知道或解决的，有助于拓展其经验和视野的内容，都是幼儿园教育教学的内容，与孩子有关的社会生活及幼儿的游戏都是重要的教学资源。我们要善于从孩子的生活出发，利用他们身边的人和事，利用熟悉的环境，以适合的方式组织活动。让孩子在生活中学习，在生活中发展。

幼儿园的教育从孩子的兴趣出发，帮助其在体验中积累经验，在实践中提升能力。家庭的教育也应配合幼儿园的教育，实现科学的家园共育。

案例分享

孩子遇到不高兴的事不愿意面对怎么办

家长：我的孩子很不愿意面对他不高兴的事，更不用说主动向老师和家长求助交流。比如有一天讲故事，讲到小猴子上课回答问题，我就顺便问他：“宝宝上课举手吗？”他点头。又问回答问题声音大不大，因为我知道他在幼儿园上课很认真，但回答问题不太积极。他就不耐烦了，把头往被子里一蒙，说：“我不愿意说这个！”类似的事还有很多。他喜欢的事就乐此不疲，不太会玩的玩具就不去动，你陪他玩他也不愿意。我知道不能逼他，可也不能老回避吧。请教园长，平时该注意些什么？

园长：孩子出生后，身体、语言、行为等不断地变化发展，一直受到成人的夸奖。他们的行为会得到一群大人的关注，他们听到的都是赞扬和鼓励，并且已经把行为与奖赏关联在一起了。他们会误以为自己什么都是最好的、最强的，每件事都会赢得大人的夸奖。如果大人没有及时赞誉，孩子的心理就失衡，我们称这是在情感上遇到了挫折。

受挫后，孩子的表现有过激和消极两种。过激就是哭闹，消极就是回避。这两种方式都是孩子成长中有益的经验积累，大人们不必担心。

建议您与孩子交流时不要关注孩子的弱项，孩子不愿意讲，就不谈，把话题转到孩子的强项上。因为孩子与孩子之间的个体差异是存在的，你的强项是别人的弱项，别人的强项又是你的弱项。所以，不要什么都要做最好的。

我们要记住，孩子的成长环境不是真空，遭遇挫折的概率很大。做父母的要帮助孩子客观地分析原因，同时不要给孩子设定实现不了的目标。要让孩子从小积累各种情感经验，才能为以后进入社会奠定基础。

案例分享

孩子为什么喜欢发脾气

家长：女儿这段时期主意很大，不满意就发脾气。书上说2—4岁是人生第一反抗期。这段时期应该怎样引导？对她今后的个性是否有影响？

园长：孩子为什么会有反抗期呢？因为之前，孩子处在终日的“学习”中，学习怎么走路，学习怎么吃饭，学习怎么认人，学习怎么玩，学习怎么和别人交流……他们天天接受着新的信息，天天面对新的刺激，同样也天天积累相关的经验。当孩子已经有相关经验与策略，认为自己能够解决问题时，孩子的“反抗”也就出现了。

所以，您的孩子出现反抗，表明她已具备分析、解决问题的最初能力，也想尝试这种能力的展示。这是成长的标志，是让人欣喜的事。

这个时期，是人生最初明白事理的时期，也是养成所有好行为、好习惯的奠基期。在这个阶段，孩子的意见家长要尊重，但不一定要执行，尊重（倾听、应答等）是让孩子知道父母在关注她的想法与行为，如果想法、愿望是积极的，有利于孩子的成长或对他人有益，就应该肯定；

反之，则拒绝，同时告诉孩子如果实施的后果。只要坚持这样的原则，孩子的好行为、好习惯就可以在生活中潜移默化地养成。

如果孩子为达到目的而发火就要制止，或让她自己发泄，家长不要搭理，更不要妥协。只要几次不成功，她就不会再用这个办法了。因为经验告诉她，这是无用的，要尝试新的方法。

孩子的成长就像一棵小树，修理照料得多，就能成材；如果一味任其发展，最终是棵杂树，还极易被大风吹倒。

关注孩子的每个第一次，注意交流与沟通，对好的行为及时鼓励，对不好的要求坚决拒绝，父母就是这样的“花工”。

三、我的教育故事

故事1 出游与兴趣萌发

“大自然、大社会，都是活教材”是陈鹤琴先生课程论的思想。女儿小的时候，正值我在主持单元教育园本课程的研究，拜读了陈先生的许多著作，对先生活教育的思想非常赞赏。走进自然，走进社会，不仅是我们在幼儿园课程实施中的策略，也是我运用在自己孩子身上的策略。

女儿小的时候，我们还是六天工作制，只有周日才能休息。那时的公交线路很少，“打的”是有钱人的派头，我们就以自行车代步出去游玩。与年轻时精力充沛有关，只要是公园我们一定去，能跑多远就跑多远。每到周末我们先将出行的食物准备好（我们的食物是传统的饭菜，等于提前烧好中饭），带上游玩的背包（吊床、塑料桌布、床单、相机等），把孩子往自行车后座一放，就奔向南京的各个角落。我们去玄武湖划船、爬燕子矶看长江、登紫金山看城市、到植物园看王莲、到绣球公园坐碰碰船、上中山陵陵寝花园拣桂花。有时我们也会什么目的也没有，就在中山门外的草地上欣赏穿梭于城门的车辆。

出去游玩，是信息采集的好时机，我们一定不会错过。户外活动会有很多孩子感兴趣的事件、现象，遇到女儿感兴趣的问题，全家就一起讨论:为什么玄武湖的水有一波一波的皱纹?人站在王莲上怎么不会掉进水里?掉在地上的饭粒为什么立刻有蚂蚁来搬走?在观察中、交流中,我们的知识无意间传递给了孩子,女儿在游戏中获得了解答。

周末是我们全家期待的日子,出游让我们放松身体、愉悦心情,也让孩子在自然中萌发了更多的兴趣,获得了有益的经验。

故事 2 "第一次"与好习惯

我一直信奉"第一次可以轻松习得好习惯"的理论,并力图在女儿身上尝试与体验。我认为,要让孩子养成良好的习惯,一定要关注孩子行为发生的第一次,只要在首次的行为中她有正确的认识,以后,这种好的行为就会一直保持下去。

记得一次从父母家出来准备回自己小家的时候,2 岁的女儿竟然学着我的语言俏皮地对外公说"爸爸再见!"其实,我知道模仿是孩子的天性,孩子的语言就是从周围环境中获得的。但我更知道,孩子的学习是有指向的,偏离了方向会让学习成为无用功或养成不良的习惯,更会因为纠偏性学习浪费了宝贵的时间。于是,我回敬女儿:"孩子都是和爸爸妈妈在一起的,你的爸爸在这里,那你也留在这里,我们回去了,再见!"一看我们要走,女儿的哭腔出来了:"妈妈,我要和你们一起回家!"看到女儿明白了我的话语,我开始"说教":"孩子是和爸爸妈妈在一起的,谁是你的爸爸?"女儿手指爸爸。我手指外公:"那他是谁?"女儿道:"公公!""下次还会把公公喊成爸爸吗?""不会了!"因为我们在女儿第一次故意喊错对方称谓就开始纠正,让孩子知道了正确与错误,知道了尊重与礼貌,从此以后,女儿再也没有出现明知对方称谓而故意喊错的现象。

我常听小学生父母抱怨"陪公子读书",为防止出现此类状况,女儿上小学前,我就与她约定:"做作业是你自己的事情,所以对与错由你自己负责,妈妈只负责签字证明是你自己做的。"开始女儿认为我给作业签字时一定会告诉她对与错,做作业后也不检查。我将错就错,不管对错一律签字。等女儿拿到打叉的本子,体会到失去优星评价的滋味时,才把检查作业对错作为做作业的一个必要环节,这个习惯也伴随了孩子学习的整个过程。

经常有家长问我："为什么孩子喜欢哭?""为什么孩子总要大人陪着才愿意睡觉?"我认为，这些都是"第一次"没有把握住。一个行为反复出现多次就养成了习惯，习惯就成为自然。好的行为养成好的习惯，不好的行为就养成了不良的习惯。如果我们认为孩子年幼，出现不好的行为可以容忍或者认为有趣，那就大错特错了，因为习惯一旦养成，将需要加倍的努力才能纠正，不仅时间浪费了，孩子的情感也损伤了。孩子会认为："以前我这样做的时候妈妈不管我，现在妈妈不许我这样做，一定是妈妈不喜欢我了，我害怕!"

在孩子可塑性强的时候修正他们的行为，比长大后再矫正要容易得多，孩子的内化也更容易。关注孩子的"第一次"，就是帮助孩子养成好习惯的开始。

故事 3 "知"与"行"

孩子在经验、能力获得上究竟是"行"在前还是"知"在前? 我认为，年幼的孩子应该"行在前、知在后"，就是行为练习在前、理解认同在后。

从女儿开始出现独立行为时，我就把规范的行为练习作为对她的要求，如必须坐在凳子上吃饭、东西用完以后放回原处、看见熟悉的人要打招呼等。我经常在家里写文章，女儿小时候也喜欢模仿我写写画画，我告诉她可以在纸上写字画画，但是不可以在墙上、书上、桌上乱画。如果女儿违规，得到的就是晚上取消睡前故事的惩罚，如果违规严重，星期天的逛公园也会取消。

孔融让梨的故事家长们都会讲给孩子听，我也不例外。之后，我与爱人约定只要家里有好吃的，绝不让孩子吃独食。趁随后去公园游玩的机会，我开始尝试。我把两大一小的苹果让女儿分，女儿自然地把小苹果给了自己，也获得了我们的夸奖。随后是女儿心仪的巧克力糖，因为只有三颗，女儿攥在手心好久，才一人一颗分出。拿到糖，我和爱人立即送进嘴。糖刚进嘴，女儿的哭声也出来了："你们真的吃啊?"我们就这样，从孩子不理解开始行为练习，到孩子理解后感受分享的快乐，经历了一个从行到知的过程。

有些家长对孩子错误的行为习惯持宽容的态度，认为孩子小，不理解道理，不懂或暂时弄不懂的，可以等他明白以后再执行。所以孩子抢别人的东西可以原谅、玩滑梯插队可以原谅、挑食偏食可以原谅……当孩子的这些行为成为习惯后，意识与行为就难以协调，就是心理学上说的，“规则意识与执行规则的能力”难以统一，孩子知道怎样做是好的，可就是做不到，因为习惯已经养成了。

冰心有一句话：“淘气的孩子是个宝！”淘气、顽皮引导得好，是创造性的基础，引导得不好，是不良习惯的基础。我认为，孩子的顽皮，是成人引导的问题。有一次，我和一个朋友同时带着自己的孩子出去玩，在购物一条街上，琳琅满目的东西令孩子们十分兴奋。我对自己的孩子说：“这里的东西很多，是给准备购买的人看的，我们只能看，不能动手摸或者玩。”但是朋友并没有对孩子这样关照，所以她的孩子看见有趣的东西就抓一把或拿一下，我女儿回家就对我说：“我看见卖东西的人对她翻白眼的。”其实，教育就在生活中，因为大人没有及时传递给孩子相关经验，丧失了众多的教育契机，使孩子将不良行为养成了习惯。

孩子是社会生活中的人，将来要与他人和社会打交道，要有社会约定的习惯和修养，如果违背会造成不良的后果，长此下去，对孩子的心理也会产生不好的影响。所以，在孩子小的时候帮助其养成良好的习惯，将使其终身受益。

故事 4　举一反三

我女儿上幼儿园的时候，比较喜欢画画。她经常看我给故事配插图，觉得很有趣。记得她 2 岁的时候，拿着我的方格稿纸，在格子里认认真真地一格一格地画圈，一张稿纸画完，再画第二张，她把这种枯燥的画圈当作“游戏”，认为这是和妈妈一样在写故事。所以小时候，她更喜欢安静的游戏。

当时幼儿园的绘画教学基本以参照范例为主，注重孩子的造型、构图、用色，强调的是技巧。每次她在幼儿园美术活动回家后，我都要用替换的方式让她再练习一次，如果今天画的是正面站立的老虎，我就建议她画睡觉的猫，让她在老师给予技巧的基础上学会变通。如果画错了，我们还会讨论怎样把画错的东西添画成其他的造型。不固执、学会变化、善于变化的态度让她尝到了甜头。

进入小学四年级后，学习的难度逐渐加深，需要有一定的推理、分析能力。一次，女儿遇到了一道难题，10 多分钟还没有做出来，有点发急，她爸爸就去帮忙。我以为他会直接告诉女儿解题的方法，未曾想他让女儿说说为什么不会做。女儿很生气，说："不会做就是不会做，说出来就会做了，要你干吗啊！"她爸爸坚持让她说是怎么想的，在什么地方想不下去了。原来他是在了解孩子解题的思路。顺着孩子的想法，他们讨论出了结果。之后，她爸爸又让孩子再想想有没有其他的解题办法，孩子不明白："都做完了，还想什么呢？"她爸爸暗示孩子解题的第二条路、第三条路，等孩子理解后，他立刻再出几道相同题型的题目，让女儿用不同的方法解题。这种"举一反三""触类旁通""条条大路通罗马"的思维方式，让女儿没有套题的定式，终身受益。

故事 5　期望与目标

家长对孩子总是抱着较高的期望，希望孩子在入学前就会认字、会拼音、会计算，有专攻的特色方向，有获奖证书。家长们的这些"理想"是不合适的。

我的孩子在幼儿园，是默默无闻的人。她吃饭总是最后一个，中午睡不着觉，不愿意表演，动作发展不好。因为没有提前认字、学拼音，在小学从来没有得过双百分，低年级时的排名是班级同学中的 30 名以后。但我和爱人一直认为，要培养孩子良好的做人的习惯，以不影响别人为目标；要帮助孩子养成乐观的性格，不被困难吓倒；要帮助孩子理解问题，不是记忆答案；要鼓励孩子，帮助孩子了解自己在群体中的位置。

比如，孩子的考试只是班级中的第 34 名，我们会说："你的前面有 33 人，但你的后面还有 16 个人，你比 16 个人的成绩要好！"这样放松了孩子的压力，每次考试她都主动汇报，四年级以后，成绩就上来了。

高中阶段，因为梦想做奥运会志愿者，女儿确立了到北京读大学的目标。为了选择适宜的大学，我专程带女儿到北京，在她感兴趣的大学校园游玩、考察。在北京大学，她被校园历史文化吸引，回来后查阅了大量的资料，由此立下了进入北京大学的愿望。后面的两年她刻苦学习，最后如她所愿，进入了梦想的大学殿堂。

除了小学，女儿都是根据自己的喜好选择了中学、大学、研究生院。直到今天，她都常讲："我喜欢我的小学，喜欢我的中学，喜欢我的大学。我虽然觉得学习很辛苦，但心里很快乐！"

不要给孩子提出不切实际的目标，不要让孩子对学习厌烦，是我们做家长要注意的关键。

附：孩子成长中的几个问题[①]

一、怎样培养孩子良好的进餐习惯

父母一般都会认为自己的孩子进食习惯不好，因为我们喜欢看到孩子大口进食、狼吞虎咽，我们总是以自己的食量衡量孩子的进食量，总是提醒孩子多吃多吃。这是比较"过"的做法。

其实，孩子的进食与成人有较大的差异，他们需要的不是进食量，而是科学的膳食配给以及良好的进餐环境。

1. 餐前饿一饿，减少零食。不要给孩子养成吃零食的习惯，特别是下午4:00左右不要给孩子喂食牛奶、面包之类的食物。孩子的胃发出"饱"的信号，没有饥饿感，极易影响孩子的晚餐。因此，建议让孩子餐前饿一饿，多让孩子说说"我饿了"，对孩子晚餐是大有益处的。

2. 减少选择范围，从宽泛到定向。如有的家长喜欢问"你想吃什么？鸡蛋吃吗？面包吃吗？包子吃吗？"孩子自然会摇头，如果换说"你早上吃蒸鸡蛋还是煮鸡蛋"，把选择范围定向，孩子就会顺着家长的提问选择了。

3. 合理平衡饮食，学会合理进食。家长可以通过故事、事例告诉孩子缺乏营养的后果，如"人要长高长大，需要7种营养。如果宝宝只喜欢吃肉，脂肪就太多了，他

---

① 崔利玲. 给您一只金手指. 江苏人民出版社，2011

就长得很胖,路都走不动。因为缺乏其他6种营养,他的牙齿、头发、皮肤、个子都会出问题……”让孩子知道所有的食物都要吃。

4. 坚持适量运动,促进身体代谢。要鼓励孩子在阳光充足的户外多做运动。户外运动一方面能增加机体对钙的吸收,促进人的生长发育;另一方面能消耗能量,让孩子的大脑发出补偿信号,产生进食需求。一般来说,孩子每天在户外活动的时间要保证在2小时左右。

5. 家长率先示范,营造进餐氛围。有些父母自己就有挑食的习惯,还没有开始吃饭,就抱怨这个菜没味道、那个菜太老,孩子的食欲自然大打折扣。有些家长吃饭的时间喜欢看电视,孩子的进餐注意力也会受到影响。要激起孩子的食欲,父母要多说“哎呀,好香啊!”“我喜欢吃!”

6. 固定进餐座位,调整进餐环境。每个人在餐桌上都有自己固定的位置,孩子也应该有自己的位置。从孩子能坐着吃饭的时候起,就养成在固定位置进餐的习惯。2岁起让孩子拿小勺独立进餐,4岁起让孩子用筷子进餐。只要坚持让孩子在餐桌上与成人共同进餐,孩子进食速度就能逐渐加快。

对于长大的孩子,家长仍然要关注他们的饮食习惯,让他们坚持营养均衡,不挑食,不偏食;三餐有别,早吃好,午吃饱,晚餐适量;讲究卫生,饭前洗手,不吃腐烂变质的食物;细嚼慢咽,不狼吞虎咽;定时定量,吃饭有规律;节制饮食,避免暴饮暴食。

二、怎样培养孩子良好的卫生习惯

1. 养成保持个人清洁的习惯。从孩子有自我服务的意识开始,家长就要教孩子学会洗手、洗脸的正确方法;让孩子知道要勤理发、洗头、洗脚、洗澡、剪指甲,随身携带纸巾(手帕);要早晚刷牙、饭后漱口;不用手揉眼睛;看书、绘画时保持正确的姿势;不抠鼻孔,不挖耳朵,不将异物塞入耳内;经常注意自己的衣服是否干净整齐,扣子、鞋带是否系好,头发是否整齐。

2. 养成良好的睡眠习惯。从小养成按时睡觉的习惯,知道按次序穿脱衣服和鞋袜,并放在固定的地方;学会自己铺床独自入睡,不害怕黑暗;按时起床,起床后能自己穿衣叠被;没有不良的睡眠习惯(如闻毛巾入睡、抱毛绒玩具入睡、蒙头睡、趴着睡等)。对于初高中的孩子来说,按时睡觉、准点起床是一个难点,但仍要坚持。

3. 养成良好的饮食习惯。家庭、幼儿园、学校的膳食供给一般都是卫生、科学的,家长要培养孩子不挑食、细嚼慢咽的进餐习惯和不挑挑拣拣、不发出咀嚼声响的文明习惯;要养成孩子及时喝水的习惯;教育孩子不吃不洁食物、不吃过冷或过热食物、不吃零食、不随便问别人要食物。上小学后，孩子进入快速生长发育期，对食物的摄入需求大大增加。有些孩子放学后就买零食吃，等到晚餐时没有饥饿感，不好好吃饭，这是极不好的习惯。

4. 养成良好的排便习惯。从进入幼儿园开始集体生活起，父母就要帮助孩子养成定时大便、及时小便的习惯。因为幼儿园有专门的生活护理保育员，孩子的排便习惯可以在保育老师的帮助下逐步养成。进入小学后，孩子要逐步学会大小便自理，知道不憋尿、不便秘。进入青春期的孩子，父母更应关心他们，有些女孩子来了例假后不好意思在学校处理，常常憋尿回家，对身体的健康极为不利。

5. 养成保持环境整洁的习惯。孩子如果有独自的房间，要让孩子养成自己整理房间的习惯。要教育孩子不随地吐痰、擤鼻涕，不乱扔果皮、纸屑；不乱涂墙壁，不攀爬桌椅、沙发。要给孩子划定家庭值日区域，让孩子每天负责打扫。孩子住集体宿舍，父母不包办整理，要督促孩子做好内务卫生工作。

三、如何让孩子有更多的朋友

要让孩子愿意与同伴相处，拥有更多的伙伴，建议父母在以下几方面进行尝试：

1. 给孩子安全感。对年幼的孩子而言，安全感非常重要。要让孩子知道父母就在你的身边："我们一直看着你，你不用担心找不到我们，我们能找到你。"这样，孩子没有安全上的顾虑，就能放心大胆地和小伙伴游戏了。爸爸妈妈可以从最初的保护，到渐渐放手，直到孩子完全信任环境、认同伙伴。

2. 帮孩子积累经验。孩子和小伙伴游戏不是一次就能成功的，需要经验的积累。在这里，爸爸妈妈要注意的是：孩子此时是在伙伴的群体中，他需要了解与遵守独自游戏以外的要求与规则，如不抢别人的玩具、不打人、按秩序轮流等待……如果他没有这样的意识或父母没有帮助他遵守，他就会失去伙伴。同样，如果别人侵犯了他，经验会告诉他：我不喜欢(玩这个)，我害怕！

3. 多带孩子到外面去。父母要利用晚上散步、节假日休息时间带孩子到院子、小区、公园，让孩子有足够的时间与同伴嬉戏，让孩子在与环境、伙伴的交往中积累经验。我们提倡"散养"，不提倡"圈养"。"散养"就是放手让孩子在家庭之外的环境中与人、事、物发生关系，通过自己的尝试解决问题，积累交往经验。"圈养"就是把孩子放在家中养育，这样孩子就会不合群。

4. 帮孩子物色朋友。孩子上小学，"没有朋友了"是他们的一大担忧。父母可以事先了解周围有没有与孩子同龄同校的邻居，设法让他们事先认识，入学后自然会有更多的朋友。如果搬家没有朋友了，搬家之后，可以借拜访邻居的方式让孩子认识同伴。如果孩子原来的朋友群解散了，建议孩子在兴趣、爱好的学习中结交新朋友。

5. 让孩子“主动出击”找朋友。如主动介绍：主动向欲结交的伙伴表达交友意愿，“我叫×××，我想和你做朋友，你愿意吗？”借物介绍：以自己或对方的玩具为媒介，达成交友愿望，“我有一个小皮球，你愿意和我一起玩吗？”参与游戏：以参加对方的游戏为由，结交新同伴，“你们的游戏真好玩，能让我和你们一起玩吗？”

对于年龄大些的孩子，要指导他们客观地认识、评价自己，改变自卑或孤傲心理；热爱生活，感受世界的美好，纠正片面的认识；换位思考，懂得宽容，学习交友的技巧。

四、怎样保护好孩子的眼睛

1. 合理的膳食搭配。在膳食中要保证眼睛营养的需要，如食物中缺乏微量元素铬和钙孩子易患近视，食物中缺乏维生素孩子易发生夜盲症和干眼病。适当的饮食有助于治疗眼病，家庭饮食中可适当添加猪肝、羊肝、五谷杂粮等。烹饪时要荤素搭配，鼓励孩子多吃青菜，不偏食，少吃辛辣油腻食品。需要提醒的是，进食过多的甜食易患近视眼，因此要控制孩子甜食的摄入量，如巧克力、甜饮等。

2. 及时检查。家庭如有斜眼家族史，在孩子2周岁时一定记得请眼科医生检查，注意有无远视或散光。在孩子3岁时还应去医院做一次全面的眼科检查，包括视力、眼底、有无斜视，若检查发现为眼视力不等或差别较大时，要进一步通过散瞳验光以明确有无屈光不正，以及时矫正并坚持戴镜。

3. 注重预防。指注意孩子看电视时的用眼卫生，预防近视。看电视时让孩子坐在电视的正前方，眼睛距离电视屏幕2米以上。电视机安放高度与孩子的眼睛呈水平位置。如果换频道，要让孩子活动活动，看看远处的物体。看电视时室内开盏小灯。父母还应注意，看电视是放松心情的好时段，但不要让孩子养成边看电视边吃零食的习惯。建议家庭备一些眼药水，在孩子眼睛不适时使用。

4. 改变孩子依赖电视的习惯。我们首先要改变自己的养育方式。留些时间给孩子，与孩子一同玩游戏，把孩子从电视机前拉回自己的身边；与孩子共同商议看电视和其他游戏的时间，可以让孩子选择组合方式，但不能满足无理要求（如把画画的时间让给看电视）；建立奖惩制，孩子遵守了要约，可以奖励；违反了要约，一定要惩罚（不是简单的口头批评）。

5. 给孩子配戴合适的眼镜。大部分家长发现孩子近视，往往立即给孩子配戴眼镜，这是错误的。配镜前，父母要区分孩子是属于真性近视还是假性近视。有些孩子因读写姿势或照明不足等因素，睫状肌经常处于收缩状态，看东西模糊不清，这是假性近视，它仅仅是生理机能的改变，不需配戴眼镜。通过及时治疗和注意保护，使睫状肌放松，视力可以恢复正常。如假性近视不引起重视，继续发展下去，即成为真性近视，这时就必须用配戴眼镜来矫治了。

五、孩子丢三落四怎么办

丢三落四、不能完成可以完成的任务，是孩子独立能力差的表现。如果我们进行下列的训练，就能帮助孩子尽快摆脱依赖心理。

1. 逐渐减少照顾的内容。在幼儿园，就有“自己的事情自己做”的要求，孩子也有了“自己的事情自己完成”的意识。遗憾的是，很多父母因为孩子年幼，始终把孩子当作小小孩养育，吃、喝、拉、撒样样提醒、照顾，孩子得不到锻炼的机会，对父母自然就依赖。随着孩子的长大，父母应逐渐减少生活上的照料，让孩子具备“自己的事情自己完成”的能力。

2. 鼓励孩子参与家务劳动。幼儿园的孩子可以自己穿衣、叠被，可以帮助拿牛奶、倒垃圾、扫地、整理鞋柜。孩子参加家务劳动，不仅能培养孩子的自理能力，还能使其变得独立。

3. 让孩子自己选择决定。孩子会遇到各种困难、任务，会面临各种选择，会提出各种合理的或不合理的要求。父母要给孩子一定的自由度，孩子能决定的事，尽量让孩子自己决定。不要模棱两可或粗暴拒绝，更不要无原则地答应。只要父母积极肯定、支持孩子的独立行为，即使选择错误，孩子也会从依赖逐渐走向独立。

4. 给孩子“独立”的自信。孩子的自信来自于评价，父母的评价对孩子更重要。在孩子关注自己是否独立的评价过程中，父母要注意积极引导，帮助孩子树立自信。当孩子看到自己独立完成了许多事后，他们的自信心和责任感便会增强，从而减少对父母的依赖心理。

5. 对孩子的独立予以奖励。奖励可以是一个拥抱，可以是半小时的电视节目，可以是周末的公园游玩，可以是一场电影，可以是奖励基金……要让孩子看到自己的付出得到肯定。在奖励方式上，一定要避免将钱与独立完成画等号，要让孩子感受到自己是家庭的一分子，有义务、有责任完成自己的任务。

第三章 迈进大门

——让家长了解幼儿园

第一节 幼儿园的招生

一、招生前的工作

幼儿园的招生涉及千家万户，能否稳妥进行，不仅影响着幼儿园正常的教育教学秩序，也影响着政府的形象。由于学前教育不属义务教育范畴，加上托幼机构办学主体多元化，导致教育主管部门宏观调控乏力，家长期望优质教育的愿望与优质教育资源相对不足的矛盾日益凸显。

（一）让家长享有更多的优质教育资源

入园难、入园贵是一个社会敏感话题，一提起入园难、入园贵，好像所有的幼儿园都是入园难、入园贵。但是实际上“入园难的园所不贵，入园贵的园所不难”。入园难难在质优价廉的公办幼儿园，贵在那些民办的、收费比较高的幼儿园。

为什么会出现入园难、入园贵的现象？一是因为家长望子成龙，望女成凤，因此特别注重孩子的教育，都期望孩子能接受高质量的幼儿教育，享受优质的教育资源；二是各个地区幼儿教育资源的不均衡，办园者对学前教育事业投入的不足或不到位，致使幼儿园办园条件差异较大。

1. 解决入园难、入园贵的三个建议

第一个建议，坚持公益性、普惠性。美、英及一些中等发展水平的国家，都加大财政投入，把实施普惠性的学前教育列入国家行动计划。把学前教育纳入政府公共服务体系，已成为当前国际教育发展的新趋势。我国的经济已经向中等发达国家迈进，希望政府建立稳定的学前教育经费增长机制，通过逐年的递增，使学前教育经费保障逐渐与经济发展和人民需求相适应。

第二个建议，希望政府合理配置教育资源。国家中长期发展规划提出“政府主导、社会参与、公办民办并举”，各级政府在资源配置当中，能否像全民健身运动设立市民健身广场一样，设定几分钟的到达圈，在一定距离之内有一所幼儿园，满足周边老百姓在家门口上幼儿园的需求。南京市中长期教育发展规划里提出来2015年公办园达70%，到2020年公办园达80%。要想实现这个目标，就必须根据人口、年龄结构等因素合理规划幼儿园，就必须出台配套的政策和办法。现在有的小区规划图纸里配套了幼儿园，但实际交付时没有幼儿园，政府也没有硬性的惩罚办法。希望政府要有相应的机制、相应的政策，开发商不建幼儿园怎么办，幼儿园房舍不达标怎么办。建立健全法律法规，加强幼儿园的均衡化布点是解决入园难的一个非常重要的策略。

第三个建议，大力扶持相对薄弱的托幼教育机构。由于幼儿园实行举办者负责制，一些在20世纪五六十年代应社会经济建设需要建立的幼儿园，随着市场经济的转型，逐渐成为徒有公办园外壳、实际自负盈亏的幼儿园。我们应充分发掘这些幼儿园的历史底蕴和市民美誉度，给予稳定的财政投入，就能实现“花小钱、办大事”的目标。2010年，江苏省教育厅实施的农村合格幼儿园建设工程让近千所幼儿园受益。该项目不仅为农村幼儿园配备了符合规范的、科学的硬件设施，还组织专家团培训送教，较好地实现了城市对农村、发展先进地区对相对落后地区的帮扶。

2. 名园办分园的三个建议

第一，名园办民办的分园一定要坚持不以盈利为目的。合理的回报可以有，但不能把幼儿园当作一种产业来经营。教育者要凭着自己的良心办学，所有的投入都应该用到孩子身上，每年要留足够的发展基金，让幼儿园有稳定的、持续发展的空间。

第二，名园办民办分园有很好的优势，能够帮助新幼儿园站在较高的起点上快速发展，很快就能突破摸索的阶段，直接朝较高的办园目标前进。但弊端是它的教师非常年轻，管理还没有形成一种文化认同，容易出现不稳定状态。所以名园办民办园一定要全盘管理，同时实行老园与新园班级、教师手拉手，让新园的教师尽快成熟起来。

第三，国家要对民办幼儿园大力扶持。国家已经有了《民办教育促进法》，其中有很多扶持政策，偏偏没有经费的扶持政策。国家怎样给民办幼儿园一定的财力扶持，是保障民办幼儿园良性运行的重要举措。

一所名园举办的民办分园数量不宜太多，两所为宜，太多了一没有精力管理，二易稀释教师队伍。在名园办分园过程当中，投资方也不宜过多，最多两家足矣，这样容易明确双方职责，不会因为意见不合阻碍幼儿园的发展。

（二）规范招生程序

幼儿园的招生一年进行一次，面向谁招、怎么招，家长关心、社会关注。虽然大部分地区幼儿园的招生为自主招生，没有明确的施教区范围，但是，公平、公正依然是管理者必须遵守的原则。

案例分享

南京市鼓楼幼儿园 2012 年招生方案

1. 指导原则

以南京市幼儿教育相关要求为指导，加强招生工作管理，认真执行幼儿园班额管理规定，确保幼儿园招生秩序平稳有序。

2. 计划招生指标

托班　75 人

小班　瑞园 112 人 + 28 人　鼓楼校区本部 90 人

2012年拟定班级及拟定人数

园所	年龄段	班级教室	人数	备　注	小计
聚福园校区	小一班	瑞园一楼	28	保证开设	112+28
	小二班	瑞园一楼	28	保证开设	
	小三班	瑞园一楼	28	保证开设	
	小四班	瑞园二楼	28	保证开设	
	小五班	瑞园二楼	28	人数超员时备用	
鼓楼校区	小一班	亲三楼	30	亲子园主楼	90
	小二班	亲二楼	30	亲子园主楼	
	小三班	亲一楼	30	亲子园主楼	
	托一班	辅一楼	17	两教半保	75
	托二班	辅二楼	17	两教半保	
	托三班	平房	17	两教半保	
	托四班	后西平房	24	两教一保	

3. 招生程序

二月

(1) 成立招生领导小组。

(2) 第二周周三、周四集体学习时,向全园教工宣讲招生政策,统一招生口径。

(3) 第三周召开托班家长会,解释招生政策。

三月

(1) 利用网站接受家长咨询,宣传招生政策。

(2) 去派出所了解适龄儿童人数。

(3) 招生小组确定各园所招生指标。

(4) 与各学校、单位、社区、业委会协调招生人数。

四月

(1) 与各学校、单位确定招生人数。

(2) 在各相关小区物业处张贴招生摸底调查通知。

五月

(1) 各相关小区适龄儿童摸底调查。

(2) 招生小组审核招生材料。

(3) 向各学校、单位及各相关小区符合条件的业主发放招生通知单。

六月

(1) 向老生(托班升小班)发放录取通知书。

(2) 新生报名。

(3) 新生家长会。

(4) 发放新生录取通知书。

七月　新生体检。

八月

(1) 网站公布录取名单。

(2) 家长在幼儿园网站选班。

(3) 新生家访。

4. 招生对象

托班:2009 年 9 月 1 日—2010 年 2 月 28 日出生儿童。

小班:2008 年 9 月 1 日—2009 年 8 月 31 日出生儿童。

5. 问题预测及解决方案

(1) 瑞园幼儿园施工无法按期完成怎么办?

策略:a. 以环境创设为突破口开展园所互助,对口包干落实责任和任务,实现三帮一的互助行动,争取在暑假前完成瑞园幼儿园开办的一切筹备工作。

b. 缩减为 2 个班,在聚福园开班。

c. 视工程进度推迟开学时间。

(2) 应届毕业生分配不足怎么办?

策略:a. 保证瑞园开设 4 个小班,视进编教师人数,每增加 2 个人新设1个班。

b. 视怀孕、生育教师的身体状况及出勤情况，增加1个小班。

(3) 当年适龄儿童多，幼儿园资源有限怎么办？

策略：a. 教师流动。教师队伍一体化管理是教育质量的重要保障，《鼓楼幼儿园教师园所间流动激励机制与办法》以制度的方式对全体员工提出了教师轮换制的要求，幼儿园管理的中心将向河西偏移，教师的工作岗位即将形成本部、河西对半轮流。

b. 招生联动。本部、亲子园联合成一个办学整体，实行2—6岁儿童教育的联动；瑞园与聚福园联合成一个办学整体，实行3—6岁儿童教育的联动。通过亲子园办托、小班，本部办中大班，瑞园办小中班、聚福园办大班的方式，变小为大扩大容量，形成整体效应，节约管理资源。

（三）积极的应对策略

当年适龄儿童数量的激增、周边新建小区的交付、城市建设规划的调整等因素，都可能让幼儿园的招生计划变成空谈。如何应对这些变化？一要看政府的指导性意见，二要看自身的承载能力。

案例分享

扩大小班规模

自2008年起，幼儿园的招生就遇到了无法抵御的压力与挑战。当年聚福园幼儿园小班的人数创下幼儿园小班数量的最高峰——一个班40人。从2009年起，两个小区的适龄孩子数量逐渐下降，至2010年终于恢复到了2005年的招生规模。当我们还在庆幸分园的招生日趋平稳时，本部的招生矛盾开始凸显。一是协作单位规模不断扩大，员工数量增多，申请入园的孩子成倍增长；二是2010年小班的孩子出生当年遇金猪属相，导致当年新生儿出生率大幅提升。仅鼓楼区，2007年新生儿的净增长数就为1600人。自2010年3月起，有关幼儿园招生连夜排队的新闻屡屡成为电视、报纸的热门新闻，我园也不幸被记者“栽赃”。两会期间，中央电视台以《城市幼儿入园难　农村幼儿无园上》为题，对全国幼儿园入园难问题进行了剖析。在这样的背景下，市教育局要求各地方教育行政部门摸底了解本区适龄幼儿的数量，利用多种方式解决本区幼儿的入园问题。我区一共43所幼儿园，要解决多出生的1 600人，每所幼儿园就需多招生37人。为了帮助社会解决民生问题，幼儿园招生小组先后召开了5次招生会议，商议招生、扩班的对策，最终形成了缩小托班规模、增加小班数量的举措。

2010年，幼儿园共招托班新生82人，招收本部小班新生158人，招收分园小班新生66人，加上中大班的插班生，下学期小班的孩子人数为31—33人，中班为34—37人，大班为37—40人。幼儿园在园人数再创历史新高。这是幼儿园为社会分忧解难的行为，是幼儿园光荣的行动，我们要在生员超额的情况下一如既往地做好本职工作，让政府放心，让老百姓放心，让家长放心。

案例分享

托班改小班

园所现状：

鼓楼幼儿园现有本部、亲子园部、聚福园部、瑞园部4个园所，根据地域划分为鼓楼校区（本部＋亲子园部）和聚福园校区（聚福园部＋瑞园部）。幼儿园实行“四个一”的管理方式，即“一个法人、一本账、一支教师队伍、一种管理方式”，通过优质教育资源的放大，满足百姓的入园需求。

鼓楼校区目前有6个小班、4个中班、5个大班。其中亲子园部有4个小班，鼓楼部有2个小型小班、4个中班、5个大班。

策略及效果：

鼓楼幼儿园本部地处南京市中心，随着周边院校、机关幼儿园的关停，接收适龄儿童入园的压力日益加大。2005年以来，幼儿园接管一所集体幼儿园为亲子园，专门招收2—3岁的托班幼儿，在托幼一体化实践的同时，放大了优质教育资源，满足了市民早期教育的需求。

自2008年“入园难”矛盾尖锐化后，幼儿园就通过挖掘办学潜力、增加小班的方式逐年增加学额。我们先后将本部、亲子园的亲子教室、库房改建成托班教室，再将托班教室改造成小班教室，到2011年，形成本部、亲子园4托、4小、5中、4大的规模。

2012年，因陈鹤琴故居修缮后减少一个班级，鼓楼校区（本部、亲子园）原计划招收4个托班（75人）、3个小班（90人），保证4个年龄段在园人数467人。但是南京市小班适龄儿童人数的急剧增加，让我们有责任调整招生计划，以放弃托班、增加小班的方式缓解社会矛盾。

托班改小班，桌椅、玩具可以快速调换，但是教室的改变就很困难。因为原来的托班都是幼儿园边边角角的地方，面积狭小，且是小型托班，举办正常规模的小班肯定不合适。我们就采取合并教室、减少人数的方式解决难题。如原托一班、托二班、托三班3个小型教室归小四班使用，幼儿园通过配备3名教师1名保育员开展小组教学，使得班级有分有合，师生接触频率大大增加。再如原托四班是一个24人的半日班，因缺少寝室孩子不在园午睡，现在我们将教室改为小班后，班级人数减为15人，保证了活动面积达标。

从原计划招收3个小班90人到现在的6个班155人，小班净增65个学位，一定程度上缓解了鼓楼地区适龄儿童入园的压力。

二、招生进行中

有了招生计划和调整策略，招生工作就可以有条不紊地进行了。确定了招生对象，还有下面的三个环节要做。

（一）正式申请入园

一般情况下，拟定可以正式报名的人数应与可接收人数一致，避免超员后的被动。确定了具体报名的时间，要向家长发放招生通知，办理先期的登记手续。

案例分享

招生通知

________小朋友家长：

我园定于______年______月______日（周______）上午新生报名，请您届时携带户口簿原件、户口本孩子信息单页的复印件、出生证、预防接种证，以及幼儿助学券申请需要的相关资料，于上午________点带孩子来园报名（南京市北京西路4号）。

说明：以下三类情况不能录取：①有修改户口现象的；②孩子的身体、习惯不适合集体生活的；③未按时来报名的。

南京市鼓楼幼儿园

案例分享

儿童登记表

<table>
<tr><td>幼儿姓名</td><td></td><td>性别</td><td></td><td>国籍</td><td></td><td>出生年月</td><td colspan="2"></td></tr>
<tr><td rowspan="2">父亲姓名</td><td rowspan="2"></td><td rowspan="2">工作单位</td><td rowspan="2"></td><td rowspan="2">学历</td><td rowspan="2"></td><td rowspan="2">电话</td><td>办</td><td></td></tr>
<tr><td>手</td><td></td></tr>
<tr><td rowspan="2">母亲姓名</td><td rowspan="2"></td><td rowspan="2">工作单位</td><td rowspan="2"></td><td rowspan="2">学历</td><td rowspan="2"></td><td rowspan="2">电话</td><td>办</td><td></td></tr>
<tr><td>手</td><td></td></tr>
<tr><td>户口地址</td><td colspan="3"></td><td>联系电话</td><td colspan="4"></td></tr>
<tr><td>实际地址</td><td colspan="3"></td><td>联系电话</td><td colspan="4"></td></tr>
<tr><td>备注</td><td colspan="8"></td></tr>
</table>

（二）报名程序

家长第一次带孩子到幼儿园，兴奋、紧张之情不可避免。有的家庭给孩子预演，交待孩子要有礼貌、认真回答问题等，使孩子有了压力和恐惧感，报名当天不愿进园、黏着父母的情况比较普遍。还有些孩子看到幼儿园滑梯、转椅，迫不及待地要进入玩耍，而大人要办理手续，无法跟随孩子，孩子亦会有不满情绪。所以，报名时最好有两名大人陪同，一人陪孩子，一人办手续。

报名时招生人员要分成四组，分别完成相应内容。所有人员佩戴统一标识（胸卡、绶带、袖章等），便于家长寻求帮助。第一组为验证组，一般为园长和保健老师，负责检查户口本、出生证、预防接种证的相关信息是否真实，并做相关记录。第二组为资料收集组，由两三个教师组成。负责发放与回收儿童登记表，同时负责安排家庭与老师见面交流。每5个家庭为一组，交流见面时每个家庭一位家长携孩子参加。第三组为交流组，由6位教师组成。一位教师负责组织孩子玩游戏，其他老师分别观察一个家庭，记录孩子在游戏中的行为，并与家长交流。第四组为安全组，由保安、门卫、后勤人员组成，负责进出校园核查、校园秩序维护、游玩安全提醒等。

案例分享

鼓楼幼儿园报名流程

1. 验证　在值班室窗口，家长出示户口本、出生证、预防接种证。由验证人员进行验证。对预防接种漏种的，保健老师要写具体的补种说明，并口头解释。

2. 填表　在一楼大厅填写《儿童登记表》，一式两份。

3. 交表　将一张表格交资料组人员，在工作人员安排下，携带另一张表格在二楼等待与教师交流。

4. 游戏　进入游戏活动室，家长将登记表交任意一位教师。儿童随老师游戏，教师观察，家长旁观。

5. 交流　观察者与被观察家庭进行简短的交流。如问孩子“叫什么名字？”“你今天高兴吗？”以此了解儿童的语言应答能力，询问家长“孩子最喜欢吃什么？”“孩子最喜欢的游戏是什么？”“孩子在家庭周围有无玩伴？”等，以此了解家长对孩子的关注及家庭教育追求。

（三）新生家长会

在报名结束的一周内，面向全体新生家庭召开新生家长会。会上向家长介绍幼儿园的历史、教师队伍、课程建设、教育理念和幼儿园相关管理规定等，并对新生入园前如何做好适应准备提出具体的策略与要求。本次家长会的主要目的，是让家长深入了解幼儿园的文化与现状，为家长最终决定是否上该幼儿园提供依据。

案例分享

敬请家长配合的事项

尊敬的家长：您好！

感谢您选择了有着90年历史的南京市鼓楼幼儿园作为孩子受教育的第一站。教育孩子是幼儿园、家庭共同的责任，为了营造利于孩子健康成长的环境，请您了解以下要求并予以配合：

一、接送事项

1. 孩子每天早晨7:45—8:40入园，下午4:00—5:00离园。送孩子入园时，请您一定将孩子护送到班上交给老师。

2. 下午临时有事不能来而委托他人接孩子的，请事先与班上老师联系，说明委托交接方式，以确保孩子的安全。

二、生活事项

1. 给孩子穿着整洁、便于运动、容易穿脱的衣服和鞋子。常给孩子洗澡、剪指甲、理发。

2. 幼儿园为孩子代购与床铺相匹配的床上用品(被子、床单、凉席、枕头、棉胎等),请妥善保管,并请在孩子的各类用品的一角绣上孩子的名字。被套、床单请根据班级的时间要求每月清洗晾晒一次。

3. 放手让您的孩子做力所能及的事,不包办代替。

三、健康保健事项

1. 若发现孩子有发烧、呕吐、腹泻等症状,请及时带孩子去医院治疗,并根据医嘱让孩子在家适当休息。若发现孩子有传染性疾病,除及时离园隔离治疗外,应立即通知幼儿园保健老师,并等传染期结束,经幼儿园保健老师观察确认无传染性后,方可入园。

2. 如果您的孩子需要服药,请您在晨检处填写喂药委托书,并将药亲自交给保健老师。凡孩子自行带药,保健老师不能帮助喂服。

3. 为了孩子和他人的安全,请不要让孩子带胸针、挂件、尖锐发夹、皮筋、手表等饰物入园,也不要带生日蛋糕等食品入园。

4. 孩子因病或因事请假,请事先递交请假条。孩子临时因病当天不能入园的,请您以口头、电话的方式请假,第二天补交假条;请假一个月的,要书面向园长室提出申请。

四、交费事项

1. 幼儿园的收费按市物价局核准的标准执行,由保育教育费、伙食费组成,其他代办费按实收取(如遇收费调整,以南京市物价局文件为准)。幼儿园按学期预收费,每学期末结算本学期费用并交纳下一学期的预收费用。

2. 请您按照幼儿园学籍管理规定办理请假手续。凡事先办理请假手续且当月请假满一个月,当月保育教育费减半收取。学期初或学期末请假不足半个月的,保育教育费按工作日计算;超过半个月的,按全月计算。伙食费退费按请假条结算。

五、安全事项

1. 当您下午将孩子从班级接走后在园内活动时，请随时注意保护孩子安全。此时如发生意外，与幼儿园无关。

2. 当您有困惑时，请您用面谈、电话、“论坛悄悄话”等方式经常与班级教师沟通，或通过鼓幼网站“园长信箱”直接与园长沟通。切不可用训斥、攻击他人的方式解决问题。

3. 如孩子有特异体质或患有特定疾病，务必告知幼儿园。若隐瞒或未告知而发生问题，后果自负；孩子身体、行为、情绪等方面有异常情况，也请家长及时告知班级教师，便于教师随时观察与帮助。

4. 当您的孩子有攻击性行为和不适宜集体生活的行为时，请配合幼儿园做好教育工作。如您孩子的行为严重影响其他孩子的生活与学习，幼儿园将劝退。造成对他人的伤害，由家长承担相应责任。

让孩子健康、快乐成长是我们共同的心愿，欢迎对我们的工作进行监督，并提出批评和建议。

孩子姓名：　　　　　　　　　　　　　请您署名：

案例分享

南京市鼓楼幼儿园学籍管理制度

为加强我园幼儿学籍管理，建立幼儿园正常的管理秩序，全面提高教学质量，根据上级相关规定和我园实际情况，特制定本制度。

一、新生编班制度

1. 条件许可，幼儿园可由家长通过网上短信息方式自由选择班级。

2. 新生编班根据家长的选择意愿，按年龄、性别平均分班，不分特色班、重点班。

二、转学制度

1. 幼儿因家庭迁移、父母工作调动等原因，要求转园的，应先向幼儿园提出书面申请，经班组长签字，招生小组同意后，再到保健室、会计室办理转退手续。

2. 幼儿因家庭迁移，父母工作调动等原因，要求转入我园的，应先向我园提出书面申请，经招生小组同意，办理相关手续后入园。

三、请假、休学、复学制度

1. 幼儿因故不能来园学习，请假3天以内的，由家长向班组长提出书面申请，经班组长同意后，可以退还请假期内的伙食费；请假3天以上的，班组长要报园长批准后，按照上级相关收费政策执行。

2. 幼儿因病不能坚持学习，须持区级以上医院病情诊断证明书，由家长提出书面申请，经班组长签署意见，保健室审核同意后，报园长批准，取得休学证明后，方可休学；幼儿患有幼儿间易传播的传染病，幼儿园应令其休学。

3. 幼儿因外出探亲等原因，要求休学的，由家长提出书面申请，经班组长签署意见，报园长批准，取得休学证明后，方可休学。

4. 休学期限一般不超过一个月。休学期满仍不能来园者，可再办一次休学手续，但休学总时间不能超过学期的三分之一。幼儿休学期满要求复学者，应向幼儿园提出申请，办理体检等复学手续后方可回园。

5. 请假、休学、缺勤时间累计超过全学期三分之一以上者，应劝其退学。

四、在籍幼儿学籍管理制度

1. 新生入园后，档案管理人员以班为单位对新生造册登记，及时报保健室、会计室、园长室。幼儿在园3年不得转班。

2. 班级及相关人员必须对每位在园幼儿的学籍资料严格保密，除上级主管部门、公安部门确因工作需要外，学籍管理员不得擅自向任何单位和个人提供幼儿的有关资料。

五、毕业

毕业：幼儿大班学习期满，准予毕业。

毕业证书发放：毕业证书由幼儿园统一印制、编号、颁发。

六、档案管理员交接制度

1. 学籍管理由档案管理员负责。档案管理员应选择原则性强、工作认真、懂计算机的同志担任，并相对固定。

2. 档案管理人员变动，应及时办理交接手续。

3. 档案管理员应在后勤园长指导下办理变动交接手续，并由后勤园长签字验收。

第二节 分 班

经历了报名、体检等一系列手续，终于让宝宝进入梦想的幼儿园，家长们没来得及松一口气，又开始了新一轮的攻势——选班。当络绎不绝的电话打进园长室探听小班的教师配备，当周围的亲朋好友再一次当起说客表示一定要将某宝宝放在某老师班时，思考已久的想法终于变成行动：让爸爸妈妈为宝宝选老师！

一、家长选老师

家长们在选择教师或班级时，也有千奇百怪的要求："要温柔的老师""要漂亮的老师""要会跳舞、唱歌的老师""要有爱心的老师""要年轻（或偏大）的老师""要达到区（市）骨干等级的老师""要二楼的教室""要朝南的教室""要南北贯通的教室"……要满足家长不同的需求，同时避免出现选班一边倒，有几个小策略：

（一）合理配备班组成员是保证均衡选择的关键

我们评价一个教师，一般按能力、情感做两维指标分析。同一个年级组中，教师不仅存在年龄、学历、经验等能力差异，也存在性格、态度等情感差异。每年，我们都会让员工填写选择岗位和合作伙伴意愿表（以“愿意合作”“可以合作”“不能合作”表达自己的选择意向），当教师新学年的合作伙伴意向明确后，园长要做绘图员，将所有成员平均列在圆圈的外径，先用单向箭头连接愿意合作的选择方和被选方，再用红笔标出不能合作的双方，通过图表准确了解成员之间的相互选择情况。在尊重意愿的前提下，按照年龄互补、经验互补、性格互补、特长互补的原则配备班组成员。如果每个班组都有家长仰慕的教师，家长对班组内相对较弱的教师也就一同接受了。

当然，我们也要充分考虑老师的意愿。通常，在班组老师配备过程中尽可能多地听取每一位当事人的意见和建议，不断解释与调整，调整时避免让当事人猜疑：“是否别人不愿意和我合作？”保证新班组、新年级组有愉快的合作开端。

案例分享

教师双向选择表

南京市鼓楼幼儿园________学年教师双向选择表

教师姓名	原班组	选择合作者意向			教师姓名	原班组	选择合作者意向		
		首选	可合作	不合作			首选	可合作	不合作

（二）多通道的家园信息交流是保证准确选择的基础

在招生过程中，为了帮助爸爸妈妈了解幼儿园，我们都会召开新生家长会，会上除了向家长宣传幼儿园的教育理念、介绍幼儿园的教育特色外，还将可供选择的教师和班级信息告之所有的家长，如小班教师分班名单公布的时间、家长选择的起止日、信息沟通的方式、幼儿编班的依据等。每年8月1日通过幼儿园网站公布小班教师组合名单（人员姓名、学历、个人特色等），家长可以在两天内通过填表、网络两种方式选择（因为这两种方式可以留下家长选择的痕迹，避免以后的矛盾）。招生小组根据家长的选择意愿，再根据选择时间先后、男女比例作为参照，确定各班幼儿的组成，8月10日后在幼儿园网站公布幼儿分班名单。

需要注意的是，如果在网络选择，应是隐蔽型选择，如电子邮件、论坛短消息或悄悄话等，避免家长的盲从跟风。

案例分享

家长选择班级及教师的通知

各位家长：大家好！

今年鼓楼校区（本部+亲子园部）与聚福园校区（聚福园部+瑞园部）各班级组合已经安排完毕，每个班级教师的配备均按年龄互补、经验互补、能力互补、特长互补的原则组合。综合看，每个园所中平行班的教师力量相对均等。

现将各园所及各年龄段教师组合公布如下，您如果对某个班级有选择的意向，请在8月2日8:00起至下午17:00止，在论坛里给相关园长发短信提出申请。如果您没有明确的选择意向，幼儿园将按性别、年龄、能力等因素平均分班。8月9日，幼儿园将根据家长的选择意愿分班，10日正式公布。

如果没有明确的教师选择意向，家长完全不必选班。请相信我们的老师，相信各个班组。

提醒：

1. 班级人数：

鼓楼亲子园部	班级	小一	小二	小三	小四
	人数	30	30	30	30
	教室	主一楼	主二楼	主三楼	辅一楼十辅二楼
鼓楼本部	班级	小五		小六	
	人数	24		15	
	教室	前西一楼	二楼	后西平房	
聚福园瑞园部	班级	小一	小二	小三	小四
	人数	26	26	26	26
	教室	一楼	一楼	一楼	二楼

2. 参加选班的对象为鼓楼校区、聚福园校区的新生，南外附属幼儿园的新生分班独立操作。原托四班(现小五班)的孩子为整班直升，不参加选班。编入本部小六班的孩子不参加选班。各个校区插班的孩子不参加选班。

3. 请家长根据各园所《班级人数和幼儿出生时间分配表》中的人员数量选择。如果某个班级、某个年龄段选择人数过多，我们将遵循选择时间优先的原则，并根据孩子的性别、年龄等进行调整(例：某班级中1—4月出生的宝宝分配了5个名额，如果5个以上此年龄段宝宝选择相同的班级，后选择的就要调剂到其他班级)。家长的选班意愿是分班的参考，但不是唯一依据，分班结果以幼儿园最后公布的为准。

4. 请家长自己根据孩子的需要和家庭的教养追求慎重选班，并用短信方式申请，选班申请一定要包含孩子的实际姓名。请不要发邮件或写书面申请，更不要打电话申请。若误在“论坛·园长专区”直接发帖，网管、园长将删除或修改，以防从众心理和相互影响。

5. 接收家长选班短信的工作由相关园长负责：

鼓楼校区小班家长请给何园长发选班短信。

聚福园校区小班家长请给缪园长发选班短信。

案例分享

出生年月及班级人数分配表

鼓楼幼儿园聚福园校区小班班级人数与幼儿出生时间分配表

出生月份	小一		小二		小三		小四	
	男	女	男	女	男	女	男	女
____年 9—12 月								
____年 1—4 月								
____年 5—8 月								
小　计								
合　计	____人		____人		____人		____人	

（三）优质的师资队伍是保证班班可选的灵魂

家长可以选择喜欢的教师，也可以拒绝不喜欢的教师。家长对老师的分析评价一方面来自于网站的介绍，一方面来自于口口相传，一些给前任家长留下美好印象的老师就成为现任家长的首选。因为鼓楼幼儿园分园较多，为保证各园所师资力量的均衡，我们对幼儿园全体员工提出了教师轮换的要求。大家根据家庭、个人发展的需要选择合适的时间段，填写到各园所工作时间意向表，幼儿园再综合教师的园所选择、组合选择进行分配，保证每个班级教师的年龄、性格、优势相对均衡。教师团队的均衡分配有力保证了课程的实施和教学理念的实现。

每个老师都积极上进，都期望得到正向评价，家长选老师方式将教师推到家长的面前，让教师有了触动与感悟。自从实行这种分班方式以来，老师们更加注意自己的师表形象、敬业精神、专业发展，更加注意倾听家长的需求与呼声，由过去的园长推着大家跑变成大家主动跑，幼儿园的管理内涵得到极大的提升。

为了鼓励优秀教师到其他园所工作，我们在《鼓楼幼儿园荣誉、职称评分办法》中，专门设置了到各园所工作的加分项目，凡在本部以外的园所工作1年,可以加1分。这样,同年工作的教师,因为在各园所工作时间不一,机会可能就不相同。

案例分享

教工园所流动办法及激励措施

为全面贯彻落实幼儿园"十二五"教育发展规划,树立教育公平、资源共享的意识,增强责任感,激励为幼儿园多元办学做出特殊贡献的教工,特制定此办法。

一、教工园所流动依据

鼓楼幼儿园为教育系统幼儿园,享受财政全额拨款。鼓楼幼儿园的分园(部)若为教办园,将与本部享受同一组织机构代码、注册许可证、法人证等,并按照区委、区政府"一个法人、一本账、一支教师队伍、一种管理方式"的要求进行管理。幼儿园教工队伍一体化管理、流动式轮岗将为实现园所内高位、均衡发展,园所间错位、共享发展奠定基础。

二、教工园所流动办法

1. 鼓楼幼儿园园长室为一级管理中心,负责本部、亲子园、聚福园、瑞园等所有公办园所的同一化管理,负责南外附属幼儿园等民办园所的派遣管理。本部、亲子园、聚福园、瑞园、南外附属幼儿园等所有鼓楼幼儿园管辖的园所均为教工园所流动的选择地点。

2. 依据园所及岗位需求,教工需要在各个园所间流动工作(定向分配者除外)。原则上10年中教工需在本部以外园所工作6年以上,专任教师10年中在一个园所工作时间不超过6年。后勤岗位人员、工勤人员也应参与园所流动或社会化服务。

三、教工园所流动激励措施

1. 本部为幼儿园管理、服务中心,为鼓励教工到本部以外的其他园所工作,幼儿园将采用加分的方式鼓励教工流动工作。

2. 在荣誉评选、职称晋级等业绩评定中，执行《南京市鼓楼幼儿园工作业绩评定评分标准》中附加分“到本部以外的其他园所工作，满3年加5分，满2年加3分，满1年加1分。以后每增加1年加1分”的规定。

3. 在涉及个人福利（子女入学、出国进修考察等）中，以10年为一个时间段（如2002—2011、2012—2021的节律），凡一个时间段在本部工作时间超过6年的、目前仍未到其他园所工作的，不享受该时间段的相关福利。

案例分享

园所间流动工作时间段选择意愿表

选择时间	2002	2003	2004	2005	2006	2007	2008	2009	2010	2011	2012
最初选择											
实际选择											
最新选择											
选择地点和原因											

签名：________

二、家访

幼儿园的规章制度中，对班级教师家访提出要求：“新小班开学前对所有孩子进行家访，平时每学期有重点地家访6—8家，幼儿在园3年间家访要达2次以上。”

（一）家访告知

根据招生工作安排，8月10日分班后，就进入家访阶段。在幼儿园网站里，我们向家长公布家访的时间、目的、要求，一方面让家长做好时间上的准备，另一方面打消家庭的紧张情绪，避免误解。

案例分享

“论坛”中的家访通知

各位家长：大家好！

________年鼓楼校区和聚福园校区新生分班已经完成，本月12日是全体老师的返校日，之后，就是老师的上门家访了。家访的时间基本在15—24日左右，请您注意接听老师预约家访时间的电话。

老师家访的主要目的是熟悉孩子，了解孩子的发展情况，了解家庭对教育的要求，交代入园最初几天的时间安排与要求，与孩子提前建立感情。由于各家庭居住分散，老师在路途花费的时间较长，所以每个家庭的停留时间基本控制在30分钟左右。

如果个别家庭目前仍未确定住所，可以与老师商量采用其他的交流方式。如果您不希望老师上门家访，请与老师说明，我们会尊重您的选择。

（二）家访内容

新生家访是老师与家长、孩子的第一次见面，为了减少家访对家庭造成的干扰，我们规定了以下要求：班组成员集体成行；提前预约；不在就餐时段家访；进入家庭不任意走动；不询问与教育无关的话题；不接受礼物和吃喝邀请。因为暑期家访正值炎热的夏季，我们还规定家访时，老师衣着打扮应同上班一样端庄、得体、大方。家访时老师除了了解家庭养育环境、与孩子增进情感外，还会以交流的方式完成下面的调查表。如果时间有限，也可以留给家长填写，开学时带入园。

案例分享

新生家访教育方式调查表

姓名________ 性别________ 填表人________

1. 您的家庭成员情况是：

A. 三口之家 B. 与老人同住 C. 有保姆同住 D. 其他________

2. 作为父母，您与孩子互动(聊天、讲故事、游戏等)的时间为：

A. 每天都有 B. 每周不少于 3 次

C. 只在周末进行 D. 每月 1 次或更少

3. 您的孩子入园前：

A. 上过一年托班 B. 上过一学期托班

C. 上过，未坚持 D. 未上过

4. 您认为您孩子的性格属于下列哪种：

A. 活泼开朗 B. 文静内向 C. 敏感胆怯 D. 固执倔强

5. 孩子的入厕现状为：

A. 大小便时会自己处理 B. 大便时需大人帮助

C. 需大人完全照料

6. 孩子的进餐现状为：

A. 能独自进餐 B. 边吃边玩 C. 需家长喂食

7. 孩子的睡眠现状为：

A. 独自午睡 B. 需大人陪伴

C. 需拥抱特殊的物品 D. 从不午睡

8. 您是否经常阅读有关幼儿教育方面的书籍或杂志?

A. 经常 B. 偶尔 C. 甚少 D. 从不

9. 当孩子的行为与规范不一致时，您通常使用的教养方式是：

A. 等待孩子自我修正 B. 耐心说服教育

C. 批评呵斥　　D. 偶尔打骂

10. 在孩子的饮食问题上，您更倾向于：

A. 按孩子的喜好　　B. 按家庭正常饮食

C. 按科学要求搭配

11. 如果您的孩子不适应集体生活并哭闹、不肯入园时，您可能会：

A. 交给老师，请老师安慰孩子

B. 留下来亲自安抚孩子

C. 把孩子带离班级，过一段时间再送回到班级

D. 将孩子带回家，等孩子想上了再送幼儿园

12. 当孩子在学习活动中产生畏难情绪时（如穿衣服、自己吃饭等），您会：

A. 鼓励孩子继续完成或继续练习

B. 暂时放弃，以后再说

C. 请教师降低要求

13. 您希望孩子在幼儿园获得哪些方面的发展（按重要性的顺序写序号）：

A. 知识的获得（　）　　B. 技能的训练（　）

C. 习惯的培养（　）　　D. 兴趣的萌发（　）

E. 能力的提高（　）

14. 您更喜欢用以下哪种方式与教师进行交流：

A. 电话　　B. 网络　　C. 面对面　　D. 书面形式

E. 其他________

15. 您倾向于班级在什么时间段组织亲子活动：

A. 周末　　B. 工作日的晚上

C. 无所谓，什么时间都行　　D. 没空参加

16. 当孩子向您反映在幼儿园经历的特殊事件（被打、受伤等）时，您会：

A. 完全相信孩子的话　　B. 向教师求实

C. 向其他幼儿和家长询问

17. 当您对班级的教育教学有不同的意见时，您更愿意选择：

A. 向园长反映　　B. 与老师沟通

C. 埋在心里不说　　D. 参照其他家长意见

18. 当教师向您反映孩子在园情况时，您更希望教师：

A. 如实反映　　B. 以进步方面为主

C. 以存在的问题为主

19. 当您的孩子在园与其他幼儿发生矛盾时，您会：

A. 请教师处理　　B. 自己找那名幼儿进行处理

C. 找那名幼儿的家长进行处理

20. 当您发现孩子的性格与您的期望出现偏差时，您会选择：

A. 寻求教师帮助　　B. 顺其自然发展

C. 寻求各种途径要求孩子改变

21. 您的孩子最喜欢做的事情是：

22. 您对孩子目前哪一方面的发展最满意，为什么？

案例分享

新生家访健康状况调查表

各位家长：

为了让您的孩子在幼儿园健康成长，我们需要了解您孩子入园前的健康情况，以便我们能有针对性地对您的孩子加强观察和护理。感谢您配合如实填写下表（请在相应项目的序列号前打“√”或填写）。

幼儿姓名________　性别____　出生年月________　班级________

1. 您孩子的出生情况

(1) 胎龄　① 足月　② 早产　③ 过期

（2）分娩　①顺产　②胎吸　③剖宫产　④其他

（3）出生体重________公斤　出生身长________厘米

（4）出生窒息　①有　②无　出生评分________

2. 您孩子入园前有无患过以下疾病：

（1）哮喘　（2）气管炎　（3）肺炎　（4）高热抽筋　（5）习惯性脱臼（①左臂　②右臂）　（6）传染病，名称________　（7）癫痫　（8）其他________

3. 您孩子有无药物过敏史：（1）无　（2）有，药物名称________

4. 您孩子有无食物过敏史：（1）无　（2）有，食物名称________

5. 在孩子的健康（包括饮食）方面，您需要对老师特别说明的是：

____

____

请家长保证，以上填写信息均属实，无漏写和错写。

家长签名：________

第三节　让家长了解幼儿园

一、家长手册——了解课程

《家长手册》是幼儿园向家长宣传教育思想、教学理念、儿童特点、教育策略的手册，按年龄段的不同分为小班、中班、大班 3 册，每学年第一次家长会活动时发放。因办学时间、办学理念、办学实践的不一，幼儿园的课程也不相同。手册在编写时要紧紧围绕园本课程实施的要点，帮助家长了解孩子学习的内容、要求，提醒家长主动、积极地介入孩子的学习过程。

《家长手册》既是家长配合幼儿园辅导孩子的参考资料，也是家长全面了解幼儿园课程、了解孩子 3 年学习与发展的评价资料。《家长手册》可以有效地防止家长的浮躁心理，成为教育观、儿童观、发展观更新的重要学习资料。

（一）主要内容

《家长手册》包含幼儿园简介、教育理念、课程设置、活动安排、团队介绍、作息时间、配合事项、年龄特点介绍、行为规范、好家长的策略、联络方式，以及与课程相关的故事、诗歌、歌曲等。一般 16 开、2 个印张即可，便于家长阅读与携带。

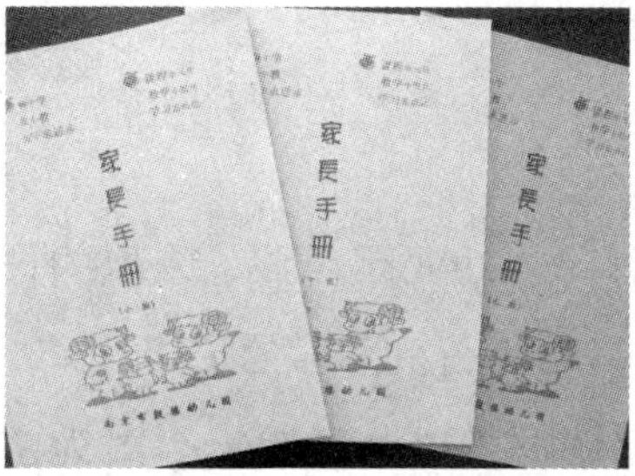

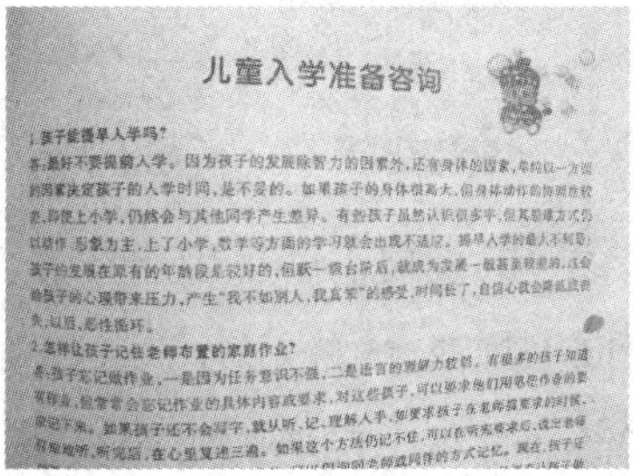

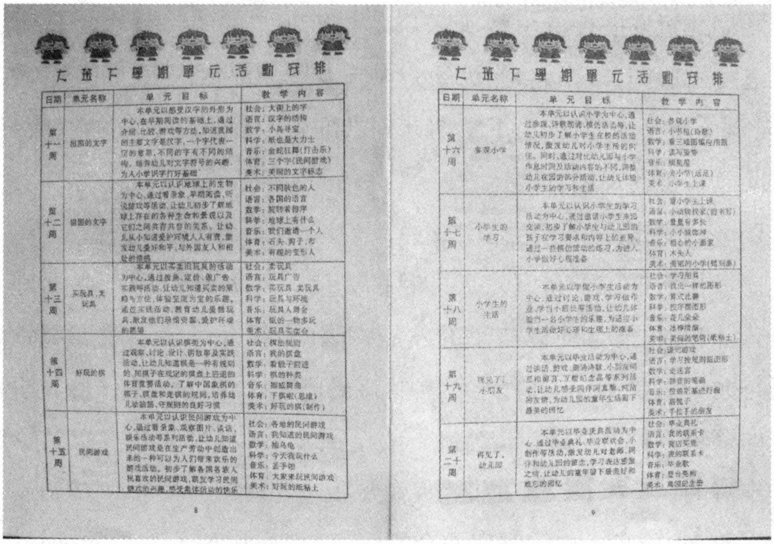

南京市鼓楼幼儿园《家长手册》

（二）不说话的老师

教师手中有课程用书，《家长手册》就如同另一版本的课程指南。《家长手册》中有不同年龄段详细的课程设置内容，如时间、单元、单元目标、教学内容等，可以让家长清晰地了解幼儿园教学的进程，协助幼儿园做好单元前期的经验和物质准备，并通过单元目标在家中自我评价孩子的掌握度，对孩子的发展情况做到心中有数。

当然，《家长手册》中的课程的设置是预设的，幼儿园实际实施的课程是动态的。当生成的单元出现时，家长可以借助班级的"家长园地""班级论坛"了解其内容变化，变呆板的教育为适应儿童发展变化的教育。

二、期末交流——了解孩子发展

孩子的发展需要采用适宜的方式评价。幼儿园对孩子采取的评价，从时间上划分，一般分为即时评价、过程性评价和阶段性评价。即时评价指活动过程中现场的反馈交流，过程性评价以儿童成长档案为主，阶段性评价以单元（主题）活动评价、学期儿童发展评价为主。

学期儿童发展评价由教师采用本年级制定的统一测查工具对本班幼儿进行发展调查，据此，作为幼儿在园发展的评估依据，并及时做出分析，向园长及家长汇报，为下学期计划做准备。期末与家长的交流，就是学期儿童评价的反馈方式。

（一）交流话题的产生

向家长汇报孩子在园发展的目的是为了更好地取得家庭的理解和支持，家园互相配合促进孩子的发展。因此，教师对孩子发展现状的了解显得尤为重要。一学期（学年）中，孩子已有大量过程性评价和阶段性评价的资料，再加上学期末对孩子的全面发展评估，教师占有的资料是十分丰富的。与家长交流的话题，就要在这些资料中找寻。

一般来说，交流的话题有两个方面，一是反映孩子进步的话题，二是反映孩子需要加油的地方，前一个话题可以采用实物加语言描述的方式交流，后一个话题可以采用案例分析的方式交流。

建议每个班级在寻找话题前，首先召开班务会，3个老师坐下来细细讨论与分析，保证对孩子的发展得出基本一致的意见和建议。教师应在孩子的发展现状中，找出特别突出的或个人发展相对较好的方面，并选择能够体现这些发展的实物(孩子的作品、活动的照片、观察记录与评价等)作为交流的素材，让家长通过欣赏和聆听，感受孩子的成长与进步。其次，教师要通过对该幼儿本学期在园活动的快速记忆回放，找出孩子需要帮助和家庭配合的方面，再在教育笔记、观察记录、活动评价等资料中找寻相关的、能够说明问题的案例。

教师依据两类素材拟定好交流的话题，将素材、话题与该幼儿的成长档案放在一起，以备交流时使用。

（二）交流的形式

交流需要对每个孩子发展进行个性化的分析，合适的方式应是一对一的。全班30多个孩子每个家庭都要交流，需要的时间较多，加上老师还要正常带班，每天可以和家长交流的时间有限，因此，科学安排交流时间非常必要。

我园采取的方式是：教师将一段时间内每天可以交流的时间制成表格，让家长在早晚接送孩子时根据自己的工作时间选择填充。因为一个时间段(一般30分钟)只能填写一个家庭的名字，既保证了交流对象的不重复，又让家长清晰地了解自己拥有的交流时间。

（三）交流的策略

1. 根据家庭的教养取向定交流的主调。交流前，班级教师应查看全班各个家庭的家访记录及调查问卷，对家庭教育的倾向性再次了解。关注孩子生活的家庭，老师在交流时就要尽可能详细地反映孩子生活中的进步；同理，关注孩子学习的，就在学习方面详细反馈。

2. 根据交谈的对象决定交流的广度。有些孩子的爸爸妈妈平时工作很忙，孩子的接送基本由老人完成，对幼儿园的工作不甚了解。老师可以借助交流的机会向家长介绍一些本班的特色活动、教育策略，还可以就老人牵挂的或曾经有误解的事情做详细的解答，取得孩子父母的理解与支持。

3. 表扬鼓励在前，改进提醒在后。在交流的前半段，教师应将孩子近阶段变化较大或特别突出的地方向家长报喜，让家长感受孩子成长的喜悦。交流的后半段，可以先请家长谈谈家庭对孩子以后发展的想法，老师再顺着家长的思路提出改进的要求。这样，家长对交流话题的认同感就高。老师在交流时千万不要把交流作为抱怨的机会，更不要指责家庭某个成员的养育方式，否则，交流后家长与教师的情感很难修复。

4. 营造温馨的交流环境。交流的场所应该是安静、没有干扰的；不要忘记给每个家长准备合适的凳子，递上一杯热茶；与每个家庭交流时只出现与本家庭有关的资料，其他孩子的资料要收藏好，避免家长横向比较后带来的负面效应。

第四章　孩子是什么样的小精灵
——给父母的教育建议

第一节　尊重孩子，才能走近孩子

从孩子呱呱坠地的那一刻起，几乎所有的父母都会立下誓言：尽自己所能给孩子创设好的教育环境，让孩子超越父母、优于父母。为了实现这个愿望，家长们带着孩子到各类早教机构、各种办学点接受"早期教育"，有些家庭想出各种招数让孩子"早慧""早熟"，认为孩子越早学习越聪明，越早学习智力发展越好。于是，"狼爸""虎妈"出现了，"裸跑弟"也来了，社会各界一片质疑：早期教育怎么啦？"拔苗"能"助长"吗？我们真的不能输在起跑线上吗？

一、让孩子拥有一百还是仅给孩子唯一？

我们先来欣赏幼教界风靡的一首诗：《你理解儿童的一百种语言吗？》

你理解儿童的一百种语言吗？

——[意大利]马拉古奇

孩子，是由一百种组成的。

孩子有一百种语言，一百双手，一百个想法，

一百种思考、游戏、说话的方式。

一百种，总是一百种倾听、惊奇、爱的方式。

一百种歌唱与了解的喜悦。

一百种世界，等着孩子们去发掘；

一百种世界，等着孩子们去创造；
一百种世界，等着孩子们去梦想。
孩子有一百种语言，(还多了一百种的百倍再百倍)
但是他们偷走了九十九种。
学校和文化，把脑袋与身体分开，
他们告诉孩子：不要用双手去想，不要用脑袋去做，
只要倾听不要说话，了解但毫无喜悦，
只有在复活节和圣诞节的时候，才去爱和惊喜。
他们告诉孩子：去发现早已存在的世界，
而一百种当中，他们偷走了九十九种。
他们告诉孩子：
工作与游戏、
真实与幻想、
科学与想象、
天空与大地、
理由与梦想，
不是同一国的。
因此他们告诉孩子，
一百种并不在那里。
孩子说：不，一百种是在那里。

这首诗告诉大人们，要教育儿童，首先要了解儿童、尊重儿童，学会站在儿童的视野看世界，学会蹲下身来理解儿童。

“不能输在起跑线上”的误解，让我们脱离了儿童本真的世界。我们还没有充分地认识和发现儿童的天性、儿童的潜力、儿童的财富，就试图用各种所谓的“早期教育”将儿童赶出童趣状态，让他们加入成人的行列。这种违背儿童年龄特点的教育，贻害了儿童自身，也贻害了家庭。

“孩子有一百种语言，一百双手，一百个想法，一百种思考、游戏、说话的方式。一百种，总是一百种倾听、惊奇、爱的方式。”孩子有着广泛的

兴趣与爱好，孩子需要“工作与游戏”，我们应给他们一个体验现实与幻想、科学与想象、天空与大地、理智与梦想的空间，而不是“偷走了九十九种”，只留下父母期望的唯一。

案例分享

孩子需要逼迫教育吗？

家长：当今社会竞争越发激烈，从幼儿园开始就要灌输孩子“优胜劣汰、适者生存”的道理，于是乎，各种兴趣班、特色班接踵而来。为了能紧跟时代的步伐，让孩子能得到更好的发展，家长纷纷让孩子加入学习大军，而我们的孩子却从此失去了快乐的童年，失去了无忧无虑的童年。

我一直不主张孩子学习太多的东西，想让孩子有一个真正快乐的童年。但看看周遭的孩子们，无一不去参加各种学习班，你如果不去学习，你就会落后，就会缺乏竞争力。如何能让孩子适应现在这个社会，适应现在的教育体制呢？

我疑惑！

园长：在孩子的教育中，我们要考虑的问题是：我们希望孩子做一个拥有一堆证书，能敲开各类学校大门的人，还是适应未来社会需要的人？

我想，中国的家长选择前者的为多数。因为中国的文化传统、民族习惯让人们在意识中有较浓的“教育”痕迹，多数家长希望自己的子女在健康的前提下有突出的表现，所以，家长为孩子们制订的计划就超出了“适宜”的范畴。就是这个“超出”，让我们的教育产生了众多的问题，引出诸多的争论。

我个人的观点：在教育子女的问题上，首先要有平常的心态，有“顺其自然”的心理准备。因为每个孩子的遗传因素不同、家庭环境不同、性格特征不同、教育资源不同，让所有的孩子都得第一是不可能的。要遵循孩子不同的发展需求，不要刻意让孩子学习“大家都在学，而我不喜欢”的东西。其次，教育中，家长应与幼儿园老师多沟通，了解孩子的学习、发展状况，只要孩子的发展与班级中大多数孩子基本一致就行了，这说明孩子的发展与年龄特点是吻合的。如果孩子的发展高于其他孩子，家长可以适当进行一些“补长”教育，如果孩子的发展低于本班孩子的发展，可以进行“补短”教育。其目的是让孩子的教育与自身的发展水平相结合，让他对接受教育有信心、有兴趣。

对现在社会中追求“兴趣班”“特色班”现象，我基本持反对态度。一些发展有空间（可以进行“补长”教育）的孩子和发展相对迟缓（需要进行“补短”教育）的孩子，参加适宜的兴趣活动，可能有一定的帮助。对大部分孩子而言，游戏、活动，就是最好的发展方式，同样能达到兴趣班追求的目标。

我们同时应警惕另一种现象的发生，就是完全任由孩子“自由发展”。因为人是社会的人，要与他人和社会打交道，要有社会约定的习惯、修养，如果违背，遭遇的结果对当事人来说是不可接受的，长此下去，对孩子的心理会产生不好的影响。例如：有一个孩子，他家长的教育理念是：孩子不懂的或暂时弄不懂的，应该等他明白以后再执行。这个孩子在幼儿园喜欢舞东西，家长认为是孩子的兴趣，应鼓励。但孩子舞起了椅子，该不该鼓励？孩子认为这是锻炼身体；老师认为这是危险行为；家长认为这是孩子在探索，是自由的表现。这个例子告诉我们，自由的发展需要引导，完全自由的发展，只能让孩子长成杂乱无章的杂树；而引导成功的孩子，有可能长成造型别致的大树。

二、孩子的一百在哪里？

早期教育是奠基性教育，是为儿童做好适应未来准备的教育，是在尊重儿童年龄特点基础上的教育。早期教育不是早点让孩子学习知识，早期教育开发也不等同于早期智力开发，而是促进儿童身心两方面全面和谐地发展。

世界卫生组织曾对人的健康作过如下定义："健康不仅仅是没有疾病，而且是身体上、心理上和社会上的完好状态。"即人的健康包括身体健康、精神健康和社会适应能力等三个方面，其中身心健康的新标准为"五快"（吃得快、拉得快、走得快、说得快、睡得快）和"三良好"（良好的个性人格、良好的处世能力、良好的人际关系）。

在家庭教育中，只要我们注意以下几个方面，就能给予孩子全面发展的空间：

（一）保障孩子的身体健康

孩子身体的健康不仅表现在身体的长高、体重的增加，还表现在走、跑、跳、投掷、钻爬、攀登、平衡等运动技能上，更表现在体格检查的各项化验指标上。在家庭中，我们要保证孩子吃好、睡好、玩好，既提供足够孩子成长发育需要的膳食，为孩子制订合理的作息时间，还要鼓励孩子走出户外参加各种锻炼活动。需要提醒的是：因膳食结构不合理，肥胖儿、体弱儿的比率正逐年上升，严重影响了孩子的健康。所以，鼓励孩子科学进食、合理运动是非常重要的。

（二）关注智力的全面发展

智力包含众多要素，如观察力、注意力、记忆力、空间知觉力、视觉辨别力、手眼协调力、逻辑思维力、语言表达力等，不能把背古诗、认字等记忆类的训练当作智力发展的全部。兴趣班、教室仅是智力启迪的场所之一，大自然、大社会中的游戏和活动才是最好的智力开发场所，要让孩子在玩中学，在玩中得到发展。父母要充分利用周末、假日带孩子到公园和科学场馆游览、参观、游戏，让他们在游玩的同时，感受周围环境及社会场景，储备直接经验。

（三）适宜的"扬长""补短"

如果没有特别的兴趣爱好与不足，幼儿园的课程完全能够满足孩子学习的需要，不必选择其他兴趣学习或辅导。在为孩子选择兴趣班的同题上，父母应与幼儿园老师多沟通，了解孩子的学习、发展状况。如果孩子各方面发展均高于其他孩子的发展，父母可以适当对强项进行一些“扬长”教育；如果孩子某方面的发展低于本班孩子的发展，就要对弱项进行“补短”教育。要遵循孩子不同的发展需求，不要把父母认为“时尚、喜欢”的内容强加给孩子。

（四）提高孩子社会适应的能力

孩子是社会的人，他们在生活环境中要不断与人、事、物发生关系，必然会产生互动、协调，这就要调整自己的待人接物方式，养成社会约定的习惯、规范。父母要鼓励孩子积极与周围邻居中同龄孩子结交朋友，逐步建立良好的人际关系，养成主动热情、宽容豁达的交往习惯。游玩中教育孩子遵守社会规范，具有较好的自控能力。重大事件和节日中让孩子感受民俗风情，在不断积累经验的过程中，提高孩子适应社会环境的能力。父母切忌用图书中的文学作品代替现实，让孩子感受生活、在生活中接受教育，才是最有效的教育。

孩子的一百在哪里？就在孩子的生活中，就在孩子的游戏里。

第二节　了解孩子，才能理解孩子

幼儿园三年，孩子从不愿入园到舍不得毕业，从谁都不认识到朋友一大群，从胆怯害羞到落落大方，从跌跌绊绊到奔跑自如……他们的语言越来越流畅、动作越来越敏捷、情感越来越丰富、思维越来越活跃，他们经历了生理发育、智力发育及人格社会性的发展。只有三方面的均衡发展，才能造就全面发展的完整儿童。因此，在教育孩子的过程中，一定要放宽视野，不能仅盯一个小问题，一个小方向。

一、迈向幼儿园的集体生活——给家有小班宝宝的家长的建议

孩子刚从家庭这个小社会走出来，开始步入群体学习和交往的生活

环境，是一种转折，这种转折是人生的第一次迈步，标志着孩子的成长。幼儿园与家庭有较大的环境差异，孩子周围的人员、生活的节奏、面对的要求都发生极大的改变，面对入园适应，孩子、家长都心怀忐忑。

（一）这是小班孩子的年龄特点，是孩子真实的世界

1. “我要妈妈，我要阿婆！”——宝贝们依恋亲近的人

从出生开始，孩子们就与父母在一起，他们将父母和抚养自己的亲近的人当做自己的一部分。离开家庭上幼儿园，孩子犹如手脚分离，他们惊慌失措、失魂落魄。如果最初入园接待自己的是王老师，孩子一天都会依恋她。如果有谁在此时抱抱孩子，孩子回家一定说这个老师好。这个阶段的孩子需要身体接触（拥抱、抚摸），凡是有过身体接触的老师，她就认为“喜欢我”，反之就“不喜欢我”。所以，入园最初的阶段，是孩子最黏人的阶段。有些家长接孩子时看见孩子紧抱自己的可怜模样，误以为送孩子入园是摧残了孩子，那就是误解了。

2. “我不要去幼儿园”——宝贝们的情绪外显

由于这个时期的孩子情绪易外露，易受他人情绪的影响，他们对教师和成人有较强的情感依恋，愿意和喜欢的成人亲近。当他们受到挫折或愿望无法满足时，就会采用外显的情绪反应，如哭闹、抓挠等。有些孩子在发泄的过程中，会呕吐、间隙性呼吸阻塞，家长往往万分心疼，妥协投降。孩子初入园亦是如此，将孩子送进幼儿园好比一场战争，抱着妈妈的脖子、拽着爸爸的衣领、赖在车子里不肯下车的比比皆是。有些家长心疼孩子，不能坚持入园，三天打鱼两天晒网，最后反而让入园适应期拉长。为了让适应期尽快度过，您一定要坚持送孩子入园哦！

3. “我的！是我的！”——宝贝们处于自我中心的状态

这个阶段的孩子有了“我”的概念，他们会对周围的人、事、物做出自己的理解判断，同时也将这种判断移植在他人的意识中。如果他认为这个汽车很好玩，也会认为爷爷同样喜欢这个汽车，如果他心中想着什么，也会认为别人和他想的一样。在人多的场合，他会捍卫自己的领地、自己的玩具，绝不允许他人侵犯。所以带这个年龄段的孩子出门，千万不

要让孩子主动让出手中的玩具。他不仅会说出“我”的需求，还要别人完全服从自己的愿望。所以小班初期，如果“我”的要求不能满足，孩子就会大发脾气，哭、闹、挠人、咬人、抢夺的场景会经常出现。

4.“我也要玩那个!”——宝贝们喜欢重复和模仿

小班孩子对喜欢的游戏、活动百玩不厌，一个故事重复将近百遍，他们也会像第一次听一样表现出浓烈的兴趣。他们喜欢别人的东西，哪怕家里也有类似的玩具。他们总是喜欢和别人玩一样的玩具，所以争抢时有发生。他们以独立游戏和平行游戏的方式进行活动，合作行为较少，喜欢管闲事，爱告状。随着在幼儿园时间的推移，孩子们逐渐有了分享食物、玩具的愿望，如果您准备给这个年龄段的几个孩子送礼物，一定要准备一模一样的。如果为孩子外出准备分享的食物，也请准备小分量的，因为分享的交换会让他们吃到所有孩子的食物。当然，那些只分享别人的、不分享自己的孩子，会被别人归为不受欢迎的人，因为“我不喜欢他，我给他吃，他不给我吃”。

5.“我能，我会!”——宝贝们自理能力逐渐增强

随着身体的长高、力量的增强，孩子的大肌肉动作逐步协调，他们上楼梯从单脚并步改成双脚交替，奔跑的距离与时间也慢慢拉长。相对大肌肉而言，小肌肉的发育相对迟缓，所以孩子无法握笔、画精细的线条，更不能写字。在日常生活、游戏、学习活动中，孩子开始尝试简单的自我服务的内容，如自己吃饭(虽然速度很慢，还会将饭菜洒满桌)、自己穿衣裤(他们经常将前后穿反、纽扣找错“家”)、自己洗手(因为喜欢玩水，通常孩子们洗手都会把袖子弄湿)、自己去厕所小便(尽管不会擦屁股)等，他们将此作为游戏乐此不疲。如果父母代替他完成了某个内容，孩子会重新来过，家长就苦恼:“我的上班时间就要到了，他还慢腾腾地做事，急死人了!”

6.“我想搭——不知道!”——宝贝们的思维存在于行动之中

小班阶段的孩子思维水平处于具体形象阶段，他们对事物、现象的理解是通过直观的形象完成的，如爱妈妈和爱爸爸的差异就用半抱双臂和张开双臂来区分，脸长就是棍子脸，脸胖就是轮子脸。合适的比喻会

让大人觉得童言稚趣，不恰当的比喻也会让大人很难堪。玩游戏时，他们缺乏耐心，常常玩一样再替换另一样，弄得家里满地都是玩具。如果父母给孩子事先拟定游戏的目标（搭房子或者搭大桥），等你再去检查时，房子或大桥的影子也没有，孩子会告诉你“我刚才搭过了！”“还没有搭好呢！”因为他们喜欢先做再想，没有预定目标的习惯。年轻的父母就会焦虑：“我的孩子怎么不会玩呢？他怎么整天瞎玩呢？”

7. “妈妈，我告诉你——”宝贝们简短表述的能力基本形成

到小班下学期，你就会发现孩子的小嘴歇不下来，“甜甜今天哭了，因为玉清说不想和她一起玩！”“我今天得了一朵红花，是吃饭快老师奖励给我的，我明天还想再得一朵。”孩子们能用简短的语言描述生活中的事件，词汇量迅猛提升，会使用连接词，喜欢模仿有趣的发音。在语言描述时，还会依据自己的理解进行想象性描述。如在南京的中山陵、新街口各有一座孙中山的塑像，可爱的宝宝晚上在经过新街口塑像时对妈妈说：“孙中山爷爷白天要在中山陵上班，晚上要站在这里，多辛苦哦！”

（二）给小班家长们的建议

根据孩子以上的年龄特点，建议家长们通过生活化、情境化的游戏，解决发展较弱的问题，促进孩子全面和谐的发展。

1. 喜欢打人怎么办？——社会交往的建议

小班孩子受语言表达的制约和外显情绪的影响，当与同伴发生冲突的时候，会用动作方式（打人、咬人）表达不满情绪。有些孩子试图用拉扯、拥抱等方式表达对同伴的喜欢，也会让对方误以为是打人行为。为减少打人现象的发生，父母要有意识地教给孩子一些人际交往的策略，如当孩子遇到冲突时要先告诉别人自己的不高兴、不喜欢，还可以采取告诉老师的方式来解决；自己如果不小心碰到别人要真诚地道歉；需要别人手中的玩具时，要和对方商量：“请给我玩一会儿，好吗？”当孩子用正确的交往策略解决冲突时，父母要肯定孩子的行为；当父母看到孩子有打人的动作时，要用话语或眼神严厉制止；如果孩子打人的行为已经发生，就要给予相应的惩罚（停止游戏、停止奖励、停止当天的电视节目、

停止睡前故事等)。

对一些因害怕别人欺负不敢参加集体游戏的孩子,父母也要教给孩子相应的策略,如“有人打我,我就大声喊叫”“不和我不喜欢的人在一起玩”“如果别人不喜欢我,我就离开”。当然,帮助胆小的孩子选择年龄稍长的、温和型的同伴更加适宜。

2. 不愿说幼儿园的事怎么办?——语言表达的建议

刚入园孩子的家长急于了解孩子在园的情况,但多数家长叹气:为什么自己的孩子很少主动说出在幼儿园发生的事情?宝贝常以“记不得了”敷衍了事,为什么会这样呢?其实小班孩子的记忆为无意识记,随着年龄的增长,有意识记才慢慢赶上和超越无意识记。要让此年龄段的孩子记忆幼儿园发生的事并主动表达,还是要解决孩子有意识记的障碍。

幼儿园的一日生活是丰富多彩的,能唤起孩子记忆的内容很多,孩子说不出,是因为储存的信息量太大,短时记忆的特点又造成“前客让后客”,孩子自然记不住也不愿讲。想让孩子说,首先是让孩子有兴趣,如采用诱导的方式:“今天幼儿园的食谱是翡翠虾,好奇怪哎,翡翠虾是什么样子的啊?”孩子被这样的好奇心驱使,自然就接话了。家长还可继续,“明天是樱桃丸子,那是什么样子的呢?”这等于给孩子布置了明天有意识记的任务。父母切不能指责孩子“你什么都记不住,一点记性也没有”,这样不仅易伤害孩子的自尊,还会让孩子自我解压:“我笨,我什么都记不住。”在与孩子语言交流时,尽量用正常的语速讲述,不要使用重叠词(吃饭饭等);要善于用重音、顿音突出关键词;提醒孩子用认真听、复述、大声念等方法记住指令语言。为提高孩子有意识记的水平,父母可以和孩子玩记电话号码、讲游览趣闻等游戏,激发孩子愿意讲、主动讲的愿望。

3. 不爱学习怎么办?——科学启蒙的建议

望子成龙、望女成凤是所有家庭的期盼,家长力图把孩子培养成从小爱学习的聪明宝贝,家里买了一大堆书,每天给孩子拟定学习时间表,弄得孩子到学习时间就反抗、逃脱。殊不知小班的孩子学习方式就是游戏,游戏是儿童早期特有的一种学习方式,也是孩子的主要活动。父母如果回忆自己的童年生活，一定对儿时“躲猫猫”弄坏了家具、“攻城门”撕破了衣服记忆深刻。

3—4 岁的孩子活泼、好动、好模仿、喜欢称赞、喜欢成功，而游戏正好能满足孩子们的这些特点。孩子是在游戏中成长的，他们在游戏中学习如何使用肌肉和控制肌肉，他们发现世界是怎样的，自己又是怎样的，他们尝试生活的各个不同方面，在游戏中重现现实生活，以释放各种矛盾和复杂的情感。小班的孩子喜欢独自一个人游戏，他们会在其他孩子身边游戏，但并不参加他们的游戏，父母不必担心宝宝是否不合群。游戏中，孩子偶尔表现出来的一些偏好，如有的男孩愿意做“妈妈”、女孩愿意当“爸爸”，我们不能就此断定孩子的性别角色认同有问题。在游戏中，孩子完全可以按自己的意愿去当“爸爸”“妈妈”“警察”“医生”，他们可以尽情地想象，并在想象中满足自己参加成人活动的愿望。

4. 不会穿衣怎么办？——身体健康的建议

大部分宝贝自出生开始所有的事情都由大人包办，喂饭、穿衣、梳头、穿鞋、脱裤……上幼儿园了，这些需要宝贝自己完成，如果不会自己洗手、吃饭、穿脱衣裤等，将很难适应集体生活。小班阶段集体适应性的培养，自理能力就是其中之一。学习做力所能及的事，会让孩子懂得自己的事情自己做，在提高能力的同时，有助于培养孩子克服困难和独立做事的好品质。这种自信、独立、不依赖他人的良好意志品质和个性品质，会帮助孩子长大后很快适应社会和周围环境。

帮助孩子练习穿脱衣裤时，可以把一些技巧编成儿歌，让孩子在游戏中学习。有些孩子没有穿脱衣裤的愿望，可以采用家庭穿衣比赛的方式；有些孩子不愿穿脱衣裤是因为太麻烦，家长可以先让孩子练习宽大、易穿脱的衣服，还可以先学习穿脱裤子，再学习穿脱衣服。总之，自我服务能力是一个反复练习、不断提高的过程，良好的行为得到不断的强化，就会形成自觉的习惯。

5. 画得乱七八糟怎么办？——艺术陶冶的建议

刚入园的孩子，给他一张纸，满心欢喜地期盼规整的画面，得到的却是圈圈、线段、像蝌蚪般的小人、黑色的太阳；在涂鸦纸张的同时，家里的桌面、墙面，甚至家具上，都成为孩子作画的场地。爸爸妈妈试图从孩子的涂鸦中辨认出某种符合自己想象的东西，每每因失望而变得不耐烦。父母惊愕："我的宝宝太夸张了吧？他咋不能规规矩矩地画画呢？他怎么那么不耐烦呢？"其实小班阶段的孩子大多以涂鸦的方式表现画面，涂鸦展示了孩子对自己的认识、对经验的看法和对生命价值的态度，是孩子宣泄情绪、表达情感的重要方式，也让孩子的情感和心理得到了平衡发展。这个阶段的孩子不需要成人示范如何画，他们需要的是借助涂鸦表达对现实生活的看法。

小班下学期，孩子逐渐从涂鸦上升到绘画，这个阶段孩子需要作画的表现对象，需要解决画什么、怎么画的问题。这两个问题都可以让孩子自己选择。画什么？孩子想画什么就可以画什么。怎么画？就要借助有画面的图书来辅助，如和孩子一起看图画书，引导孩子观察画面中角色、动作、表情、情节等，这样的有意识记可以帮助孩子积累观察经验，为表现画面提供素材。父母切记：不要给孩子范例，也不要教孩子先画什么后画什么，只要提供作画材料，激发作画兴趣，培养观察力、想象力，如何表现的问题待到中大班再解决。

案例分享

内向的孩子渴望关注与爱抚

家长：我家孩子在幼儿园比较内向。在幼儿园不制造麻烦，不主动诉求，还算比较乖，但内心里又比较敏感，渴望老师的关注和爱抚。

近来，他上幼儿园的积极性又不大了。我们反复询问，他断断续续地讲，老师抱其他小朋友，没抱我。

我听到这个问题，不知该怎么回答。后来，我告诉他：幼儿园小朋友太多，老师太忙，抱不过来；老师没抱你，但仍然是爱你的；如果你想让老师抱，就大声和老师讲，老师一定会抱你的。我想请教：我家孩子怎样才能在对外交往中更主动、更开放？怎样才能克服双重性格？对这个问题，我的回答正确吗？

园长：您谈到的孩子性格问题，在小班孩子中是比较常见的。

孩子在小班阶段主要学习适应（适应集体生活、适应同伴变化、适应成人变化等），萌发参加集体活动的兴趣与愿望。在小班上学期，老师为了帮助孩子适应，会在情感上有更多的表露。小班下学期，会在适应集体生活上做一些规则性的要求，会有评价。孩子从上学期的生活适应过渡到新阶段的规则适应，由于有了约束，就会有不适应或积极性不高的现象。

如果是中大班的孩子，可能是遇到挫折，如学习上遇到难题（不愿画画、不愿学英语等等）、生活上遇到困难（吃饭慢）、情感上遇到挫折（老师批评、同伴疏远等）。从您孩子“老师抱其他小朋友，没有抱我”的回答中，我估计是情感问题。

因为孩子分析和判断经验的缺乏，他们往往将与老师在一起的行为归结为“老师喜欢××”，所以，为了引起老师的注意，他们不惜以“犯错误”的方式和老师接触，他们注重的是“老师与我在一起”或“老师和我一个人在一起”的结果。因此，有些孩子对老师个别的“批评帮助”是十分喜欢的。

正因为孩子有这样的特点，我们要求老师要高频率地接触孩子，满足孩子“老师喜欢我”的情感需要。

我建议您能否与班上的老师沟通一下，可能您的孩子比较乖巧、自律，老师把注意力转到了需要关注的孩子身上，忽略了对您孩子的关注；也可能老师接触的方式太含蓄，您的孩子感受不到；也可能孩子对老师约束有攻击性行为小朋友的特殊方式产生了误解。

这类现象在孩子中是普遍存在的，是孩子的年龄特点，不必担忧！

案例分享

孩子产生逆反心理怎么办

家长：我家宝宝最近不知道怎么回事，有时候教他学东西，他明明知道正确答案，却偏偏不告诉你，你说东他偏往西。这是不是孩子产生逆反心理的表示啊？这样的话，我们该如何去引导呢？

园长：您讲的现象在小班阶段是比较普遍的。当孩子进入这个阶段的时候，我们首先应该高兴，而不是沮丧。因为孩子成长了，有自己的主见了，愿意按自己的意愿做事了，不再依从于大人、接受大人的"摆布"了。

为什么3岁的孩子会出现这样的叛逆期呢？这和他们的生活经验有关。孩子出生后，成人出于本能将孩子完全地包围（包办）起来，喂孩子喝奶、给孩子洗澡、逗孩子说笑、带孩子游戏……孩子一切一切的活动都在成人的控制之中。他们听到的都是"宝宝来吃饭""宝宝来睡觉""宝宝真能干"……他自己也会与大人一样说些"宝宝要抱抱""这是宝宝的"等，他们还没有"我"的概念，但他们已经懂得"在谁的面前可以获得什么"（如：只要奶奶在，可以边吃边玩。奶奶不在时，一定要坐在桌边吃，不然，爸爸会生气的）。当孩子学会走路，他们就会做自己想做的探索尝试以满足强烈的好奇心。他们会到厨房乱翻、会抠插座、会在厕所大闹天宫……他们这个时期会用"我"来表示自己的愿望。当他们有了语言的基础，可以独自走出家门的时候，他们的自我中心开始萌发和膨胀。他们不再愿意听从大人的安排，期望有自己说话的机会，如"我想吃的不是这个，是……""我不想睡觉，我想……"。这个时期，是孩子接受生活经验的最初阶段，如果成人能按照社会认同的规范要求孩子，孩子就会把这种规范作为行为的学习标准，就能形成好的习惯。反之，如果任意让孩子由着性子表现自己的行为方式，时间长了，也形成习惯，但这是不好的习惯。如果以后再纠偏，等于让孩子重复学习（而别人已经尝试学习其他的新经验了），不仅孩子会对标准产生疑问，还会对成人产生疑问（以前我这样做的时候妈妈很高兴，为什么现在这样做妈妈就生气了呢？妈妈不喜欢我了）。所以，叛逆阶段每个孩子都有，只是表现的程度不同。如果大人在此阶段将孩子大多数的习惯改变，孩子的叛逆就明显（如老人照看的孩子比较任性，改由父母用另一种方式养育，孩子就不适应，就易引发叛逆）；反之，完全由父母照看整个成长过程的孩子，相对来说叛逆就比较轻缓。

除了上面讲到的养育方式原因以外，孩子身体的长大、动作的娴熟、脑的发育，都会将自我中心阶段“我想——”“我要——”表现得更为突出。他们在尝试、探索的过程中，积累各种有益的经验，也通过尝试，了解错误的经验，为以后避免再发生做好经验的准备。因此，这个阶段的孩子想打破常规的欲望特别强烈，这是探索的需求，是孩子发展的需求。所以，是好事！当然，这个阶段大人们要做的，除了放手让孩子尝试之外，还要保证孩子尝试的内容是安全的。哪些可以做、哪些不可以做，是要控制的。如不可以把玩具扔到楼下（会伤害行人）、不能玩灶具（会失火、爆炸）等，如果孩子有偷偷尝试的行为，一定要严厉制止。时间长了，孩子就对什么可以做、什么不可以做有了基本的了解。

我们一起记住：关注孩子每一个第一次行为，就为孩子奠定了好习惯的基础！

二、稳住成长的脚步——给家有中班宝贝的家长的建议

首先恭喜您，您的宝宝升班了，长大了。现在，他们不单纯是大班小朋友的弟弟妹妹，还将是小班小朋友的哥哥姐姐，他们的角色更加多元，情感更加丰富，行为也会让我们惊喜连连。

（一）这是中班孩子的年龄特点，是孩子真实的世界

1. “我不疼！我不怕！”——宝贝们学会控制自己的情绪

所有的家长都会对孩子小班初期印象深刻：撕心裂肺的哭声、紧抓

不放的小手、“我要回家”的叫喊。但是中班开学，您将看到一个骄傲的场面：孩子挣脱您紧握的手奔向教室、与久违的好朋友相拥跳跃、“迟点接我”的请求开始出现。孩子长大了，他们学习控制自己的情绪，学会了自我安慰，打人、咬人的行为越来越少。如果不小心摔跤，他们会迅速爬起，再也没有等待大人安慰的需求。

2. “我表现好，老师表扬我了！”——宝贝们的规则意识开始萌芽

小班阶段的孩子对老师的表扬往往停留在身体接触的拥抱与物质的“红花”奖励上。进入中班，他们更加喜欢老师口头的鼓励与赞许，并知道自己行为与成人评价的关系，听到批评他们不是生气而是难为情。他们知道玩滑梯时要“排队、轮流”，知道“说话轻、走路轻、放下东西也要轻”的要求，但进入游戏情境中他们又会将要求抛在脑后，形成规则意识与执行规则能力的脱节，所以大人们常常苦恼：“为什么他明白这个道理，却还是犯错呢？”

3. “我有许多好朋友！”——宝贝们的交往能力在活动中提高

进入中班的孩子喜欢与更多的同伴一起玩游戏，他们喜欢扮演角色，模仿成人生活的场景，有些时候他们喜欢领导别人，有些时候又甘愿服从，在协商与争论中他们尝试各种交流的方法、积累交往的技巧。自己有了好玩的、好吃的，他们喜欢炫耀，并有了邀请好朋友一起分享的愿望。如果同伴得到他人的表扬，他们会嫉妒，并言之“我画得比他好”“我的声音更响”“他没有我吃的多”，也就常引起家长的误会：“为什么老师看不到我孩子的好？”

4. “我家有飞机！”——宝贝们的想象更加丰富、生动

小班孩子对图书、动画片最感兴趣的是形象与动作，进入中班，他们则钟情于情节与过程，他们会自己设想故事的后续结局，常常进入假想状态，用想象代替现实。他们常自言自语与假想中的角色说话，他们的众多言语会让大人们接不上“茬”。如果一个孩子说“我们家有一辆汽车”，另外的孩子就会七嘴八舌将其升级为“我们家有飞机！”“我家有坦克！”“我们家有载人飞船！”凡是在家里出现过的画面、玩具，都会被孩子

幻想成现实。所以，家长们会惊讶：“小小年纪怎么学会撒谎啦？”我们千万不要错怪了孩子哦！

5. “我要出去玩！”——宝贝们活泼好动、体力在增强

伴随年龄的增长，孩子活动的范围与持续时间也逐渐扩大，与小班阶段相比他们的体力明显增强。他们不仅能够自如地跑跳，手指也更加灵活。他们学习运用感官看、听、闻、摸，他们喜欢尝试，喜欢问“是什么”“为什么”，喜欢在路牙、台阶上行走，喜欢从楼梯上往下跳，喜欢触摸感兴趣的东西，这些尝试很危险，所以他们会伤痕累累，意外事故的发生率较高。幼儿园老师常把中班的孩子昵称为“小糊涂”。

6. “我会讲，让我说！”——宝贝们会表达、会分析了

小班时孩子讲故事基本上是对熟悉故事的复述，中班的孩子则学会了“添油加醋”。他们喜欢听故事、讲故事、编故事，在词汇量猛增的同时，如果需要还会自创词汇，以表达自己的理解与认知。他们的思维具体形象，并借此学会了简单的分析、判断，如生气与开心的区别，纸与塑料的不同。收拾玩具时，他们会依据玩具的色彩、形状、大小、用途归类摆放，概括、分类的水平明显提高。家里东西摆错了地方、物品收放不合适，孩子都能敏锐地发现并一定去纠正。到时我们会窃喜“孩子懂事了”“孩子能干了”。

（二）给中班家长们的建议

根据孩子以上的年龄特点，建议家长们通过生活化、情境化的游戏，解决发展较弱的问题，促进孩子全面和谐地发展。

1. 没有朋友怎么办？——社会交往的建议

孩子如果缺少好朋友，可能是以下的原因：内向胆怯不敢主动交朋友（你不找朋友），行为过激吓跑了朋友（朋友不找你）。

如果是前者，建议家长利用晚间散步、周日外出游玩、亲戚朋友串门的机会，将孩子放置在同龄伙伴中，让孩子在与同伴的游戏中积累交往的语言、动作、行为等技巧。家长也要教给孩子一些交往的策略，如通过交换玩具结交朋友、通过表达意愿交朋友、通过加盟游戏团队交朋友。

有些父母看见自己的孩子没有玩伴很难过，总是用“拉郎配”的方式为孩子找伙伴，这是不合适的。只有放开保护的翅膀，孩子才能获得自由翱翔的天空。如果是后者，家长一定要用换位体验让孩子感受过激行为的不妥，如紧抱脖子以示友好、强迫别人按自己的要求活动、用行为攻击的方式表达不满、大声叫喊传递信息等。当孩子尝试了过激行为带来的不悦心理感受后，会产生改变不良行为的愿望，通常会在别人提醒后改变自己。家长千万不要认为“孩子小，等他懂事了，就会改变了”，这些生活中的行为如果长期出现，将变成习惯。一个有不良习惯的孩子，自然不会有众多的朋友。

有些孩子常把“我不要和你玩”“我不和你做朋友”挂在嘴边，因而失去众多的朋友；有些孩子依靠自己的力量以势压人，成为不受欢迎的人。也有些孩子因为胆怯或语言障碍，有意识交友而缺乏能力，建议多给此类孩子提供练习机会，教给他们表达的方法（先想好要讲的话、大声说出来、眼睛看大家），鼓励他们的点滴进步。

2. 不愿说话怎么办？——语言表述的建议

每天晚上和节假日，孩子都有大量的时间与家长相处，我们可以充分利用这个时间与孩子聊天，早晨起床聊天气，外出买菜聊车辆，小区散步聊风景，看电视聊情节，玩游戏聊造型……一天中所有的活动都可以作为话题。聊天是双向的，有问有答，有听有说，如果单纯是大人一言堂，孩子的言语不会有任何发展。

聊天中，要让孩子养成听的习惯，从被动听（大人望着孩子的眼睛）到主动听（孩子目视大人的方向）有一个时间过程。如果孩子处于被动听的阶段，不妨让孩子重复刚才听到的内容，或家长提问语言的片断，让孩子在记忆回放中了解听的重要。如果孩子能主动听，就要让孩子多发表意见，把聊天的主动权给孩子，不要“家长说一句话，孩子说一个字”，最后家长口干舌燥，孩子依旧没有进步。

3. 不愿动脑怎么办？——科学启蒙的建议

每个家庭都希望孩子聪明，希望孩子成才。有的家长给孩子看百科全书，给孩子看科幻影片，让孩子学珠心算，让孩子做“脑筋急转弯”，这种超越孩子思维理解能力的做法是不妥的。这样的学习只能让孩子觉得学习无趣与痛苦，还未入学就对学习产生恐惧。

科学的领域包括动物、植物、人体、天空、环境、技术等，对于年幼的、思维具体形象的孩子来说，与其让他们对着单一图像学习，不如领着他们到生活、自然的现实场景中学习。我们带孩子到农村，经常听到孩子们惊奇地问：“为什么猪是黑的而不是粉红色的？”“为什么猪的耳朵是破的？”如果我们每周抽出一天时间与孩子一起逛动物园、游科学馆、玩儿童乐园，每天抽出半小时与孩子一起玩类似做冷饮、跳地砖格、敲击饮料瓶等小游戏，孩子的科学兴趣一定会大大激发。他们在游乐中产生了问题，在欣赏中学会了注意、记忆、观察、比较，在与大人交流的过程中积累了知识。所以，生活中的教育是最方便、最合适的教育，大自然、大社会就是最好的科学启蒙的场所。

4. 体弱多病怎么办？——健康领域的话题

随着社会的发展，人们生活条件越来越好，上楼乘电梯，出门坐汽车，孩子锻炼的机会大大减少，体弱儿、肥胖儿人数逐年增多，给孩子的成长带来了不利因素。

结合孩子体力增强和概括分类水平提高的特点，家庭中可以在两方面增强孩子的体质、提高孩子的能力。一是每天给孩子一定的大运动量活动时间，如在院子里与同伴们一起进行骑车、打球、捉尾巴等大肌肉游戏，通过与同伴的协作行为提高反应与灵敏性；二是给孩子布置适当的家务劳动，如收拾玩具、擦桌椅家具、叠衣服、抹席子等小肌肉活动，既提高了手眼协调性，也培养了孩子的劳动意识，孩子还能在此过程中接触到数学知识和科学常识，为今后的学习积累丰富的生活经验。

5. 孩子迷恋电视怎么办？——艺术陶冶的建议

在孩子很小的时候我们就发现：如果熟悉的音乐响起，吵闹中的孩子会很快安静，因为孩子喜欢音乐；如果孩子喜欢一本图画书，他会让你一遍又一遍地重复，百听不厌，因为孩子喜欢优美的画面和生动的情节。随着孩子的长大，他们对集视听为一体的动画片产生浓厚的兴趣，“看电视”往往成为家长与孩子谈判的砝码。有些老人没有精力带孩子游戏，就把看电视作为孩子主要活动内容，这也是不利于孩子身心健康发展的。

建议大人们与孩子一起制订生活时间表，约定每天各个时段的活动内容，如何时吃饭、何时睡觉、何时看电视、何时玩玩具、何时出门玩，以后每天严格按时间表执行。孩子对自己的安排心中有数，就没有长时间看电视的理由了。

艺术强调欣赏与表现，生活中处处有此契机。蔬菜、纸盒、碗、玩具都具有造型美与色彩美，如果我们将纸张变小红帽、将纸盒变天线宝宝，孩子就能将电视与游戏结合，从电视里走出来。如果我们鼓励孩子动手尝试操作，孩子就从单纯的欣赏美转变为创造美，就能丰富生活内容，让生活多姿多彩了。

案例分享

兴趣班是谁的兴趣

家长：看到那么多孩子都在上兴趣班，我大吃一惊，连园长都说过，她不主张上兴趣班，可……

女儿看见别的小朋友都在上兴趣班，她很羡慕，她不知道，那些小朋友在里面咿咿呀呀地读些什么。我问她，你想上吗？她点点头。我知道她不满意下午是冷冷清清的教室（别的小朋友都上兴趣班了）。

我在犹豫，还该不该坚持。

尝试地考虑了一下：给她上什么兴趣班呢？突然发现选的都是自己感兴趣的内容。这是给谁选兴趣班呢？真是的！再说了，学过的内容上学再学，很难集中精力听讲，反而容易养成坏习惯。

想到这，我还是不给她报兴趣班了。

后来，我告诉她，你自己编的舞比老师教的还好看。她很自豪！

再后来，别人问她，你上不上兴趣班？她说，不上，我喜欢自己编的舞。

我偷着自豪——她的信心，与众不同。

园长：如果所有的家长都有你这样的心态，兴趣班就不会那么红火了。借助兴趣班而挖掘才能的孩子有，但不是大多数。如果让孩子们在爱玩的时候痛痛快快地玩，长大后就不会成老顽童了。

如何帮助孩子选择兴趣班，一般有三个依据。

1. 孩子有此方面的潜质，是孩子的强项。如弹琴，孩子要对弹琴喜欢，要有音乐的敏感性（节奏、听力），手型条件要好（手指细长、指肚厚、有力度）。

2. 孩子有强烈的兴趣，不断向家长表示此方面的学习愿望。需要明确的是可能这个孩子的先天素质不是非常好，学习过程要比别人长，见效比别人慢，家长和孩子要有此方面的心理准备（这部分孩子中途停止学习的概率较大）。

3. 孩子的弱项。如有的孩子坐不住，可以用练书法、画画等安静的活动去促进他坚持性的提高。

在三个选项中，第一个选项的孩子，兴趣班学习的作用是最大的，也是我们常讲的“补长”教育。第三个选项的，就是“补短”教育。

还有一句俗话：种瓜得瓜，种豆得豆。孩子的可塑性很强，只要下工夫教，都会有成效。但我们考虑的是：它的代价是什么？

案例分享

老师当着孩子的面向家长诉说孩子所犯错误是否欠妥

家长：孩子在幼儿园经常会犯一些错误，老师在与家长交流时是否应该注意场合？

园长：我个人认为，老师当孩子的面否定孩子，肯定是错的。

那么，孩子是不是就批评不得呢？不是的。所谓“树苗不修理不能成为栋梁之才”，对孩子的评价要合理。这里的合理，不是一味地批评，也不是一味地表扬，而是批评表扬适中。就是说，在完全表扬的环境中成长的孩子，因为没有遭遇过挫折，就没有责任感，也不会有自我挑战成功后的快感，有的只是“大人的表扬是应该的，不表扬就是大人不喜欢我了”的错误想法；而完全在批评中成长的孩子，他们会自我否定，自信心较低，甚至有可能采取故意攻击行为回应别人的评价。

因为每个孩子的性格特征不一，接受成人交流的方式也不相同。如有的孩子喜欢戴“高帽子”，有的对“高帽子”无所谓，有的“吃硬不吃软”，有的“吃软不吃硬”。一个优秀的教师要善于根据每个孩子的个性特点针对性地采取教育方式，如当着集体的面表扬孩子，当着孩子一个人面提出批评建议，当着少数同伴面“表扬+批评”，给孩子留台阶，同时给孩子自我调节的机会。

表扬是一门艺术，批评更是一门学问。正因为如此，我们才会呼唤优秀教师的产生，需要通过各种培训提高教师的专业水平，促进专业发展。

三、奔向小学的大门——给家有大班孩子的家长的建议

再次恭喜您，您的宝宝升大班了。现在，他们是幼儿园最大的孩子，是小班、中班小朋友的哥哥姐姐。因为年龄最大，他们不仅要做弟弟妹妹的榜样，还要承担更多的任务。他们在体格茁壮成长的同时，意识、能力也同步发展。

（一）这是大班孩子的年龄特点，是孩子真实的世界

1.“我是大哥哥！”——孩子们社会需要的情感开始发展

大班的孩子再也不会因为害怕与父母分离而哭闹，但是，因为好朋

友不愿和自己继续做朋友了、在小团体中的位置不稳了、昨天没有当上小班长了……孩子仍会以拒绝入园的方式表现不满的情绪。在群体中，虽然对某人、某事不满，或者受伤，他们都能有意识地控制自己的情绪。大班孩子有了要好的朋友，开始出现了小群体，有了首领人物。班级中“受欢迎儿”“两难儿”“忽略儿”“拒绝儿”分化明显，家长要了解孩子在群体中的受欢迎度，帮助他们分析被同伴拒绝的原因，找寻受大家欢迎的策略。这个阶段的孩子因为社会需要而产生的情感开始发展，如果让他们“大带小”，他们照顾弟弟妹妹的表现会让父母惊讶，“原来他们是天生的哥哥姐姐啊！”

2. “我画画好，可是跑不快！”——孩子们能客观地评价自我

孩子的自我意识不仅表现在了解自己的外貌、家庭、环境，还表现在对自己的认同。小年龄的孩子，对自我的评价主要借助他人，别人说我好，我就好！别人说我这样不好，我就不好！大班的孩子对自我的评价不再依从他人，如果不认可别人对自己的评价，他们会申辩：“不对！不是这样的！”他们需要表扬与鼓励，但也能认识到自己的不足。他们不再因为受到批评不高兴，或者像小时候一样痛哭求饶，反而会说：“哦，知道了！”“批评我是为了帮助我。”有些父母遇到这样的情况更生气：“你咋脸皮越来越厚呢？”

3. “我会写字啦！”——孩子们手眼协调性明显增强

孩子体格的发育让他们的大肌肉日益强壮、协调，速度、耐力、柔韧性、平衡力明显增强。看见沟坎他们喜欢跨跳过去，看见堆砌物他们喜欢攀爬，他们在运动中加入了竞争性，试图争第一。虽然有时因为协调性的缘故还会擦伤、骨折，但相对中班来说，因运动造成的意外伤害风险大大降低。伴随着学习的要求，大班孩子的小肌肉得到更加多的练习机会，手眼协调性明显增强。剪纸、刺绣、泥塑、线描画，对这个年龄段的孩子来说不再困难。但是握笔，却始终不能保持正确的姿势，老师、家长再三地提醒“头抬起来，一拳一尺一寸！”孩子们知道却做不到。所以，握笔时间越早，错误的姿势越难修正。

4.“鸟不是家禽!”——孩子们学会了初步的概括分类

如果把一堆动物卡片给孩子,他会快速地根据外形特征、生活习性等进行分类,家禽类、家畜类、昆虫类、鸟类……由于知识、经验的制约,概括、分类仅停留在简单层面上,从植物、动物分类(一级分类)到家畜、野兽(二级分类)再到食肉动物、食草动物(三级分类)……除非有明确的规则暗示,他们一般不太理会上述顺序的要求,只是按自己理解的分类方式操作,所以经常在概念的外延上出差错。父母每每看到,都会生气:“告诉你应该这样分,你为什么记不住呢?”其实,家长问问孩子你为什么这样分,就知道孩子分析的标准了,所谓“顺藤摸瓜”,就是这个道理。知道孩子怎么想,才能理解孩子为什么这样做。

5.“我认识这个字!”——孩子们有浓厚的阅读兴趣

经常看到这样的场景:几个孩子指着门头上的5个字,虽然他们只认识第4个“小”字,但他们会连猜带蒙地大声读“三牌楼小学”“天地源小区”“顶呱呱小店”。孩子们喜欢看书、广告招牌,只要看见认识的字就兴奋异常,他们认字的积极性高,记忆的能力也强,有些大班孩子甚至能念报纸。看见别人家的孩子认识几百字,父母往往会给自家的孩子加压:“明明都认识600字啦,你要赶上他,快来认字!”如果这样,往往适得其反。因为此阶段孩子识字的兴趣比识字的数量更重要,带着兴趣学,可以调动观察、想象、空间知觉等多种智力要素,被家长逼着学,只能是记忆的结果。

6.“哈哈!不一样吧!”——孩子们有强烈的创造欲望

身体的强壮让孩子们走得更远,小肌肉的灵活让孩子的操作越加准确,视野的开阔让他们有了表现的欲望。如果游戏是从娃娃家开始,之后可能变成“结婚”“旅游”,他们会从一个游戏串联成多个游戏,把一个故事添加若干的情节,将一个体育游戏变换出多种玩法,使一个物品具有多种功能。“别出心裁”“独具匠心”是对大班孩子创造性的极好描述。他们喜欢玩泥巴、扔石子,喜欢动手操作、游戏、活动,一切可以带来变化的、会有多种结果的探索行动,都是他们的最爱。有时,这种欲望演变成恶作剧：抽走发言同伴的椅子、将小虫扔在女孩子的身上、把铁丝塞进钥匙眼、反向坐在自行车上……大人们又好气又好笑："这孩子太闹腾了，太烦人了！"

（二）给大班家长们的建议

通向小学的路虽然不平坦，但如果家庭和幼儿园共同努力，共同为孩子铺起柔软、舒适的通向小学的红地毯，孩子将会幸福而快乐地奔向学习的殿堂。

1. 有愉快的学习的情境——创设学习环境的建议

在物质环境上，在家里要为孩子创设一个学习的小角落，备有写字台、书架、玩具架等，以摆放游戏和学习用品，作为孩子学习的主要场所。学习与游戏的用品要随孩子年龄的增长不断变换。井然有序的物品摆放和独处的空间，可以使孩子在学习上处于自然、放松的状态，养成良好的学习习惯。在心理环境上，和睦的家庭气氛是学习的首要条件，家庭成员之间互尊互爱、互帮互助，会使孩子心情愉快，从而形成情趣高涨、精力旺盛的良好学习状态。

心理学的研究证明，儿童任何良好的行为与习惯，都需要他人的认可。儿童一旦执行了某项行为，成人要及时强化，使儿童获得积极的反馈，达到逐渐巩固的目的。如果儿童的行为未受到奖励表扬，习惯的行为就可能消退；如果受到斥责，这种负反馈信息就减少或抑制了儿童作出执行行为的反应。因此，在日常生活中，父母要普遍采用精神表扬法与物质鼓励法，强化孩子有关的行为与习惯。多表扬孩子，可以使孩子产生自信，产生"我能干，虽然这次做得不好，但下次一定会比这一次做得好"的积极态度；反之，家长如果一味地揭孩子的短处，孩子就会误认为"我怎么这么笨，确实太笨了，连这点事都做不好，我到了小学一定比不过其他小朋友，我真害怕小学呀"。所以，成人尤其是父母不要吝啬表扬，要寻找机会建立孩子的自信，培养孩子良好的心理品质。

2. 有良好的生活常规——计划安排的建议

从大班起，父母就要有意识地规划好孩子的作息制度，调整孩子的生活起居习惯及常规。如小学生一般7:45入校,下午3:30左右放学。家长应保证大班孩子早上6:30左右起床,8:00以前准时入园,下午4:00以后方可离园,使孩子的生活富有节奏,形成良好的习惯,与小学的生活节奏相接近。另外,小学生下午放学回家,一般都是自己做作业或玩游戏。大班阶段,家长把孩子接回后,也可让孩子自己安排积极的活动,如先画画,再弹琴,然后看电视,晚饭后再看书。家长也可以和孩子共同商量一些活动的内容,使其动静搭配,为入小学做好准备。

3. 有生活自理能力——自我管理的建议

在小学,孩子必须随时随地地、灵活地处理一些生活上遇到的问题,如会根据气温的变化及时增减衣服;会系鞋带、自理大小便,会自己整理书包及学习用品;在遇到困难时能向同伴或成人寻求帮助;会在人行道或人行横道上行走并注意安全;不在马路上玩耍;会用钥匙开门,会倒开水、扫地、抹桌椅等;课间活动时知道先小便,做好下一节课的课前准备后再玩。这些生活技能的掌握与否将直接影响到孩子能否适应小学的学习生活。因此,家长在平时要多让孩子练习,教孩子掌握的方法,并通过设置情境让孩子学会处理不同情境下的小难题,逐步提高孩子的生活自理能力和应变能力。如过马路时,要让孩子知道要走人行横道,要看红绿灯,如果车流量太大,要教孩子过马路的技巧,如向民警寻求帮助,或跟在过马路的行人后走,或向过马路的成人请求帮助。这样,不管车辆多少,孩子都能安全穿过马路,避免在路上浪费太多时间或出现意外。

4. 有完成任务的能力——任务意识与能力的准备建议

让孩子独立完成学习任务是培养孩子独立能力的一种好形式。家长要相信孩子的能力,逐渐放松对孩子的直接辅导,任何学习任务,父母只提出要求,让孩子独自去完成,不要伴随左右不断提醒与检查,避免孩子依赖成人。很多一年级新生的父母常叹:“哎,孩子上了小学,我们也重新回到了一年级。”这就说明这些父母没有帮助孩子养成独立学习的习惯,只能自食其果,长期下去,对孩子有害而无益。绝大部分孩子都有完成任务的能力，但他们却缺乏这方面的意识，影响了他们入学后对任务和规则的执行效果。因此，家长可以有意识地进行有关培养，如每天布置一个小任务（扫地、拿牛奶、分碗筷、搬椅子等），要求孩子按时执行，逐渐把孩子被动完成任务的意识变为主动完成任务的自觉性，帮助孩子树立任务意识，知道“这件事必须由我去完成，别人不能帮我的忙”。

5. 有积极的入学愿望——激发入学态度的建议

家长要利用节假日多带孩子外出，共同讨论有趣的事物与现象，激发孩子认识世界的好奇心与求知欲，从而萌发对入学的兴趣。家长要以积极的态度去感染孩子，正确帮助孩子了解小学生的生活，不能用上学来恐吓孩子，诸如“你开心不了几天了，到了小学有你受的”“等到小学给你上紧箍咒”等话语，以免孩子因为态度和情感问题产生入学障碍，从而产生冷漠、紧张、惧怕等消极态度。父母不能光以上学可以背书包、戴红领巾等表面现象吸引孩子，还要通过参观小学、与小学生交谈，激发孩子做一名小学生的愿望和好奇心，从而形成正确的入学动机和学习态度。

案例分享

大班的孩子不想上幼儿园

家长：“我不想上幼儿园。”儿子从国庆长假后，一直嘟囔着这句话。爸爸妈妈慌了，爷爷奶奶慌了！

奶奶说，老革命遇到了新问题，爸爸小时候就是严格要求过来的，也没有丝毫的厌学表现。爷爷说，搞了一辈子教育，教了几代人，怎么自己家的孩子搞不好。爸爸说，天天接触的都是望子成龙、望女成凤的家长，我们家的教育出了什么问题？妈妈说，现在这种状况，我们家长做到什么程度是适合的？

园长：我觉得孩子不想上幼儿园的原因正如爸爸说的，是怕竞争失败带来的成人的失望、奖品的减少、在同伴中地位的变化……

为什么孩子到了大班会出现这样的问题呢？这和孩子的思维发展有关。大班孩子伴随自我意识的发展，自我评价也从依从性评价向独立性评价发展。他们不再轻信成人的评价，当成人的评价和自己的评价不一致时，他们会申辩。但如果申辩不成功，就会消极反抗或躲避活动，让成人丧失评价该活动的机会。

由于幼儿园的评价方式一贯以积极为主，强调"让鼓励伴随孩子成长"，家庭评价更是如此，孩子在成长的过程中，听到的都是"甜言蜜语"，所以自信心很强，学习的兴趣也高。但我们应明白，这样的评价是建立在孩子个体发展纵向评价的基础上的，可能一个孩子活动成果一般，但对他本身是高极限的挑战，教师就会给予高评价；也可能一个孩子完成的活动是班级所有孩子都望尘莫及的，但对这个孩子是轻松能完成的，老师给予的评价就一般。这样的评价，可以让每个孩子在任何一次的活动中都获得成功的体验，产生下次活动的愿望。

大班的孩子面临入学，为帮助孩子有良好的学习习惯，老师和成人会提一些统一的标准和要求，在学习上会有一定的难度，孩子对这些变化（包括任务没有完成、没有得到表扬、没有得到重视，或生活的安排发生变化）就会有不适应的状况。那些原来发展较好的和发展较弱的孩子，不适应症状最明显。

因此，家长不要担忧孩子的情绪，在幼儿园面临挫折比上小学后面临挫折要好。让孩子把思想暴露出来，可以帮助我们分析孩子的心理承受力，为适度增加学习压力提供尺度。

我们依然提倡，幼儿园阶段最需要做的入学准备是学习习惯和学习积极性的准备，知识准备得再充分，到小学也不能保持后劲。后劲来自于孩子的学习习惯（更多的是学习的主动性）。

案例分享

如何培养孩子的自信心

家长：孩子没有自信心的时候，总会有一些掩饰的举动。比如，不愿意和别的孩子比赛；或者不屑于参与一些活动等等。

请教各位老师、家长，该如何引导孩子树立自信心呢？

园长：孩子的自信来自于评价，孩子的自我评价受他人的影响，同伴的评价对孩子的自信有影响，成人的评价对孩子更是起重要作用。成人的评价中，又以积极性评价为佳。在幼儿了解自己、评价自己的过程中，成人要注意积极地引导，帮助孩子树立自信。所以，要让孩子获得自信，就要表扬与鼓励，多用肯定性评价和混合性评价。

幼儿园阶段的孩子处于自我意识发展时期，要让幼儿了解自己与他人的差异，客观地评价自己。

中班阶段，也是幼儿自信心获得的奠基阶段。成人要善于发现每个幼儿的长处，了解他们独特的一面，并创设机会让孩子有展示的可能。

大班幼儿随着身体的长高、接触面的扩大，求知的欲望也愈加强烈。他们愿意尝试新活动，接受新挑战，以显示自己的能力。应根据幼儿的这些特点，尽可能多地为孩子创设练习和提高的机会。

经常性地让孩子尝试有难度的任务，可以提高孩子解决问题的操作能力，打通多元思维的通道，在动手动脑的同时，获得自信和全面的发展（在提供有难度的活动时，应注意适度及过程中的支持，让孩子有成功的可能）。

有些孩子，在活动中一味追求高目标，与自己的实际水平差距较大，有可能导致失败。成人要帮助孩子了解自己的发展现状，在讲评中忌用“最”“第一”的说法，让孩子感觉每次活动自己都有进步，增强学习的积极性。

在培养孩子自信的过程中，家长要根据孩子的发展适当调整评价语言，适当加入否定性评价，防止过多的肯定、鼓励使孩子过度自满，在受到否定性语言评价时，产生挫折感。此方法也称为抗挫的脱敏训练。

第三节　科学教育，才能为入学做准备

幼儿园是基础教育的有机组成部分，是学校教育的第一站。幼儿园的孩子不仅要为今天的成长做准备，还要为进入小学做准备。很多爸爸妈妈为孩子上小学如何做准备而苦恼，有的担心孩子生活不能自理，有的担心孩子路途奔波疲劳，有的担心孩子睡眠不足，更多的父母担心的是孩子的学习准备是否做好。

幼儿园的孩子进入小学要不要做入学准备？回答是肯定的："要！"如何做准备？回答是："科学、合理！"

一、孩子入学不适应的原因

原因1　幼儿园与小学的差异

孩子从幼儿园进入小学，标志着一个新阶段的开始，是人生的重大转折，要让孩子在这一系列的转折和变化中顺利适应，并形成积极稳定的入学倾向性，关键在于如何使两类教育机构因两种教育阶段而产生的"陡坡"减缓。我们可以从下表的对比中看出"陡坡"的存在：

幼儿园与小学的比较

比较机构	幼　儿　园	小　学
学习时间	每天集体教学时间为1～1.5小时，每次活动最长不超过35分钟	每天集体教学时间4～4.5小时，每节课40分钟
学习内容	通过具体、形象、生动的教学形式向孩子传授粗浅知识	有固定统一的教学大纲、教材，教学系统、抽象、严谨

续 表

比较机构	幼儿园	小学
学习方式	以游戏活动为主要的学习形式，轻松愉快，没有压力	以上课为正规课业学习方式，课后有家庭作业
睡眠时间	除晚 8:30 到早 6:30 的睡眠外，还有 2 小时的午睡时间	学校离家较远，孩子早上需早起，中午基本无午睡时间
一日生活	动静搭配，张弛有度，提倡保教结合，促进孩子身心全面和谐发展	有严格的作息制度和生活制度，主要任务是学习，课间要上厕所和做课前准备，游戏时间少，午睡要回家解决
师生关系	教师与孩子始终在一起，及时解决、协调幼儿面临的困难	一学科一任课教师，有班主任和多位任课教师，孩子遇到困难基本需自己解决

除以上两类教育机构的差异外，还有两个因素增加了两类教育机构的差异。一是 1986 年颁布《义务教育法》后，小学入学年龄普遍提前，城市 6 岁入学的儿童数大大增加；二是 20 世纪 50 年代以来，小学课程较过去有日益加深的趋势。这一切，给孩子在身心两方面带来诸多的不适应，孩子入学后感到陌生、恐惧，学习兴趣不高，影响了入学后的身心发展。

原因 2　家庭教育的误区

随着独生子女政策的实行，改善了孩子营养卫生和受教育的物质条件，但也带来了一系列的问题。如父母对子女过度关注，孩子提出的各种物质愿望与要求都尽量满足，孩子能做的事家长也代为包办，总认为“孩子太小，家里只有一个孩子，大人们当然应该多为他们做点事”。久而久之，孩子的依赖思想严重，主动性、独立性受到影响，做事缺乏责任感，把失误都归咎于父母。我们在幼儿园经常可以听到孩子这样说：“妈妈忘记给我戴手帕了。”“爸爸忙，没时间给我找盒子。”“妈妈没教过我这个方法。”等，事事处处以父母作为保护伞、挡箭牌，缺乏自己的事情自己做的意识，能力也相应不足，造成了入学后的种种不便。

还有些家长对孩子期望值过高，“望子成龙”“望女成凤”，过早地让孩子参加各类兴趣班，造成孩子情感受压抑，对学习产生厌倦情绪。有些孩子甚至产生消极、对立的行为，如看到书就要睡觉，看到琴就喊累等。

教育机构和家庭两方面的影响，使得幼小衔接的坡度不断增大，有的孩子上小学后体重明显下降，吃不好、睡不好，一反往日的天真活泼；有的孩子一看到学校的大门就发抖、呕吐；有的孩子甚至放弃了小学的学习重新回到了幼儿园。但也有一部分幼儿在过渡期间适应很快，自我调节能力较强，入小学后，学习积极主动，求知欲旺盛，兴趣广泛。究其原因，是较好地处理了衔接关口的不适应问题。

二、幼儿园与小学衔接的重难点分析

孩子入学，是从学前教育机构进入了小学教育机构，跨越了两个阶段。从孩子的身心发展看，是从学前期向学龄期发展的过渡阶段，因而既存在连续性又具有阶段性。在此期间，孩子的身心会发生一定的质变，掌握不了这一阶段教育的规律性就会出现种种的衔接问题。

实践证明，幼小衔接如果仅从“幼儿园向小学靠”“小学向幼儿园靠”的外部条件或形式上寻求措施是不能从根本上解决孩子入学的适应问题的，关键是要找准衔接点。儿童心理学的研究表明，儿童心理的发展既有连续性，又有阶段性，幼儿和小学生虽然是两个不同的发展阶段，每个阶段有着各自的特点，但是，阶段特点的变化不是突然发生的，而是渐变的。所以，在学前阶段和小学阶段之间存在一个过渡阶段，这期间，两个阶段的特点并存和交叉。处于这一时期的儿童，正是自身两大阶段的发展特点交替、转化、升华的过程，衔接教育正是要促进儿童的这种发展。因此，衔接点应落在儿童这一主体上，要找寻儿童前一阶段已有的发展水平、基本能力同后一阶段所需的发展水平、基本能力的差异，通过衔接教育，促进儿童自身内部的发展变化。

所以，幼儿园与小学衔接的实质是孩子主体的适应性，衔接教育的重难点就应放在孩子入学适应能力的培养上。

对衔接实质的探讨可以改变我们的教育观念，明确教师、家长的作用必须遵从孩子的发展规律，要相信和依靠孩子的内部动力，要依靠孩子自身的主动性学习，要积极与孩子互动，要尽可能地创设利于孩子学习、发展的环境与条件。

三、帮助孩子做好入学准备的策略

我们经过大量的调查与实验发现，学前期向学龄期过渡时，孩子心理发生一定质变的核心体现在社会性发展与抽象逻辑思维的心理品质上。如社会性适应（主动性、积极性、任务意识、规则意识）是孩子进入小学后伴随而来的规则要求和任务密度、难度及独立完成任务所要求的相应的能力；数学学习和读写，需要幼儿有理解和运用符号的能力和初步的思维能力，任何过高或过低的要求都会引起衔接过程中的不适应。

策略1　帮助孩子做好数学学习准备

大班的孩子在数学学习方面，要减少组成、加减运算的教学时间，加大编、解口头运用题，增加思维训练活动。

幼儿园的孩子，其思维能力由动作思维向具体形象思维过渡，故幼儿园阶段对孩子实施教育要配以色彩鲜艳的、富于动感的教具、玩具。小学的孩子，其思维能力由具体形象思维向抽象思维过渡，特别是小学以文字或数字为主要内容的教学，对孩子抽象逻辑思维的要求较高，故小学的教学基本上是符号为主、语言为辅，再也没有幼儿园那么多的教具与玩具。大班的幼儿，其智力发展正处于具体形象思维向抽象逻辑思维过渡时期。因此，大人们要注意对孩子良好智力品质的培养，如良好的观察力、抽象概括力、分析综合力、分类力、判断推理力等。在对孩子进行数学教学时，不仅要让孩子知道某一事件的结果，还要了解事件变化的具体过程。

如解答“河里有一群鸭子，游走了3只，还剩2只，原来河里有几只鸭子”这道应用题，孩子都能回答出“5”，但进一步问孩子是用什么方法算的，大部分孩子会说“用减法，5－3＝2”，这就是孩子在思维中的障碍，不能清楚地理解事物变化的关系。我们应让孩子知道什么是已知的数，什么是未知的数，帮助孩子理解“谁与谁比、知谁求谁、谁大谁小”的关系，真正掌握解题方法。凡知识型的内容，都孕含着智力活动的要求，老师和父母不要以“孩子已经会一分钟做×道题”或“我的孩子已经会十(百)位数的加减”而沾沾自喜，而要看你是否在这些知识型的题目中，把握了智力要求上的契机，使孩子在知识积累的同时，较好地做好智力的准备。切不要把知识与智力等同起来，或只求答案不求过程。所以，平时当孩子会一个问题后，大人应该和孩子共同探讨这个问题的发生过程，让孩子知道“是什么?”“为什么?”“怎么办?”为他们小学的数学学习做好充足的智力准备。

策略2　帮助孩子做好读写准备

大班在读写方面，要减少复述方面的内容(诗歌、故事等)，加大语言理解、讲述(特别是看图讲述)的内容，增加早期阅读及前书写准备内容。

在小学一年级开学的头几天，常常会出现这样的插曲：家长叮嘱孩子放学后早点回家，不要在学校或马路上玩，孩子竟然一节课后就背起书包回家了；老师让学生回家写3个生字，每个字写5遍，孩子竟写得五花八门，有3个字写3遍的，有1个字写3遍的、5遍的，甚至一个字写满一页纸，还有的孩子干脆一个字也没写，不知道老师布置过家庭作业。之所以发生这种令人啼笑皆非的现象，是因为孩子不理解家长和老师的语言，只有那些千叮咛、万嘱咐的重复提醒才能记住。因此，父母平时要多与孩子交谈，语言逐渐简练，不要重复；阅读文学作品时，不要中途停下来解释，应让孩子自己根据情节，消化体味其中的语句、词汇；让孩子谈谈所见所闻，学习对一个事物(事件)的多种表述方法。

在帮助孩子理解语言上，多布置任务也是促进孩子水平提高的一种好形式。家长可以每天布置一个小任务，由含一个条件的任务逐渐过渡到多重的、带有多种指令的任务，为孩子入小学后对语言，特别是任务性语言的理解打好基础。

策略3　帮助孩子做好社会适应准备

孩子进入小学后，其行为要很快适应学校的教育要求，达到学习、纪律、文明礼貌、卫生等最基本的常规要求。要养成这些好习惯和行为，我们要在这几方面加强教育：

1. 激发孩子参与活动的主动性

我们可以选择一些适合孩子年龄特点的、稍有一些难度的活动，让孩子“跳一跳，摘果子”，体味成功的快乐，从而维持和激发再次活动的兴趣。孩子潜能挖掘得越好，孩子越易产生自豪感，树立自信心。如果超出孩子承受的范围，孩子极易失去耐心和信心。

2. 培养孩子独立完成任务的习惯

我们可以通过设立值日生、布置家庭小任务的方式，让孩子通过完成任务提高完成任务的意识，如扫地、分碗筷、擦家具等。还可以让孩子每天回家完成一项练习，如画一幅带圆的画、在一个方型纸盒上粘贴等，为孩子以后记住家庭作业和独立做作业做好准备。

3. 提高孩子执行规则的能力

孩子进入小学需要更多的自我照料与保护，遵守规则就非常重要。大人带孩子外出，要提醒孩子遵守交通规则，让孩子知道过马路走人行横道、上下楼梯靠右行、玩运动器械要轮流、公共场所不能大声喧哗等，帮助孩子养成习惯，从而内化为自觉的行为。

策略4　加强与学习有关的技能准备

家长可为孩子准备一个双肩背书包，一个铅笔盒，2—4 支铅笔及擦皮、铅笔刨、尺子、垫纸板、田字格本、汉语拼音本、算术本等，每天用 10—25 分钟时间与孩子一起写数学或图案符号。在书写过程中，要提醒孩子保持正确的书写姿势：两腿与肩同宽，双肩放松，胸离桌一拳，眼离书本一尺，手指离笔尖一寸。书写的内容可以是阿拉伯数字，也可以在田字格、四线格中画有趣的图案，如小花、小草等，由简到繁，由易到难。在书写过程中，家长一定要提醒孩子按规定的笔画顺序及空间位置写。在书写基础上，家长要善于利用周围的文字环境让孩子认字，激发孩子对文字的兴趣，使之对于抽象符号具有一定的接受能力，为其思维能力水平跃向新的高度创造条件。

四、父母应转变幼小衔接的观念

很多小学校长、老师对幼儿园里开展拼音、识字、计算教学提出质疑，恳请幼儿园不要涉及这类教学内容。因为过早介入此类知识学习的孩子进入小学后重复学习，没有了学习初期的挑战与适应，注意力很容易分散，学习缺乏主动性，没有后劲，不利于良好学习习惯的培养。小学与幼儿园是两类教育机构，存在较大的差异。幼儿园大班孩子的思维水平还处于形象思维阶段，对抽象的学习内容不易理解，反复的练习强化了孩子的记忆，极易养成死记硬背和刻板、公式化的学习方式。相同的学习内容如果等到一年级学习，已上升为抽象逻辑阶段的思维水平能够帮助他们理解符号，不再依赖记忆学习，思维的敏捷性、扩散性会大大提高。因此，幼儿园不能让孩子提前学习小学的内容，要将重点转向帮助孩子做好入学准备上，如提高孩子的空间知觉、增强孩子手眼协调性、帮助孩子养成细致观察的习惯可以帮助孩子做好学拼音、识字的准备；形成良好的任务意识、规则意识可以帮助孩子养成独立学习的习惯，避免家长陪孩子读书等。

下面，以几个热点话题的解答，为焦急的爸爸妈妈解决疑惑：

话题 1　孩子是否可以提前入学

我们的周围会有一些孩子提前入学成功的例子，但那是个别。大多数提前入学的孩子，对以后学业的影响是非常大的。

有些成人可能会问：我是 5 岁半入学的，我不是读得很好吗？其实，20 年前的一年级课程和现在的一年级课程差异是很大的。就拿汉语拼音来说，以前一年级用一学期的时间学习汉语拼音的拼读，现在只能用一个半月的时间完成汉语拼音直呼加拼读，难度大大增加。以前的家庭都是多子女，家长对孩子的学习不太关注，现在家长恨不得孩子考双百，无疑加重了孩子学习的压力。

6岁，是孩子思维发展由具体形象思维向抽象逻辑思维过渡的时期。让处于具体形象思维水平的孩子学习需要抽象逻辑思维支撑的学习内容，孩子肯定倍感压力。“能挑千斤担，不挑九百九”，这绝不是教育所提倡的，教育提倡的是“适度发展”。因为每个学段的孩子有1岁的年龄差异，孩子学习的差异也比较明显，伴随孩子的成长，小学四年级以后，这种差异才慢慢缩小。如果让孩子在形象思维阶段去学习需要逻辑思维解决的学习内容，一定会让孩子有“失败”的感觉，得出“我笨”“我怎么不如别人”“小学的学习一定更可怕”的结论。

中国有句俗话“宁做鸡头，不做凤尾”，引用到教育，意思就是说明自信心对孩子成长的重要。孩子在合适的群体，就能发挥潜能，展示特色，获得自信和成功。如果勉强跟在别人的后面，只能做极普通的一员。

话题2　幼儿园是否要教拼音

一谈到入学，很多家长就会想到汉语拼音的问题，误认为入学前一定要让孩子掌握汉语拼音，这样入小学才能跟得上。其实，这种观念是片面的，或者说是违反了孩子求知规律的。通过大量的调查研究发现，孩子入学后学拼音不难，真正影响孩子掌握拼音的是缺乏细致的观察能力和空间知觉能力，因而造成孩子学拼音时容易把外形相近的拼音混淆，因而读错、写错；同时孩子缺乏系统的书写准备训练，使孩子用于书写的时间比较长。所以，在入学前，不应把汉语拼音的认读作为主要学习内容，而应把与此相关的技能学习（空间知觉、观察力、图形判别、书写姿势等）作为重点，等入学学习拼音时，重点就可以放在认读上，花费在书写上的时间就可以节省。良好的空间知觉和观察能力又进一步帮助幼儿准确地认读、记忆拼音，防止混淆遗忘。

幼儿园与小学是不同的教育机构，孩子在其中有不同的学习内容与要求，如果雷同，孩子上小学后面对的挑战性会降低；如果提前学习，极易让孩子形成依赖的思想，“课内不认真，回家靠家教”，这样的孩子，也会在学习的整个阶段，产生依赖家教的思想，造成恶性循环。在入小学的初期，孩子在汉语拼音学习上不如已经学过的同学，是很正常的。但是他们接受了与能力相适应的挑战，得到了学习过程中“由不会到会”“由不知到知”的不断成功的喜悦，这是学习初期非常有益的学习经验。

不教汉语拼音，不代表放弃相关教育。幼儿园从中班开始，就有许多相关的训练，如观察力、空间知觉力、手眼协调力的训练，听、说的训练等，大班下学期，幼儿园班级还会张贴一些文字或汉语拼音的挂图、卡片，营造文字学习、拼音学习的环境，提高孩子在此方面的敏感性。

话题3　大班孩子课外应该学点什么

大班的孩子回家后，建议开展以下的活动：

1. 大肌肉锻炼。虽然幼儿园有2小时的户外活动时间，但纯粹的体育活动只有1小时左右。孩子正处在快速的生长发育阶段，合适的运动可以促进骨骼、机能的增长。建议孩子开展些大肌肉的锻炼活动，如协调性运动（骑车、轮滑、呼啦圈等）、柔韧性运动（体操、舞蹈、武术等）、敏捷性运动（球类、扔沙包、猜拳游戏等）。

2. 小肌肉锻炼。即将进入小学学习的孩子，小肌肉的发育水平对入学适应尤为重要。线条的流畅、手眼的协调、运笔的轻重、手腕的控制、握笔的姿势……都会影响孩子的学习兴趣与学习结果。建议孩子开展一些桌面游戏，如走迷宫、描红、线条画、绣花、剪纸、编织、叠高、弹拨乐器（钢琴、小提琴、古筝等）、50块以上的拼图等。

3. 习惯养成。与孩子一起将回家后的时间划分成若干段，每段不超过30分钟。按动静交替、室内室外交替、大肌肉小肌肉交替的原则安排活动，一旦计划制定，必须严格按计划执行。只要违反预定计划，就必须接受处罚（停止当天或明天最喜欢的活动）。每天睡觉前，回忆老师布置的任务，检查任务的执行情况，养成自己的事情自己负责的态度。

话题4　孩子要不要学珠心算

珠心算学习需要孩子有思维发展的基础，特别是抽象逻辑思维要有一定的发展水平。对于幼儿园的孩子而言，其思维依赖具体形象，大跳跃的学习超越了孩子的承受力，对孩子的自信培养是非常不利的。

珠心算训练的是孩子快速的加减运算，其中有一些思维的技巧，但更多的是记忆力的训练，是长期“唱数”而获得的“种瓜得瓜，种豆得豆”的结果。孩子数学的学习，除了加减，还有时空、形体等，还有支撑数学学习的分析问题的方法，如“知什么”“求什么”“谁与谁比”的解题过程分析，这些珠心算是无法实现的。珠心算确实对小学初期的加减学习有帮助，但是四年级之后，在数学中的作用只能是提高加减的速度了。

我反对珠心算的主要原因，一是其超越了孩子的学习范畴；二是训练孩子套题不利于孩子思维灵活性的发展；三是生活中处处是学习的契机，孩子更需要学习这个年龄段应该获得的习惯，培养广泛的兴趣，保持活泼开朗的性格。就我目前的了解，还没有听说发展全面或学业好的孩子是学习珠心算的结果，反之，许多高年级优秀的孩子在小的时候并不出众，因为他们没有压力，他们有许多与自然、社会接触的机会，实现了生活中学习、社会中学习的愉快学习目标。

陈鹤琴先生有一句名言：“做中学，做中教，做中求进步”，幼儿园孩子就要在自然、社会的场景中，在游戏过程中快乐学习、快乐进步。

话题 5　怎样让孩子记住老师布置的家庭作业

孩子忘记做作业，一是因为任务意识不强；二是语言的理解力较弱。有很多的孩子知道有作业，但常常会忘记作业的具体内容或要求，对这些孩子，可以要求他们用笔把作业的要求记下来。如果孩子还不会写字，就从听、记、理解入手，如要求孩子在老师提要求的时候，仔细地听，听完后，在心里复述 3 遍。如果这个方法仍记不住，可以在听完要求后，说出老师的要求，用声音帮助记忆。再记不住的，可以用询问老师或同伴的方式记忆。

现在，孩子还没有入学，家长可以用布置小任务的方式训练孩子这方面的能力，如用复句的语言让孩子做事：“请你先到厨房把杯子放到饭桌上，再到客厅把茶几上盘子里的果壳倒进垃圾箱里。”孩子为了完成任务，必须养成认真听的习惯，时间长了，还会积极听，主动听。

话题 6　孩子坐不住怎么办

幼儿园大班的孩子，注意力保持的时间一般为 7—15 分钟，小学的一节课时间为40分钟，所以很多孩子上小学后觉得上课时间太长，就会注意力不集中，开小差。要想让孩子坐得住，应从坚持性入手。(1)家长可以先选择孩子最感兴趣的活动，观察孩子坚持活动的时间；(2)再选择绘画、看书或孩子不太感兴趣的活动，观察孩子坚持活动的时间；(3)将两个时间的均数作为目标(一般以10分钟为起始)，家长与孩子一同从事孩子不感兴趣的一类活动，如果孩子坚持下来，可以给予小小的物质奖励；(4)家长离开，让孩子自己玩不感兴趣的活动，并延长时间，成功了，再给予适当的小奖励；(5)鼓励孩子的进步，让孩子自己设定坚持的时间(20分钟左右，小学的课中段有放松活动)。

如果孩子没有在规定的时间坚持住，要有一定的惩罚，如事先答应的“本周内天天按要求活动并坚持×分钟，全家星期天到公园玩”，就取消。

话题7　怎样帮助孩子结交新朋友

孩子上小学，“没有朋友了”是他们的一大担忧。家长应事先了解家庭周围有没有与孩子同龄同校的邻居，设法让他们认识，入学第一天让他们一同上学。如果孩子因择校或其他原因周围没有同校的同伴，可以对孩子进行“主动出击”(主动结交新伙伴)的训练。

1. *主动介绍*。主动向欲结交的伙伴表达交友意愿：“我叫×××，我想和你做朋友，你愿意吗?”

2. *借物介绍*。以自己或对方的玩具为媒介，达成交友愿望：“我有一个小皮球，你愿意和我一起玩吗?”

3. *参与游戏*。以参加对方的游戏为由，结交新同伴：“你们的游戏真好玩，能让我和你们一起玩吗?”

话题8　孩子为什么总写错别字

这是因为孩子的观察不细致和空间知觉差造成的。孩子认字写字，要训练四个方面的能力，即观察力、空间知觉力、书写的规则意识、书写姿势等。观察不细致，会让孩子在写字时少(多)笔画，将“于”写成“干”；空间知觉不敏感，会将“毛”写成“手”，以及将间架结构搭错。

要提高孩子的观察力和空间知觉力，消灭错别字，可以通过以下的游戏训练解决：

1. 找不同。提供两种画面相近的图片，让孩子找出差异。

2. 模拟画。选择一些简单的线条画，让孩子临摹。

3. 看图摆图形。提供事先设计好的范例，让孩子用小棒等物摆出造型，要求是“和范例一模一样”。

话题 9　要不要让孩子提前学习小学的学习内容

不妥。我国九年义务教材的内容是根据学生的年龄特点和知识的逻辑性等要素编排的，让孩子在低年龄段学习高年龄段的内容，会让孩子对自己的能力产生怀疑，特别是对年幼的孩子来说，年龄越小，与上下年龄段表现出的差异就越大，越不适合超前学习，只能进行适当的预习。另外，如果提前学会了一年级的学习内容，上课时，孩子就会觉得“这是我会的，太简单了”，就不专注地听讲，等到二年级新内容出现时，孩子已养成了上课不集中听讲的习惯，再纠正就难了。

对一年级的新生来说，开始阶段的学习可以让他们有一个冲刺，发现小学与幼儿园的差异，进一步理解小学生的责任。

话题 10　孩子放学一人回家，如何防拐骗

让孩子记住两句话：“我不认识你，我不吃你的东西”“我不认识你，我不跟你走”。在教育孩子时，家长切不可过分渲染防拐意识，否则，孩子警惕过度，见了谁都以为是坏蛋，精神过于敏感，会导致不敢一人上街、不敢一人在家的结果。

在防拐教育上，家长向孩子介绍一些机智少年的故事，如用 110 电话报警，向周围人寻求帮助，迷路时向信赖的人求助等。

话题 11　为孩子准备什么样的书包

首先，要准备一个双肩背的书包。市场的书包很多，但不是全适合小学生的，在选购书包时，要考虑重量、大小、便捷的要素。如，书包的宽度最好选择和孩子肩宽差不多的，否则，会在视觉上产生压抑感。有些书包上有许多的口袋、网眼，不利于清洗，也容易让孩子被尖锐物钩住，造成危险。书包的打开方式最好能一次操作完成，即将书包放入抽屉后，如果再拿书本，不需将书包完全抽出，再打开盖，拉开拉链取书。那些翻盖式的书包，不适合低年级孩子使用。

话题 12　怎样让孩子产生上小学的热情

上小学是孩子人生道路上一个较重大的转折点。除了在物质上帮助孩子做好准备外，还要营造入学的情境，让孩子对小学产生向往，盼望早一点入学。平时，家长在和孩子的聊天中，要传递这样的信息："你长大了，就要上小学了，爸爸妈妈真高兴。""我们家要有小学生了，我们真开心。"让孩子知道，父母为自己的成长高兴，为自己上小学自豪。

有些孩子，对小学的认识依赖于表面，如上小学可以背书包、戴红领巾、自己到学校等。家长就应帮助孩子正确了解学校，知道小学是学习的地方，小学生是以学习为主的，要做作业，还会考试，要认真学习。

话题 13　家长如何才能不陪孩子读书

当孩子上小学后，很多家长感叹：天天要陪孩子读书，太累了。为什么要陪孩子读书呢？家长认为：(1)孩子会边玩边做作业，半小时的作业，一小时也完不成；(2)孩子做作业不仔细，会少做；(3)孩子做作业不认真，会做错。孩子在这样的环境下，也养成了"反正有爸爸妈妈在旁边，有什么不对的地方，他们会告诉我"的心态，一味依赖父母，做作业不检查，形成"家庭作业得红花，课堂作业得叉叉"的不正常现象。

要想从陪读中解放出来，让孩子养成良好的学习习惯，从上学的第一天起，家长就要"忍痛割爱"，从"陪读者"变成"旁观者"，告诉孩子：爸爸(妈妈)只负责检查你的作业做了没有，做对还是做错，是你自己的事情，你要认真做作业，仔细检查。同时，家长事先要和班级教师沟通，了解作业的时间量，每天要求孩子在规定的时间内完成。因为小学为了帮助孩子对学习感兴趣，也采取了多种激励措施，如表现好得 1 朵笑脸花，10 朵小笑脸花换 1 朵小红花，10 朵小红花换 1 朵光荣花等，作业做得不好，就会失去笑脸花。如果孩子依赖父母的检查而错题失去笑脸花，这种尝试错误的体验是深刻的，下次，他就会认真地按要求做作业。

第五章　幼儿园的园长
——引领家庭教育的方向

第一节　家长学校

如何教育孩子？对于首次做爸爸妈妈的家长来说是一个严峻的挑战，他们在教育子女的过程中会遇到众多的困惑，急切需要行家的指导与帮助，他们与自己的孩子一样，需要学习与提高。陈鹤琴在创办鼓楼幼儿园中，提出“最好由教师和家长共同组织一个团体，来施行学校与家庭联络的事宜，较为切实有效”。家长学校就是陈老建议成立的团体，可以帮助家长解决这些疑惑。

一、家长也来做学生

作为入园孩子的父母，他们共同的身份是家长，各自的职业却千差万别。所谓“隔行如隔山”，即使是教授，不是学教育专业的，在养育儿女过程中依然困惑重重。家长学校让父母也来做学生，通过科学育儿理念及知识的宣传、指导，帮助家长与孩子共成长。

（一）家长学校的成立

家长学校的性质为群众性团体，是由关心幼儿园发展的社会热心人士、家长、协作单位代表、社区代表、督学、教师代表、园领导代表自愿组成的非营利性社会组织。

家长学校的办学宗旨是，以《幼儿园教育指导纲要》和《3—6岁儿童学习与发展指南》为指导，全面贯彻国家的教育方针，团结和组织热心幼儿教育的社会各界人士，通过观察、调研活动，发现社会中教育的误区及本地区、本园幼儿教育中实际问题，提出科学的教育策略和理论指导，通过幼儿园与家庭的密切协作，指导家长在家庭中科学育儿，家园协力促进幼儿园教育教学质量的提高，实现促进儿童适宜的、最大化的发展目标。

家长学校的基本任务是，通过家长开放活动、日常观察、儿童反馈等，发现幼儿园在教学及管理上的共性问题，提出改革和发展的建议；通过举办专题讲座、沙龙、咨询等活动，帮助家长树立科学育儿的理念，了解相应的家庭教育策略；通过亲子活动、家长义工等方式，配合幼儿园开展有利于学前儿童健康成长的活动。

家长学校接受幼儿园行政、家长委员会的业务指导和监督管理。

（二）家长学校的活动组织及形式

家长学校是以家长为对象的群众性组织，成员为本园幼儿家长。

家长学校一般一年活动 6 次，每学期各 3 次。上学期一般是专题讲座、健康咨询、迎新年亲子游艺活动，下学期一般是专题讲座、教育咨询、家长开放日。除咨询活动是家长自由选择外，其他的活动家长是必须参加的，以保证其对幼儿园教育活动的了解、对孩子年龄特点的了解、对家园配合教育的了解。如果有些家长因为某些原因不能参加学习，幼儿园可以将学习的主要内容（讲稿、照片等）发到幼儿园网站，让家长自学。

案例分享

南京市鼓楼幼儿园家长学校工作要求及规范

为提高幼儿教育的整体效能，实现家庭、教育机构、社会资源的一体化，保证家长工作的规范化、系列化、科学化，促进在园幼儿全面发展，特提出本要求。

一、成立家长委员会

1. 每学年起始，幼儿园应通过家长会、网站宣传等形式，及时组织家长成立新一届的家长委员会(以下简称“家委会”)。各班级教师要根据家长的申报意愿，为家长出谋划策，积极推荐3名有能力、热心为大家服务的家长组成班级家委会，并推荐1名家长参加园级家委会。

2. 幼儿园行政领导和班级教师要积极支持家委会的工作，为家长提供准确的信息，协助家委会成员制订幼儿园和班级家长工作计划。

3. 家委会成员要经常和家长交流工作情况，在班级教师的协助下组织开展家园联谊和亲子活动，听取家长对幼儿园、班级工作的意见和建议，及时与教师交流，不断改进教学方式，提高教育成效。

二、建构家园通道

1. 建立家访制度。遵循“新生必访、老生随访”的原则，新生入园前教师必须对所有家庭进行家访，以后每学年对1/3的家庭家访。两天不来园的幼儿要电话了解情况或上门家访，特殊幼儿或突发事件应随时家访，并认真填写《家访记录本》，做好相关评价。

2. 设立“家长园地”。每个班级应在班级外环境的墙面上设立“家长园地”，每周更换一次，及时向家长介绍近阶段的教学内容、家长配合事项，提供与本班幼儿实际相关的科学育儿知识，汇报幼儿近阶段的发展情况。

3. 制作《幼儿成长档案》。《幼儿成长档案》是反映幼儿发展过程的纪实性素材，教师、家长应充分利用成长档案，使之成为家园联系的手册。教师要根据成长档案的内容按时、准确记载，每月发放到家长手中一次。家长也要利用周末，填写、记录相关的内容，了解孩子在园的发展情况，提出进一步改进的要求和建议。

4. 使用网络交流。幼儿园建有网站，设有“园长信箱”“论坛”等栏目，教师和家长可以利用网络咨询、交流，及时发布教育信息、活动纪实，还可以利用网络互相交流育儿过程中的经验和困惑。要利用“园长信箱”为幼儿园提供有益的教育信息，提出积极的改进建议，帮助幼儿园不断改进工作质量。

三、举办育儿讲座，组织多种形式的活动

1. 根据家长的需求和实际情况，家长学校每学期面向小、中、大班家长各组织一场家庭科学育儿的专题讲座。

2. 新生入园前，组织召开新生家长会，向家长介绍幼儿园的办学思想、课程设置、师资条件等，为家长选择幼儿园提供参考依据。

3. 每学年开展一次家长开放日活动，请家长观摩半天的教学、游戏活动，了解孩子在园的发展情况，为幼儿园教学活动的组织、管理提出合理化的建议。

4. 每学期组织一次家园联谊活动，如趣味运动会、新年游艺活动等。

5. 各班级每学期组织一次以上的亲子活动，如庆“三八”爱妈妈、才艺展示等。

6. 鼓励家长之间的自发性娱乐、游戏活动。

7. 鼓励家长到幼儿园做义工或兼职教师，为教学提供有独特价值的资源。

二、集中性学习

家长学校是向家长宣传科学育儿理念的课堂，有些幼儿园认为家长学校活动就是开家长会，内容无非就是介绍幼儿园的基本情况，最近要做什么，大家怎么配合。这是片面的认知。

一般来说，新生入园前的第一次家长集中性会议，属介绍型的家长会。园长向新生家长介绍幼儿园的历史、环境、课程、理念、教师队伍、收费标准等，让家长在基本了解的基础上，做出是否选择该幼儿园的决定。

孩子入园之后家长的集中性活动，就属学习型的家长学校活动了。学习型家长学校活动以专题讲座为主，以传递科学育儿理念为目标，以教育策略提供为方式，以达成家园合作为追求。可以是面向整个年龄段的共性主题，如各年龄段儿童年龄特点、习惯养成教育等；也可以是面向部分家长的个性专题，如隔代教育、让内向的孩子享受快乐等。

（一）科学育儿是主题

家长学校的活动一定要围绕科学育儿的主题，专题讲座的选题要随家长的需求而变化。如小班阶段专题讲座的选题就有“小班孩子的年龄特点”“同伴交往”“散养与圈养”“入园适应”“习惯养成”等，中班阶段专题讲座的选题有“中班孩子的年龄特点”“儿童的兴趣与需要”“让孩子拥有更多的伙伴”“知与行”“家庭领导方式与孩子的成长”等，大班阶段专题讲座的选题有“大班孩子的年龄特点”“养育受欢迎的孩子”“幼儿园与小学衔接的准备”“知识与能力”等，每年的选题应随家长的需求和孩子的发展实际而变化。

（二）主讲者需有理论有实践

有些幼儿园把家长学校的授课任务交给社会机构，社会机构虽有可选菜单，但理论脱离实际，或不具可操作性，或不具共性，往往不受家长的欢迎。

专题讲座的人员最好还是园长或幼儿园的教师。因为主题来源于孩子的实际，讲座必须与实际结合，才能让家长产生共鸣，产生下次还要学习的期盼。

三、分散性学习

除面对面集中性学习活动外，家长学校还可以采取小组研讨、家庭自学、论坛交流等方式学习。

（一）小组研讨

小组研讨可以是沙龙，可以是论坛，也可以是茶歇式交流。小组研讨的参加者是有共同话题的家长，由家长代表邀请主持人。主持人可以是班级教师、园长，也可以是园外专家，或有成功教育经验的家长。话题的产生要来源于家庭中的教育困惑，符合本班级、本园的实际情况。

因为是研讨，主持人在之前要说明规则要求，如人人发言、简明扼要、有理有据等。话题开始前，主持人要了解参与者困惑的背景，事先拟定与话题相关的问题，保证单位时间内研讨不偏题。研讨中，主持人要言简意赅地对精彩话语点评，达到小结的目的。研讨结束前，主持人还要总结，帮助家长在混乱的思绪中形成清晰的理念、方向。

案例分享

本学期的活动（论坛发布）

发帖人：家委会成员

园长已经答应为小一班举办一次育儿沙龙。由于园长很忙，能在百忙之中挤出一个晚上的时间给我们小一班的家长在孩子的成长教育问题上解惑答疑，机会真是很难得。园长建议，由于时间只能有一个晚上（安排在周末），为了让此次沙龙真正让家长们有所收获和让讨论有意义，需要确定一个主题（孩子爱哭怎么办、怎样培养孩子的自信心、怎样培养孩子的好习惯……）。为此，小一班家长们需要商讨出一个主题，此次沙龙就围绕这个主题进行。请家长广开思路，到时我们将进行统计，会就大多数家长关心的问题来确定主题。

回帖人：幼儿家长

我们孩子比较胆小，容易害羞，据说这都和孩子不够自信有关，所以我很希望沙龙主题能讨论“怎样培养孩子的自信心”，期待！

回帖人：幼儿家长

希望能讨论怎样培养良好的习惯。

回帖人：幼儿家长

“孩子爱哭怎么办、怎样培养孩子的自信心、怎样培养孩子的好习惯”，这几个主题都很想了解，能不能多选呀？

回帖人：幼儿家长

怎样培养孩子的自信心、怎样培养孩子的好习惯两个选项范畴都比较广，涉及面也大，一个晚上的时间不知够不够。建议就“孩子爱哭怎么办”来讲，范围小一点，便于讲全面点。

回帖人：幼儿家长

我想就4岁儿童的特点，针对行为习惯的养成，请园长谈点具体的措施。如：如何让宝宝静下心来聆听，静下心来观察，等等。

回帖人：幼儿家长

可能每个孩子的性格特点不一样，问题就比较多，我的孩子在人多或正式场合比较胆怯，可能胆小，再就是缺乏自信，所以我想听听“如何培养孩子的自信”。

回帖人：幼儿家长

非常好的机会，我积极参加。很想了解怎样培养孩子的自信和良好习惯。

……

发帖人：家委会成员

目前，有12位家长发表了自己的意见，汇总一下：

自信心培养有6人，养成好习惯有3人，培养孩子的专注力2人，情商培养（团队精神……）1人。我们再给家长们一些时间，请还没有发表建议的家长抓紧时间了，也可以发短信给家委会的3位家长成员。

（二）家庭自学

除了专题讲座外，家长学校还可以通过推荐书目，以自学的方式，让家长有目的地学习科学育儿的知识。如《家庭教育》（陈鹤琴著）、《成长的快乐》（朱运致著）、《给您一只金手指——父母教子百问百答》（江苏人民出版社）、《早期教育与天才》（木村久一著）、《教育漫话》（约翰·洛克著)、《儿童世界》(黛安·E.帕普利著)等。这些书籍大都有鲜活的案例，可以在修偏教育误区的同时，给予家长更多的操作性策略。

如2012年是陈鹤琴诞辰120周年，鼓楼幼儿园家长学校开展读书征文活动，鼓励家长学习陈鹤琴《家庭教育》，并借助陈鹤琴纪念馆、鼓楼幼儿园园史馆的建成，让家长进一步了解陈鹤琴、了解科学的幼儿教育思想。此次活动得到家长们的积极响应，家长撰写了200多篇读书笔记与感想。幼儿园专门将家长学习《家庭教育》读书征文活动汇集为《活教育》第2期(陈鹤琴诞辰120周年专刊)，发放给所有的家庭，让家长分享读书心得与育儿经验。

(三)“论坛”交流

有些通讯方式是单向的，教师可以给家长群发，但家长给教师的只有教师本人才能看到。而幼儿园很多问题是共性的，单向的交流既加重了老师的负担，还缺乏家长相互之间的沟通、借鉴。所以，双向互动的“论坛”就是很好的载体。

“论坛”以不受时间、地点、人数制约的优势，使育儿交流更具个性，可以指导和帮助家长解决所面临的最实际问题，如“孩子为什么不愿意上兴趣班?”“请教，关于孩子非常内向的性格”……这些问题除老师解答外，家长之间还可以交流，研究、探讨的时间可以不断延续。如题为“我不想上幼儿园”的讨论历时5个月，40多人参与交流，共同就减缓孩子学习压力问题出谋划策，近两千人的浏览量又让还没有出现状况的家长能提前预防。如“渐臻佳境的书生活”介绍了孩子读书的经历，在记录孩子阅读的同时，也向其他家长推荐了几十本优秀低幼读物。

第二节　家长委员会

2012年2月《教育部关于建立中小学幼儿园家长委员会的指导意见》颁布，标志着中小学幼儿园家长委员会建设工作全面展开。《国家中长期教育改革和发展规划纲要(2010—2020 年)》也明确提出,要“建立中小学家长委员会”,以“完善中小学学校管理制度”,并最终达到完善“建设现代学校制度”的目标。

一、家长委员会的组织

家长委员会是现代学校制度中必不可少的一个子系统,家长集体教育参与权的回归是家长委员会的本质所在。作为一种特殊的公民自治组织,家长委员会具有双重特征:依附于幼儿园而又独立于幼儿园。只有家长委员会与幼儿园形成目标一致的合作伙伴关系,才能真正发挥推动幼儿园教育改革、促进儿童发展的作用。

(一)什么是家长委员会

家长委员会就是由家长代表组成的群众性自治组织,与学校沟通,关注孩子的教育。家长委员会是增进幼儿园与孩子、家长之间沟通的桥梁。家长委员会代表全体家长参与幼儿园民主管理,支持和监督幼儿园做好教育工作,也是幼儿园联系家长的桥梁和纽带。

(二)家长委员会成员的产生

家长委员会分园级家委会和班级家委会两级,班级家长委员会成员每班 3 人,园级家长委员会成员每班 1 人。

通常幼儿园的家委会成员由班级老师推荐,老师凭感觉找寻有能力、热心为大家服务的家长,说服他们承担家委会工作。但教师单方面选择会将一些诚心想为集体服务,又有时间与精力的家长排除在外,个别班级还曾出现非家委会成员承担家委会工作的现象。

为了让所有的家长了解家长委员会成立的信息与要求,幼儿园或班级可以通过家长会、网站宣传等形式,及时发布家长委员会招募信息,发动、组织家长成立新班级的家长委员会。因为网络 24 小时全天候动态开放,各班家长能清楚地知道家委会申报的要求和责任、义务,了解家委会开展活动的最新动态,参与的主动性、积极性将大大提高。

案例分享

家委会成员征集了（论坛发布）

班级老师发帖

为充分发挥家庭教育的作用，及时改进与完善小二班各项工作，协调家庭教育与幼儿园教育的和谐发展，促使家园双方密切联系，形成合力，为孩子今后发展奠定坚实基础，特成立小二班家长委员会。

请爸爸妈妈们积极报名参加哦。

家委会成员人数为3人，应具备以下几个条件：

1. 有时间，并且热心为大家服务；

2. 应有一定的组织能力、语言表达能力和善于沟通的能力；

3. 应具有正面积极向上的心态，具有爱心、责任心和为孩子、为家长、为幼儿园热心服务的奉献精神。

主要职责：

1. 家园和谐沟通的桥梁，携手支持班级和谐发展，建立“彼此支持，相互信任，相互理解，互利互助”的家园共赢合作平台。

2. 积极参与班级亲子活动、传统活动和节庆活动的策划、组织工作（如后勤采购、经费结算、场地布置等）。

3. 积极协助班级办理班级自身难以解决，而家长又有优势可以发挥特殊作用的有关问题（如提供活动全程拍照工作等）。

家长跟帖

各位妈妈们：

只要有一颗为孩子们服务的热心和相对宽裕的时间来完成一些活动准备就可以了。孩子妈妈工作之余最大的乐趣就是上论坛，关注班级情况，看看孩子一天生活学习就什么辛苦都没有了。

相信每位妈妈都是一样的心情！加油报名哦！

二、家长委员会的管理

作为家庭与幼儿园之间联系的桥梁和纽带，家长委员会对增进家庭和幼儿园间的信息传递，整合、提升家庭和幼儿园的教育资源，形成教育合力将起到巨大的促进作用。

在参与中央教科所“基础教育阶段现代学校制度的理论与实践研究”中，我们发现随着时代的发展，整个社会对幼儿园的要求越来越高，但家长委员会管理中的不足也日益显现：活动重形式和结果，家庭成员介入幼儿园教学过程少，社会及家庭资源未充分挖掘，家长的知情权、参与权、表达权与监督权未保障。只有改进管理，才能让家委会工作适应时代需求，提高幼儿园管理效能，幼儿园才能不断焕发出勃勃生机。

（一）给家长话语权、决策权

如果把家长参与幼儿园管理按层级分，可以有五个层级：

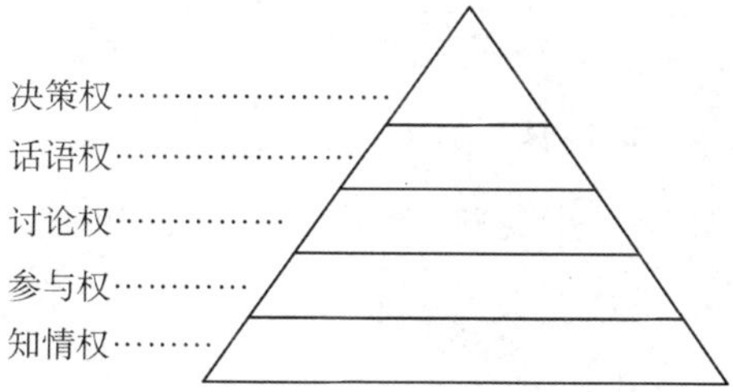

一般幼儿园家长参与园所管理的大多集中在下面的四个层级，如到幼儿园参加半日活动（知情权）、参加家长义工活动（参与权）、讨论家长学校活动内容（讨论权）、参与论坛交流（话语权），但在决策层面上参与幼儿园教育和管理的少。参与决策可以给家长心理认同感，使他们感到自己是幼儿园中的一员，从内心认可幼儿园，从而自觉承担起相应的责任和义务。

为让家长有决策权，我们通过让家长自由选班、邀请家长参加幼儿园五年教育发展规划制定讨论、参加幼儿园伙食管理委员会、参加幼儿园教工大会等，让家长了解幼儿园的管理，并根据现状提出自己的诉求，参与决策。

如在2012年教育系统行风评议活动中，幼儿园将政风行风公开承诺在幼儿园论坛总置顶，接受家长和社会的监督（家长回复23次，浏览量4 723次）。之后幼儿园向家长发放行风评议问卷调查，618份问卷共收到38人次21条意见和建议。幼儿园将家长的意见、建议汇集整理成自查自纠表，积极改进工作方式。之后，幼儿园专门召开行风评议大会，家委会邀请100多位家长代表为行风监督员，听取园长代表幼儿园所作的行风述职报告，行风评议员现场对幼儿园依法办事、规范收费、办事公开、服务质量、清正廉洁等方面打等第评价。这样的参与方式不仅拉近了幼儿园与家长的距离，也让家长们有了大家庭的归属感。

案例分享

教育系统行风评议活动家长问卷调查表

各位家长：

为进一步加强教育系统政风行风建设，根据市区教育局政风行风评议的有关要求和《鼓楼区2012年民主评议政风行风工作意见》，结合“创先争优”活动和工作实际，幼儿园做出公开承诺（该承诺于5月14日在鼓楼幼儿园论坛园长专区公示）：

一、规范教育收费

1. 加强幼儿园收费管理，严格按规定执行收费标准。

2. 加强对幼儿伙食费使用监管，确保无违规乱收乱用经费行为。

二、规范办学行为

1. 加强招生工作管理，认真执行幼儿园班额管理规定，力争招生秩序平稳有序。

2. 提高保育教育工作科学性，坚决防止和纠正“小学化”倾向，确保幼儿园保教工作更加尊重幼儿年龄特点。

三、落实民生关怀

1. 严格执行幼儿助学券政策，不断完善工作机制，确保每一个符合条件的在园幼儿应享尽享。

2. 加强幼儿园安全管理，进一步完善措施和应急预案，确保师生在园安全。

为了总结经验，保持特色，克服不足，园领导真诚地向各位家长作问卷调查征求意见，请您协助我们填写下表，作为我们评价和改进工作的依据：(以下内容可以任意选择打√，数量不限)

1. 您的孩子在________班，孩子在幼儿园，您最关心的方面是

① 生活照料是否细致　② 能否吃饱、吃好　③ 是否安全

④ 卫生状况如何　⑤ 是否得到老师的重视与关爱

⑥ 和同伴相处是否融洽　⑦ 能力、习惯是否得到培养

⑧ 情绪是否愉快　⑨ 能否获得全面发展

⑩ 智力是否得到提高

2. 班级的教育工作中，您认为做得好的方面是

① 晨间的体育锻炼　② 墙饰　③ 家长工作　④ 数学活动

⑤ 语言活动　⑥ 社会活动　⑦ 音乐活动　⑧ 美术活动

⑨ 体育活动　⑩ 游戏活动

3. 班上的3位老师，

您对__________老师工作是：①满意，②基本满意，③不满意。

__________老师工作是：①满意，②基本满意，③不满意。

__________老师工作是：①满意，②基本满意，③不满意。

您对班级的总体保教工作是：①满意，②基本满意，③不满意。

4. 在我园的其他工作中，您认为做得好的方面有：

① 教育环境　② 绿化　③ 伙食　④ 家园联系　⑤ 卫生保健

⑥ 师德教育　⑦ 依法办事　⑧ 设施安全　⑨ 收费规范

⑩ 校务公开

5. 您觉得孩子所在的班级应在哪些方面改进工作方法，提高保教质量：

6. 您觉得我园应在哪些方面改进工作方法，提高保教质量：

____

（二）理顺家长学校、家长会、家委会组织的活动之间的关系

新小班的家委会组成后，因为缺乏经验，家委会常会处于无人问津的状态，家长有了需求无处反映，最后家委会又成了老师主管的组织，这是一定要避免的。最好的办法，就是在新小班开始，就让家委会成员牵头组织一个类似于相亲的亲子活动，通过有趣的游戏了解班级各家庭的成员，教师搭台家委会唱戏，能够让家长很快认同家委会成员，家委会的纽带作用就能正常发挥了。

家长把孩子送到幼儿园，除了对幼儿园的信任外，还迫切期望了解幼儿园的各类信息。幼儿园接收了孩子，除了教育孩子外，也迫切期望知道家长对幼儿园及班级工作的意见。班级老师就可以利用家委会的媒介定期向家委会汇报班级工作状况，指导家委会制订工作计划，协助家委会开展适宜的活动。

通常，每学期第一次家委会组织的活动与家长学校讲座、班级家长会依次进行，因为参加活动的家长基本为父母，人比较全。在幼儿园组织的家长学校活动之后，接着召开班级家长会，班级家长会后家委会再继续活动。

为让家委会充分行使参与、决策的权利，班级家长会上的重大事项老师需事先与家委会成员商议，如床铺的安排、“六一”表演的人员等，凡涉及公平性的问题和家长比较敏感的事情，请家委会拿出备选方案在家长会上讨论，以体现民主、公开的思想，避免个别家长把不满指向教师。

家委会组织了活动，家委会成员或老师还要做活动记录，以分析活动的成功与不足，作为下次活动调整的依据。

案例分享

家长学校活动记录表

班级：________　　　　　　　　　　　　　　时间：____年____月____日

内容		地点		人数	教师： 家长： 幼儿：
活动目标					
活动情况					
效果					
备注					

（三）完善家委会相关制度

现代学校管理制度的研究成果表明，开放的管理方式能获取更多的教育资源，得到更准确的发展建议。家委会作为以家长为主体的群众性组织，人员会经常发生变化，所谓“铁打的兵营流水的兵”，孩子毕业了、入园了，家委会成员随之变换。因此，制度的建立十分必要。制度可以让家委会规范运作，也能形成家园共育更适宜的氛围。

案例分享

鼓楼幼儿园家长委员会章程

第一章 总则

第一条 鼓楼幼儿园家长委员会(以下简称“家委会”)是由各班家长代表组成的群众性组织。家委会在园长的指导下开展工作。

第二条 家委会的主要任务是:帮助家长了解幼儿园的工作计划与要求,协助幼儿园工作的开展,及时反映家长对幼儿园工作的意见和建议,协助幼儿园组织交流家庭教育的经验。

第三条 家委会的具体工作是:

1. 协助幼儿园顺利完成保教工作,参与教育管理的重大决策讨论。

2. 注重提高全体家长的家庭教育水平,动员家长们积极学习科学的育儿知识,并与班级教师配合,共同提高科学育儿的质量。组织家长之间的经验交流活动,热情为全体家长服务,指导家长开展各项科学育儿的活动。

3. 听取、联系、反映全园家长所关心的问题,如师德、保教水平、教育质量、幼儿发展水平等,对信息进行归纳、统计、分析,采取口头交流、书面建议、园长信箱发电子邮件等多种形式,将急需解决的问题、意见提供给园领导和老师,促进幼儿园各项工作的改进和提高。

第二章 机构组成及职责

第四条 家委会

1. 家委会成员由家长个人申报,教师和家长推荐产生(一般为每班 3 人),家委会成员应具备以下条件:

(1) 具有较高的文化修养和素质;

(2) 热爱幼教事业;

(3) 愿意为家长服务;

(4) 有一定的组织能力和群众基础；

(5) 具有积极参与、乐于奉献的精神。

2. 家委会选举主任1名，副主任2名，组成主任委员会，原则上每个年级推荐1位家长代表组成。其主要职责如下：

(1) 及时与园长沟通工作信息，共同研究解决每学期需要重点解决的问题，促进家长与幼儿园之间的配合与理解；

(2) 每学期与园方共同召开家委会全体会议；

(3) 支持家委会的日常工作；

(4) 完成其他有关工作。

第五条　家委会每年换届一次，换届时间一般在每年9月份。

第三章　评比　表彰先进

第六条　家委会积极参与、配合幼儿园每年"六一"前夕开展的评比活动，对家长工作成绩显著的班级及家长，在"六一"时隆重表彰，予以鼓励。

第七条　家长工作先进班组评比的条件是：

1. 班级家园联谊、亲子活动、育儿经验交流多，效果好；

2. 家长积极介入幼儿园的教育教学，为班级教育提供有意义的资源；

3. 积极参加幼儿园大型的活动，支持幼儿园的各项活动；

4. 家长之间团结，遇到问题能用理性的方式解决。

第八条　优秀家长的评选一般由各班家委会与老师共同讨论推荐，上报园长室后，在园家委会会议上讨论通过。

优秀家长的评选条件是：

1. 热心为家长和班级服务，为了大家勇于付出自己的精力、时间；

2. 积极配合幼儿园的教育教学活动，有关心班级教育活动的突出事例；

3. 有较丰富的育儿经验。

第四章　经费

第九条　班级家委会可以根据班级的活动成本，在得到园家委会许可后，按活动的实际需要向本班家长收取一定的活动经费，也可预收一定的活动经费，以便有效地开展班级内的各项活动。无论何种收费方式，都要向家长解释说明经费的用途和使用计划。收费及经费开支需专人专办、专人专管，必要时向家长们公布，并将开支明细存档保留3年。

第十条　由家委会组织的各项联谊、联欢、竞赛评比等社会性活动，其经费由家委会通过收费方式解决。

第十一条　家长在开展各项活动中，要力求做到精打细算，提倡勤俭节约，反对浪费。

第五章　附则

第十二条　本章程自家委会会议通过之日起执行。

第十三条　本章程可视情况由家委会会议进行修改补充。

第十四条　本章程的解释权在家委会。

第三节　用论坛架设家园沟通的桥梁

在现代经济快速发展的时期，网络已成为快速、便捷的通讯方式。利用网络优势弥补家长工作节奏快、时间紧、与幼儿园面谈机会缺乏的不足，弥补园所之间距离遥远、教师之间沟通缺乏的缺憾，在网络的论坛中召开“教师家长会”“家园沙龙”“管理沙龙”，用网络架构串联园所，以论坛搭建桥梁，让家长了解幼儿园的管理、参与幼儿园的管理，让老师更全面地了解相互的信息，对幼儿园科学管理全局无疑是极好的方式。将幼儿园从平面空间变成立体通道，以此寻求更多的可利用资源和合作环境，提高教育教学质量，是现代幼儿园家园联系的新方式，也是家园共育的新策略。

一、幼儿园与家庭都需要听到对方的声音

近年来，为了改变因教育资源不均衡造成的“入园难”“入园贵”等问题，政府倡导“以示范园为龙头，促进幼儿教育优质、均衡发展”，“加大幼儿教育资源整合力度，形成以公办幼儿园为骨干和示范，公办、民办幼儿园共同发展的良好格局”。在此策略的号召下，很多幼儿园集团化办学，“一园多址”，满足了家庭与社会对优质教育资源的需求，但也带来了矛盾：幼儿园办学地点增加了，幼儿人数翻番了，面对的家长也发生了教育背景、价值追求不同的重大变化。因为园所数的增加，园领导无法每天与所有的家长见面，直接听取来自家庭的声音；教师之间无法每天见面，获知各自的教育心得与感悟；家长更因工作的原因无法每天来园与教师交流，了解孩子发展的状况……

网络帮助幼儿园与家庭解决了这一难题，使家庭、幼儿园、社会对孩子的教育相互配合，形成完整、协调的教育过程，有效地促进了孩子的健康成长。

二、家园网络互动需创设平台

1. 高速通道。在集团化管理的各个园所建校园网，接入宽带，实现了与外界的快速联接是前提。由于通讯技术的更新换代，在使用的过程中，还要不断对校园网以及与外界的连接进行改造，通过增加分配器、将服务器改路由器等，提高速度与稳定性，为校园与外界的联络提供保证。校园网的使用使幼儿园成为真正意义上的现代化幼儿园，不仅日常工作效率能大大提高，管理水平也可日益规范、科学，家长、教师肯定欢迎。

2. 硬件设备。硬件设备的添置是完善网络，实现家园沟通、园所互通的物质基础。幼儿园应为所有班级、科室配备电脑，以实现“处处能上网、人人会上网”的目标。网络交流需要影像资料，有条件的幼儿园配合

上传图片、录像的需要，可以为每个班级配备一台数码相机。由于教师通常是在活动的瞬间抓拍，对相机的要求是简便清晰，要购买防抖动、具有短时摄像功能的数码机，为老师的操作提供方便。为了方便网络传输，幼儿园还可购置带硬盘的摄像机，拍摄后不需编辑就可以直接在网络中链接，方便家长的及时观看。

三、论坛功能的开发与利用

1. 全开放论坛。封闭式论坛只能让在册的家长凭密码实名登陆阅读，既不能实现社会影响，也不能让家长畅所欲言。开放式的论坛不受地域、网名的限制，能让家长说真心话、提出有远见卓识的建议。

2. 版块排列。作为家长，最关心的管理话题有三类，一是孩子在幼儿园的安全问题；二是教师给予的保育照料问题；三是孩子学习成长的环境问题。随着孩子年龄的增长，家长对这三类话题的关注也将会从前至后发生变化。为了让家长对这三类话题有讨论交流的地点，可以将论坛分成四大块：园长专区、保健专区、综合专区、班级专区，这样，家长可以根据自己的需求选择进入参加讨论交流。为了保证网络管理上的协同发展，除个性化版块外，栏目设立时可以将园所的所有班组按年级组的顺序依次排列，既缩短了教师因园所距离产生的隔膜，也便于家长及时了解各园所之间的活动。

3. 版块作用。在四大版块中，"园长专区"是发布幼儿园重大信息事件和接受家长管理建议的主要场所；"保健专区"是发布幼儿园保健信息和提供保健指导的场所；"综合讨论区"是家长之间交流和育儿敏感问题讨论的场所；"班级讨论版"是各班级发布近期教育信息、提供孩子发展实况、家园沟通交流的主要场所。各版块的版主由班组长承担。在每一个专栏，登录的家长随时可以发表自己的观点，提出自己的疑问或建议。

4. 发布信息。论坛论坛，只有讨论交流才是论坛，否则就是新闻发布中心。要让家长们愿意交流，从客人的角色中走出来参与交流，幼儿园就要把发布有意义的信息作为吸引家长发言的源头。如小班新生准备入园，可以公布各班级教师名单，介绍教师的特色和风格，请家长自选教师。这样，家长关注度增加了，新生家长注册人数自然增多。

5. 回复帖子。幼儿园的工作十分繁忙，教师大多是利用业余时间上网、发帖。教师浏览帖子，可以了解本班家长的需求和关注点，及时调整教育的重点或及时与家长沟通，减少不必要的误会。凡是教师上网时间长、发帖多的班级，家园沟通就好，家长的满意度也高。如有一个家长发帖对孩子在幼儿园受到别人的攻击提出看法，教师就将孩子的年龄特点和现有的教育策略张贴在网上，很多家长也根据自己的理解提出对攻击性行为的看法，最后，引发了全园性的讨论。众多的家长在看帖、回帖的过程中了解了科学教育的要求与规律。对于家长们普遍关心的话题，管理员和超级版主可以用置顶的方式处理，方便家长的阅读。

6. 管理人员。论坛是空中的24小时幼儿园，需要管理与维护。管理员、版主是必不可少的人员。为了便于论坛的管理，要在教师中选择“骨灰级”人员担任管理员，在后台管理上能按照行政的要求及时操作，如新学期的版块调整等，保证了论坛的高效运行。论坛主要由三类人员参与管理，首先是由园长亲自担任的超级版主，负责按照课题研究的需要提出论坛构建、调整的设想，然后由管理员进行后台操作，最后由班组长任版主，具体负责本版块的互动。超级版主可以对所有界面的帖子做编辑、删除、关闭处理，版主只能对自己辖区的帖子做相关处理。管理员可以查看所有成员的基本信息，为管理提供依据。

案例分享

网络家园互动带来的变化

1. 对家园互动意义的正确认识

从幼儿园建立校园网起，老师们的网络热情随着网络技术的提高而衰减。为了帮助大家提高对家园互动的认识，我们专门在暑期教师培训中开展了有关网络家园互动的辩论，题目是“为了建立良好的家园关系，幼儿园建立了多种交流的渠道，育儿论坛就是交流的方式之一。幼儿园提出每个教师每人每天至少发两帖。正方：‘太少了！’反方：‘太多了！’”正方与反方的观点代表了所有人的疑惑与思考。在辩论中，正反双方以自己的理解和经验表达认识，随着辩论的深入，大家对网络互动的认识也不断提高。现在，每天上网成为大家的习惯，及时发布班级重大信息、传递幼儿在园的学习状况也成为老师们的自觉行为。

2. 让家长参与幼儿园管理

家长每天进出校门，每天和孩子交流，每天获得各种教育信息，容易发现与幼儿园相关的管理问题。如2008年开学一周，分园就出现了因两例手足口患儿导致全班孩子停止入园两周的事件，一家长就非常担心，在网上化名“新生”，对幼儿园的卫生管理提出质疑：“聚福园分园的管理与其他设施以及提供的服务比本部差很多。”我们就将幼儿园相关消毒制度与规章公布在网上，打消了家长的顾虑，也增强了我们加强卫生保健工作的责任心。此后，我们召集相关人员分析工作中的流程，细化管理中的职责，保证了规章制度的具体落实。

3. 让管理更加透明化

每学期，我们都将幼儿园的一些管理策略公布在网上，如“家长学校计划”“家委会名单”等。以前，家委会的产生都是教师征求家长的意见，主动方在教师。现在，教师将家委会的信息发布在网上，由家长自愿申报，主动方就是家长。每年幼儿园新生分班是家长关注的焦点，托人选班、选老师络绎不绝。为了让管理公平公正，我们把过去的园长分班变为家长选班。当各班组人选确定之后，我们就在网上公布班级人员基本信息，介绍各个教师的特色和风格，让家长根据自己获得的信息和需要为孩子选择班级。这样的选班我们已经尝试了9年，效果非常好，得到家长的充分肯定。

4. 开展网上科学育儿的讨论

新学期新生还未入园，一位新生家长就化名“想说真话，所以匿名”发了多个观点激进、言辞犀利的帖子，如“谈谈孩子的入园经历”“进鼓幼的目的”“还是少SHOW自己的孩子吧”“你小时候被老师家访过吗?”等，众多家长纷纷跟帖，论坛一时剑拔弩张，最后以“人肉缉拿”收场。在这次讨论中，很多新生家长印象深刻，他们在对话、对峙中，深刻感受到家庭在孩子成长中的重要性，明白了教育孩子是幼儿园与家庭共同的责任。除了这样的讨论之外，各个专区还有“走进音乐之门”“早期阅读讨论区”等沙龙，更有家长在论坛设立了孩子的成长记录专栏，如“孩子的那些事……”“孩子的读书生活”等，帮助家长了解孩子的年龄特点和发展水平，正确分析自己的孩子，实现共同交流、科学育儿的目标。众多家长在论坛中，通过大量的案例分析，掌握了科学育儿的理念与方法，实现了家长与孩子共同成长。

5. 呈现了多样化的交流方式

对于家长来说，十分希望了解孩子在园的实际情况。我们在网络中除了新闻发布外，老师还上传大量的活动照片，让家长看到孩子活动过程。如“小班入园适应”是家长非常关心的话题，老师就将孩子每天在幼儿园生活、游戏的场景第一时间传到论坛让家长欣赏，解除家长的焦虑心情。每年4月，我园大班幼儿都要开展“到农村去”社会实践活动。我们就在“网络即时在线”连续报道了孩子在农村的最新信息，在两天的时间里，把小朋友们拾稻穗、采茶、挖山芋、参观蔬菜大棚、走访农家、组织篝火晚会等丰富多彩的活动在第一时间一一传递给各位焦急的家长。“在线播报”年年创造在线人数、发帖数新记录。每次活动后，家长们都称赞我们利用网络及时传递信息，抚慰了家长焦虑的心情，对网络在教育中的作用给予了高度的评价。

6. 促进了教师的专业成长

论坛像无声的领导，评价着教师的水平，引领着教师的发展。以前，我们有众多的岗位细则、规范约束教师的教育行为，但教师并不十分看重，因为这些评价只是领导在做。而论坛的评价则将条例、规范推到教师的面前，将教师过去的"领导要求"变成"家长要求"。教师们更加关注论坛，关注家长的需求，了解社会的需求，规范自己的日常行为。在"关于教师的专业成长"等话题中，我们都能看到这样的教师成长痕迹。

网络串联已将幼儿园各个园所、幼儿园与家长、家长与家长更加紧密地联系在一起，我们期望让网络论坛成为传承陈鹤琴教育思想的新阵地，让网络论坛成为促进孩子发展、促进幼儿园发展、家园共育的新型助手！

第六章 幼儿园的老师
——家园沟通的方式

家园共育过程中存在着教师和家长“双主体”,两者地位平等。双方应本着互相尊重的原则,就幼儿发展的需求进行充分的沟通。家长对一所幼儿园的评价先源于班级教师对自己孩子个体的态度行为,而后扩展到班级整体的管理行为,最后关注到幼儿园整体的文化、氛围。因家长不能全日跟踪观察孩子在幼儿园的生活、表现和发展,因此家园沟通的焦点就是孩子在幼儿园中的情况。孩子在园情况如何,老师更有发言权。老师言语的态度、口吻和内容在一定情况下也左右着家长的认识和态度。幼儿园的老师面对班级中几十个孩子,怎样才能做到让每一位家长都能感受到老师对自己孩子的关注、关心、关爱呢?如果在日常工作中能够灵活运用一些家长工作的策略和方法,会让我们的家长工作开创新局面,迈向新台阶!

第一节 家长工作的八个策略

每一位工作多年的老师都能够深深地感受到家长工作的重要性。家长工作虽不是幼儿园工作的大部头,却能大大影响到幼儿园的声誉和老师的心情。

老师和家长是密切配合的关系,在这样的关系里会出现良性循环:家长配合、老师努力,大家成为互相帮助的朋友,皆大欢喜。也会出现恶性循环:家长有意见,老师对于家长的反应也有意见,双方产生矛盾。其实,在芸芸众生中,一个孩子做了自己的学生,一个家庭和自己有了交集，这是一件很有缘分的事情，这样的相逢本身就是很美妙的歌曲，动听与否很大一部分取决于老师的行为，因为没有一个家长不希望和老师建立良好关系。良好的家长工作不是一味地迎合家长，不是流于表面的夸奖和赞美，而是扎扎实实地工作，坦坦荡荡地与家长对话、相处。

一、真正将每一个孩子放在心里

一个家庭选择了一所幼儿园，相信在前期对是其有所了解和认同的，因而对于直接和孩子产生密切关系的班级老师来说就是有所期待的。当然“一千个读者会产生一千个哈姆雷特”，所以家长对于老师的期望侧重点也是不一样的，但是万变不离其宗，这里的“宗”就是“爱孩子”。在家长的内心中，无论是年长的老师还是年轻的老师，无论是业务能力强的老师还是一般的老师，最重要的一点是这位老师有没有爱心，是不是将孩子放在自己的心里。首先是喜欢自己的孩子，其次是喜欢所有的孩子。这是家长最本质的需要。

对于老师来说，选择并从事这样的一份职业，内心也一定是喜欢孩子的。但是老师们经常会有自己特别喜欢的一个或几个孩子。老师的言语、表情、和孩子的互动交流都会明显表现出对这些孩子的偏爱。这就是一个定时炸弹，伤害了另外大部分孩子和家长的心。家长们经常会在家里问孩子：“你最喜欢哪个老师？”“你觉得哪个老师最喜欢你？”“你觉得某老师最喜欢哪个小朋友呀？”这样的问题是家长判断自己的孩子在幼儿园是不是被老师所喜欢、心情好不好的依据之一。如果孩子经常说：“某老师最喜欢某某某。”那么家长的内心已经将老师划归为潜在的“敌人”了。家长觉得老师没有认可自己的孩子，老师有些偏心。当然这并不是要求老师一定要让所有的家长觉得老师最喜欢自己的孩子，老师也很难做到这一点。但是公平地将每个孩子放在心中，不过多地表现出对某一个孩子的偏爱，这是能够做到的。

案例分享

小班的时候，老师为了给小朋友树立榜样，经常会当众表扬一个表现好的女孩子妮妮。在与其他家长交流的时候，有的家长说："我们的宝宝回去说，老师最喜欢妮妮，她表现最好，老师经常表扬她。"这样的话在幼儿园中其实经常听到。但是，深入分析家长说这样的话的动机，也会隐隐感觉到家长的不安：(1)孩子很失落，老师不认为他是最好的。(2)孩子在幼儿园没有得到肯定，所以自信心不够，心中有羡慕和伤心。(3)老师只关注到了个别孩子。反过来老师认为："这是激励大家都表现好的方法，如果你表现好也会得到表扬的。"这里，老师是把孩子放在一个同样的评价体系中进行观察、比较，而孩子的个体是有很大区别的，家长眼中最先关注的是自己的孩子。老师的正确做法应是调整好表扬的重点，有的孩子吃饭好，有的孩子睡觉好，有的孩子谦让，有的孩子爱回答问题，有的孩子关心同伴，有的孩子帮助老师。这样每个孩子的优点都能够显现出来，家长也为觉得老师发现了自己孩子的闪光点而感到欣慰。

二、把握家访时机

在幼儿园的工作中，每年都有一次家访的机会，一般是新生必访，老生随访。对于新生来说，家长和老师的关系还很陌生，不太了解幼儿园的运作流程和老师的带班方式。在这样的情况下，老师要抓住家访时机，将孩子上幼儿园之后可能会出现的情况和家长需要配合注意的事项尽可能说清楚，防患于未然。家长也会从比较模糊的状态中解放出来，从而感谢老师的细心。

三、拥有良好师德，拒收礼物

家长选择了幼儿园和老师，总是希望老师能够对自己的孩子更加关注一些，因而送老师礼物以求照顾，同时也担心：万一别的小朋友家长都送了，而自己没有表示，老师会有想法。这是正常的心理。但是作为老师来说，收受家长的礼物不合乎师德，更是使自己陷入了被动局面：对孩子照顾多些，家长会在内心认为这是因为自己送了礼物的原因，老师是势利的；对孩子关注一如既往，家长又认为老师怎么不懂"规矩"？正确的做法是所有家长的任何礼物一概坚决婉拒并微笑着说上一句："心意老师领了，所有孩子的礼物我们都不收，大家是一样的。"这样家长就放心了，反而对老师更加敬重，并觉得幼儿园的管理非常规范。

案例分享

旺旺小朋友是新学期转来的新生，老师在开学前约旺旺的爸爸妈妈和孩子到幼儿园里来熟悉环境。旺旺一家如约而至，一番介绍熟悉以后，旺旺爸爸掏出两本书来客气地说："老师，这两本书是我写的，才疏学浅，还望两位老师不吝赐教。"老师也很客气地说："哦！不敢当，我们好好学习一下，不需要两本，留一本老师们轮流看就可以了。"旺旺爸爸坚持一位老师一本。老师感觉有异，就当着爸爸的面打开书说："先拜读看看是哪方面的著作。"打开以后发现里面夹着一张超市购物卡，老师随和淡定地把卡取下来放进孩子背来的包中说："您的大作留下一本，我们学习。其他的心意我们心领了，但是您别客气，每个孩子都是不收礼的，大家一样。"旺旺的爸爸当时表情有点小小的尴尬。老师笑笑摸摸旺旺的头说："小伙子，很不错，老师很喜欢。以后我们的工作还要靠你们的大力协助支持呢！"旺旺一家走了以后，老师收到旺旺爸爸发来的短信："老师您今天的举动实实在在给我上了生动的一课，让我们很意外也很敬佩！您是我30多年中唯一没有送出去礼物的人。由此可见贵园管理的规范和老师的高素质，钦佩之余更加庆幸自己为孩子转学的行为。相信我的孩子在老师的教育之下一定会更加出色，以后班级中有需要我们家长出力的地方尽管说，我们一定全力配合。”

四、学会换位思考

对于同一个问题，家长有家长的立场，老师有老师的角度，因而处理起来会产生不一样的想法。对于家长提出的一些额外要求，老师要做两点分析：第一，这个要求是不是损害了其他小朋友的利益，对其他人公平吗？如果不公平要学会婉拒，并提出新的解决方法。第二，家长为什么会有这样的想法？老师能够从家长的角度来看待问题，设身处地地为家长着想则会受到家长的欢迎。

案例分享

南南的爸爸开学以后对老师说：“老师，我看南南的座位在半圆形的边上，我担心老师上课的时候，他看黑板或是教具，经常斜看，对眼睛不好。老师能不能给他调个座位，坐到老师对面呢？”老师能够理解这位爸爸疼爱孩子的心理，但是他只考虑到自己的孩子，没有关注到其他的孩子。老师给予的答复是：“我们也注意到边上的小朋友看老师手里的东西会有些不方便。不过您放心，老师上课的时候，座位是会有调整的，会让每个孩子都能够看清老师手里的教具。而且我们的座位是轮换的，一个月调整一次，中间和两边的孩子互换，这样大家都有机会到中间，也有机会坐到两边离老师近一些。”

五、如实汇报幼儿情况并由衷地表示高兴与担忧

家长很想知道幼儿在园生活的细节，老师如若能够关注到每一个孩子，在家长来接的时候，简要说上一两件当天发生的事情，家长会觉

得老师很关注自己的孩子。有些家长非常在意孩子在园的表现，经常和老师进行沟通交流。老师要如实反映幼儿在园的情况，由衷地表示高兴和担忧。如果老师一味地夸奖孩子，家长会产生疑虑："难道自己的孩子在集体生活中就一点儿缺点都没有吗？老师为什么没有发现呢？"而一味地告状，会让家长有挫败感："我的教育很失败，老师一点也不欣赏我的孩子。"进而会产生"没有教不好的学生，只有不会教的老师"这样的对立情绪。老师站在客观立场上分析孩子的行为，对于孩子的进步感到由衷的高兴，对于孩子的小缺点要和家长一起努力帮助，这样家长会觉得，老师真心真意地教育我的孩子，进而会很感激。

案例分享

彤彤小朋友的妈妈找园长交流："我不知道我的孩子在幼儿园表现怎么样，不知道他有什么样的优点，也不知道有什么样的缺点。我和老师交流，得到的答复经常是：'他挺好的。'挺好在什么地方呢？"其实，孩子也许在园表现和发展确实不错，但是老师没有进行细节描述和实例说明，家长认为老师根本就没有关注孩子，所以只能这样泛泛地回答。

六、认真对待忽略儿

在班级中，孩子会分为好几类：认真能干的孩子、活泼调皮的孩子、表现普通的孩子。老师往往对于第一类、第二类的孩子比较关注，对于第三类的孩子，如果家长经常和老师沟通，老师还能够多关注，而家长很少和老师沟通的孩子，老师也可能稍稍忽略。其实，这部分的孩子更需要老师的目光。每个小朋友都是活生生的个体，有自己的喜怒哀乐，有自己的思想感情。老师爱的阳光通过语言和行为也均匀地洒在这些小朋友身上，对于孩子和家长来说会倍觉温暖。

案例分享

晨晨小朋友的父母离异，孩子和妈妈一起生活。妈妈工作的地方离幼儿园很远，而且工作繁忙，一年难得来送一次孩子，只有家长会的时候露个面。孩子就靠不善言辞、听力也不好的外公接送。外公平时很少和老师交流，也很少询问孩子的情况。但是老师依然很关心晨晨，并更加细心地呵护她的心灵，经常给予拥抱和关心。毕业后孩子的妈妈给老师写了一封言辞恳切的信，信中表达了自己孩子在这样的情况下依然很自信、很快乐，很大一部分原因来自于老师的关注和鼓励，母女俩会永远记住老师。其实老师只是给了孩子正常的、均等的爱，但是对于被忽略的孩子来说就有如滋润的甘露了。

七、姿态公正、机会均等

一个班级中所有的孩子都是平等的，不因相貌漂亮与否、不因家庭情况如何、不因聪明伶俐与否、不因乖巧可爱与否，每个孩子都有表现的欲望，都有被肯定的愿望，也都有自己的长处。班级管理中，老师经常会设置“小班长”“小老师”“小小值日生”“小排头”之类的角色，排练节目时也总会有一些主角。这些机会的给予，老师尽量要照顾全面，让每个孩子都有机会尝试，而不仅仅是几个能干孩子的舞台。老师既要机会公平又要调动幼儿努力获得机会的积极性，这样班级氛围就会显出蓬勃向上的状态。家长也因孩子获得老师的肯定而很欣慰。

案例分享

班上进行“小老师”的评选，每天选出一个进步大的孩子帮助老师发放物品。坤坤是个非常活泼的孩子，总是不能安静地坐下来听老师上课或活动，眼看着大部分小朋友都当过“小老师”了，坤坤依然没有被选上。老师先和他谈心：想不想当“小老师”？坤坤表示很想当。老师就提了个小要求：上课时不乱跑就可以当“小老师”了。坤坤果然比平时要有耐心多了。老师当着大家的面表扬坤坤上课时的进步，大家理所当然地就选他当了一回“小老师”。这样，在老师的不断激励下，坤坤的自我管理能力不断提高，家长也很感谢老师给予的机会和教育。

八、请孩子转达对家长的谢意

幼儿园的教育教学工作其实也是家园配合的舞台，家长经常会配合教学需要帮助老师带些图片资料或其他用品。家长的配合是希望得到老师的肯定，这样会更加有积极性，所以老师可以请孩子代为转达老师和全班小朋友的谢意。家长收到孩子转达的谢意后会认为：老师肯定了我的努力！并让孩子觉得自己是班级的主人，以后会更加愿意配合老师的活动。

案例分享

轮到中一班布置幼儿园门厅的环境了，老师和小朋友们一起商量制作的主题。大家觉得美丽的春天，微风和煦，做一些漂亮的风铃挂在门厅里，微风吹来，叮咚声一片，很美！利用废旧材料制作风铃需要很多的小瓶子，老师发动小朋友们回家搜集带来。第二天，小朋友们带了一些小瓶子来。但是这些瓶子有的是玻璃的，有的是塑料的，有大的，有小的，各式各样，材料不统一，数量也不够，活动一时开展不了，老师有些为难了。下午放学的时候，壮壮的爸爸扛来两个大纸盒，里面全是医用的玻璃瓶和塑料瓶。数量众多，规格统一，一下子解了燃眉之急。原来壮壮的爸爸在医院的药房工作,前一天晚上回家听孩子说需要小瓶子,立刻联想到自己的工作搜集小瓶子很方便。第二天在单位里准备了一下,下午接孩子时就把瓶子给带来了!老师把这些小瓶子清洗消毒干净,让小朋友们在上面绘画。不久风铃做好了,大家真高兴啊!壮壮的爸爸再来接孩子的时候,老师请小朋友们一起对壮壮爸爸说了一声:"谢谢叔叔!"壮壮爸爸脸上乐开了花,连声表示不客气,下次还要用瓶子再告诉他。

以上所说的只是家长工作中我们容易忽略的小细节,在这些方面如果有所注意和改善,将对家长工作大有裨益,但是踏踏实实的工作是赢得认可的唯一途径。既然我们从事了神圣的职业就要全心全意地投入本职工作,相信所有的家长都会成为永远的朋友,将家园共育这首歌谱写得更加动听。

第二节 家园交流的八个通道

经常听到老师抱怨:"他们家孩子没人管,天天是阿姨接。一年到头看不到爸爸妈妈的影子,讲什么也没用!"从这样的话语中不难推断出:老师觉得这个孩子的家长家园配合的力度不够。爸爸妈妈不来幼儿园接送孩子,老师不能和家长面谈,不能与家长经常沟通,家长不重视孩子的幼儿园生活和表现,更难说有效配合了。其实老师与家长沟通交流的方式有很多,每一种都有独特的优势。只要老师在沟通的过程中摒除等家长来找的心理,变等家长为请家长,主动与家长沟通交流,那么沟通将更加畅通,效果也更加显著。在此,我们就家园沟通方式中最常使用的八个通道来谈一谈有效沟通的途径和智慧。

一、家访

家庭访问是进行家园沟通共育的一种常用的有效方式，简称“家访”。家访主要是了解孩子的家庭教育情况。老师的家访一般是与家长沟通情况，交流感情，密切关系，商讨共同教育孩子的方式方法。这种指导方法比较具体，更具有针对性。

幼儿园的家访可以分为：新生入园家访、老生部分随访、个别儿童重点家访和对生病儿童的情感性家访四类。由于后三类家访建立在老师和家长幼儿已经熟悉融洽的基础上，所以第一种家访在老师和家长心中显得更加重要，关注度也更高。

每年小班入园开学之前，都要对小班新生进行一次全面的家访工作，有经验的老师，都深刻了解其中的重要作用。但是对于一些新的老师和家长来说，却不一定能感受到它的重要性。我们该进行一次怎样的、有意义的、让家长信服的家访活动呢？

（一）明白新生家访的意义

小班新生家庭对幼儿园和老师都十分陌生。在开学之前，双方见面，了解孩子的家庭构成，感受孩子的教养方式，拉近彼此距离。交流双方信息。必要性有以下五点：

1. 互相认识，消除幼儿和家长心中的陌生感。孩子没有见过新幼儿园的老师，心中会有一些隐隐的不安。家长也不知道自己孩子班上的老师长得什么样。正好在家访活动中，双方认识，由陌生人变得渐渐熟悉，也让开学接待更加顺利。

2. 上门拜访，让孩子觉得老师是父母的朋友。幼儿园老师家访会给孩子一种“老师到我家来看我了”的感觉。孩子认为来家里的客人都是爸爸妈妈的朋友，因此老师也是父母的朋友才会来做客，看看自己。孩子的心里有亲切感，更能够拉近师生距离。

3. 详细交谈，了解孩子的各项生活习惯和性格。幼儿园是保教结合的机构，特别是对于新入园的小班幼儿来说，身体方面的照顾，家长十分关心。面对面的交流能够更加详细、具体，有利于老师在孩子入园以后更好地观察孩子的性格特点和帮助孩子养成良好的生活习惯。

4. 观察家庭，感受孩子的教养方式。孩子的家庭教养方式大致可以分为“权威型”“专断型”“放纵型”和“忽视型”4类。老师通过家访了解家庭成员结构，感受家庭氛围。通过观察、倾听，初步判断家庭教养方式和家长的教育理念，与较多的家庭成员建立朋友关系。通过家访，老师对家长的教养方式有了初步的判断，有利于平时老师对孩子的行为进行观察分析，进而更好地与家长沟通育儿理念。

5. 提前介绍，为顺利开展工作做准备。一个家庭选择了一所幼儿园，对该幼儿园应该是有所了解和认同的。但是一所幼儿园的运行状况及深刻内涵，家长还处于“站在门外”不明就里的状况，也不知该如何做好开学前的准备工作。那么家访时将幼儿园的作息制度、课程安排、开学要求等等提前告知家长，可以避免由于信息的不畅通造成不必要的误会。

（二）家访之前的准备

1. 选择时间。家访的时间一般以双休日为宜。选择父母都在家的日子也能够更好地与父母沟通交流，了解幼儿的情况。如果在工作日家访，家长不得不向单位请假，增加了不必要的负担。

2. 排定路线，电话预约。老师家访一般都要走上二三十家，所以事先要做好功课，将路线、时间分配好，然后进行电话预约。在电话中礼貌地介绍自己，将家访的时间、大致停留的时间、家访的主要目的简要向家长说明。一般新生家长没有遇到过老师家访的事情，心里难免会有一些疑问和想法，老师简要介绍来访的目的和时间，这样家长也对家访内容有所思考和准备。

3. 衣着得体，如约而至。老师进行家访的时候，应做到“衣着得体、端庄大方”。家长对老师的第一印象是从老师的着装、打扮、谈吐来的，所以衣着要符合幼儿教师的身份。老师在选择服装时，还可以考虑孩子比较喜欢的颜色。选择质地柔软的衣服，比如薄绒衫等，摸上去很软、很滑，孩子喜欢这种毛茸茸的感觉。胸针、戒指之类的硬物都不宜佩带。老师应该把控好时间，如约而至。如果实在因为交通或其他原因而时间有误，应提前电话告知家长。

4. 带齐随身物品。家访中会有一些需要家长填写的表格或发给孩子的物品，老师要带好及时发放给家长。最好自带饮用水。

（三）家访的内容

1. 与幼儿的互动。新生第一次家访，老师面带笑容进门，第一时间关注到小朋友，亲切地向小朋友问好，并与家庭成员礼貌、热情地打招呼。接着蹲下来自我介绍并与小朋友交流：宝宝小名叫什么？还有什么有趣的名字呢？你希望上幼儿园以后老师叫你哪个名字呢？宝宝最喜欢干什么事情？喜欢什么物品或玩具？喜欢看什么电视节目？有没有去过新幼儿园？最喜欢幼儿园的什么大型玩具呢？上幼儿园以后老师带你去玩好吗？表扬小朋友愿意回答老师的问题，贴上一朵小红花作为鼓励。

接下来老师可以和孩子玩一玩互动的小游戏，如果能够有肢体上的小接触更好。老师观察幼儿与自己的熟悉和喜欢程度，适当与孩子进行肢体接触。例如：握手、拥抱。告诉孩子，老师觉得他很聪明、很能干，老师非常喜欢他。这样让宝宝在开学之前与老师有一个很好的交流，最起码是认识的机会，到了学校之后，宝宝也会减少对老师的陌生感。

2. 与家长的沟通。主要有以下几方面内容：

进一步了解幼儿。老师与家长交谈进一步了解孩子各方面的情况。例如孩子体质怎么样？如果体质弱，在什么情况下容易生病？有无特别病情需要老师特别照顾？爱吃些什么？容易过敏吗？鼻子是否容易出血？在生活方面会做什么，不会做什么？有无需要特别照顾的方面？尿床的孩子午睡时需要老师叫醒去小便吗？会不会自己吃饭？会用勺子吗？是否偏食、挑食？是否对个别食物过敏？孩子从小是谁带大的？性格特点是怎样的？有什么兴趣、爱好？平时会自己一个人玩吗？在家里喜欢玩什么玩具和游戏？在户外喜欢玩什么游戏和运动？喜欢看什么电视节目？上幼儿园后家里谁负责接送？在家里谁和孩子相处的时间最多？老师详细了解一下宝宝的习性，尤其是饮食起居习惯，并做好记录，对开学之后有针对性地培养良好习惯，也是十分有利的。

了解父母对于幼儿园和老师的期待。孩子上幼儿园以后有什么担心的问题？孩子哪些方面表现比较突出？家长最希望孩子到幼儿园以后老师对他哪些方面进行帮助引导？家长向老师介绍孩子优点的同时也可能向老师介绍孩子的缺点，但此时最好不要当孩子的面来讲，以免孩子产生惧怕老师的心理而不愿去幼儿园。

介绍上幼儿园的准备和要求。家访最后介绍班级开学及平时要注意的问题。如开学前几天作息时间的安排、家长要配合准备的物品，关于幼儿园网站的参与、课程的配合实施、座位床铺的轮换等。对于幼儿园的规范工作，提前让家长知道得越详细越好，这样可以避免开学后由于不了解而造成误会。在这里，老师可以提前打印一份类似信件的说明书，按照说明书的提示细致温和地讲解注意事项，家访结束后，家长能够按照说明书的要求理解和准备相关物品。

案例分享

致小一班家长的第一封信

各位家长：

欢迎大家来到小一班，共同组成一个大家庭。再过几天小朋友们就要开学了，我们一起为宝宝拥有一个美好的童年而努力！让我们从现在开始齐心协力做好一切家园配合的准备！

一、告诉老师宝宝的小名。小名是宝宝在家中，爸爸妈妈给予的昵称。老师希望到了幼儿园，孩子也有回家的感觉，通常第一学期较多地称呼宝宝的小名，以后逐步称呼大名。

二、填写《新生入园健康状况调查》和《新生家长问卷调查表》，帮助保健医生和老师更加细致地了解宝宝的身体状况和教养方式。以后更加有利于个别教育和保健卫生。请填写好表格中的每一栏并签名，当场还给老师。

三、拿出从幼儿园领取的《关于幼儿园门前机动车停车的要求》通知单，当场填写，并返还老师。园方将尽快给需要的家长配发"临时停车证"。

四、关于幼儿园生活用品的说明

1. 被褥

(1) 托班直升小班的小朋友用原来发放的被褥。

(2) 新入园小朋友的被褥将在9月1日入园回家前从老师处领取。六件套包括：被子(可拆卸变成薄被)、枕头、床单、枕席、席子(还有一个大拎包)。拿回家后洗晒并在每一件物品上缝上宝宝的名字(被子、枕头、拎包名字在中间，床单、席子、枕席名字在一头，便于查找和美观，带回家洗被子时不会拿错)。

(3) 被褥的费用将直接在缴费卡上扣除。

(4) 开学以后原则上每月月底应将被褥带回家清洗一次。

(5) 9月3日早上请带床单、席子、枕头、枕席、毛巾被入园午睡。毛巾被应比浴巾大。

2. 其他生活用品幼儿园配备齐全，无需准备。

五、幼儿私人物品

1. 请家长准备一套换洗衣物(上衣、裤子、短裤、袜子)，以防宝宝尿床或衣服出现其他问题。如有更换请家长及时补充一套。随着季节的变冷，衣物可以换成棉毛衫、棉毛裤等。

2. 换洗衣物放在一个小包中，包上贴有宝宝的名字，帮助老师对号入座。还可以在衣服的小商标上用圆珠笔写上宝宝的名字，并让宝宝认识自己的衣物。

六、为了宝宝更方便地寻找属于自己的小茶杯、小毛巾、小椅子、小抽屉等，家长请在9月1日入园时带来8张1寸的大头贴。入园后，在老师的引导下找到属于自己的物品，并整齐地贴上自己的大头贴。(这就是属于你的啦！)剩下的大头贴交给老师，以后再用。

七、关于第一周入园时间安排

9月1日　上午8:20—10:30　宝宝由一名家长陪同，带好入园的物品(特别重要的大头贴千万别忘记)到小一班认识老师、参观环境。选择自己的小椅子、茶杯、毛巾、抽屉、小床等，贴好标记。可以玩一玩教室里为宝宝准备的玩具，然后和老师一起玩游戏。家长注意帮助宝宝认识新的朋友，产生幼儿园很有趣的心理，便于第二天入园积极情绪的准备。(别忘了带上相机，记录下历史性的一天！)

9月2日　上午入园时间——中午11:30　家长将宝宝送到小一班交给老师以后，就可以离开去上班。宝宝将在幼儿园里分到新的小组、和老师小朋友一起学习、游戏。中午在幼儿园吃完午饭后，家长来接、离园。

9月3日　上午入园时间——下午3:00　今天宝宝要在幼儿园睡完午觉起床后离开，加油哦！

以后一切正常，家长下午4:00以后来接。

八、关于预防接种证。9月1日入园进入门厅后请家长将宝宝的《预防接种证》交给晨检的保健老师，以后《预防接种证》由幼儿园统一管理。

九、关于床铺。床铺首先自由选择，然后老师会再进行小范围的调整。如有的宝宝中途小便，活泼不易入睡的宝宝与入睡迅速的宝宝做邻居等都是老师考虑的调整因素。希望大家理解配合。

十、关于座位安排。宝宝的座位安排，老师也会进行定期的调整，保护幼儿用眼卫生。由于小班宝宝需要一个稳定的习惯，可能一学期调整一次。

十一、关于宝宝接送。开学几天是宝宝的适应期，我们比较赞成家长将宝宝交到老师手里就去上班。相信老师能够照料好宝宝，也相信孩子会很快适应并喜欢幼儿园的。在接宝宝的时候尤其注意：请大家有秩序地排队到门口一个一个接孩子，切勿从班级的各个窗户伸手够孩子、大声呼喊孩子的名字等，因为老师需要有条理地将孩子一个个送到家长的手上，没有接到的孩子听到家长的呼喊或是招呼会挤到门口去甚至哭泣，不利于幼儿的情绪稳定和安全。希望大家积极配合。

十二、关于班级论坛。相信每一个家长都很关心宝宝在幼儿园的情况，老师也会多多给宝宝拍照片并上传到网上。

1. 拍照。老师的拍照是随机的，有时也许只能拍几张就要去忙着处理其他事情。请大家不要以照片数量的多少而有诸多猜测和想法哦！（相信每个孩子都是老师的宝贝，公平公正是我们的班风。）也许还有漏拍的（因为在现场老师没有时间一个个核对），请您理解。我们会尽最大的努力，让大家都能够看到自己宝贝的情况。

2. 幼儿园的论坛不是老师单方面能够支撑的，老师也需要互动哦！希望大家有时间多多支持论坛，大家共同努力，让那里成为小一班家长和小朋友的精神乐园。

3. 老师可能白天没有时间上网，所以请大家最好不要把请假帖发到网上。需要请假请拨幼儿园的班级电话（电话号码____________），让老师及时了解宝宝没有来的原因。

十三、关于配合和沟通。每一位家长都很心疼自己的宝贝，不过幼儿园是一个集体生活环境，小朋友们在一起有可能会出现不和谐的现象，老师会尽量避免和制止。由于小班幼儿在同伴交往方面能力很弱，所以有可能会发生矛盾。假如出现问题后能够得到您的理解，我们非常感谢。如果觉得需要分析、处理，请与老师沟通，不要绕过老师与对方的小朋友或是家长沟通哦！

在3年相处的时间里，有一些需要家长配合的事项，希望得到您的大力支持！在我们的工作中如有遗漏或疏忽的地方，欢迎当面与老师交流，面对面的交谈更利于问题的处理和我们工作的改进！

十四、请将爱心洒满班级。很多的家长是各个领域的专家，也拥有便利的资源。如果您有兴趣参与到我们日常活动中来，或是能给孩子们带来精神上的惊喜，欢迎联系我们！

十五、关于班级自然角。班级的自然角是小朋友们观察植物生长，与动物做好朋友的小天地。如果您家中有漂亮的植物（无毒无刺）或是合适喂养的小动物愿意贡献给大家的话，请写上名字9月1日带来！谢谢！

十六、家访时交一张6寸的宝宝照片给老师。

十七、让老师给亲爱的宝贝拍下成为鼓幼一员的第一张照片吧！

祝愿我们成为一个团结向上一流的班集体！

祝愿我们一起度过3年的快乐时光！

小一班

3. 填写调查问卷。家长填写好幼儿园设计的调查问卷，交给老师存档，同时也帮助保健老师更好地了解孩子的体质，帮助老师更加科学合理地开展个性化的教育。

在家访工作中，还有令人敏感的家长送礼物的问题。作为老师一定要委婉而坚决地抵制，不要让规范的家访变了味。

在教育越来越强调生态化的今天，幼儿教育中的家园合作作用越来越明显。家访是架起幼儿园与家庭联系的重要桥梁，也是家园合作工作的重头戏。老师把新生家访工作做细做好，不让家访流于形式，在体力付出的同时能够对自己的带班工作发挥更大的作用，同时也为新一轮的家园合作开拓崭新美好的新篇章。

二、家长园地

“家长园地”又称“家园联系栏”，目的在于向家长传递班级教育情况，使家长明白如何与幼儿园配合，形成教育合力。它是家园合作的重要形式之一，也是家园合作的纽带和沟通的桥梁。总的来说“家长园地”具有以下三种性能：

1. 宣传性。“家长园地”的内容包括幼儿园活动介绍、幼儿园教育计划（一周或一月）、家庭教育指导、经验交流、家园互动等。这些内容有的是向家长介绍幼儿园的工作安排，有的是向家长介绍有利于家庭教育和幼儿发展的经验文章，还有的是告诉家长需要配合的问题。

2. 指导性。“家长园地”的内容选择可以对本班幼儿家长的育儿实践给予针对性的指导帮助。这也要求教师能够对本班幼儿的实际特点有所把握。如：近期需要用筷子吃饭了，可以选择一些怎样帮助孩子学习用筷子的方法以及怎样提高小手灵活性等方面的文章。育儿经验的文章可以是老师选择的，更要鼓励家长来投稿，尽量发表本班家长的稿件，互相分享交流教育经验。

3. 实用性。老师在选择文章的时候应本着语言浅显易懂的原则，因为大部分家长不是教育专家，文章语言太过于专业化，对家长而言可读性低，家长就会失去阅读学习的兴趣。育儿经验的文章应加强实用效果并定时更换，内容选择要具有年龄针对性，而不是张贴一些小中大班都可以通用的文章。另外可以设立“信息沟通栏”“表扬栏”“感谢栏”等，用于发布班级的通知和对积极参与班级活动的家长给予表扬。

案例分享

欢欢妈妈叮嘱婆婆接孩子的时候，一定要到班级的“家长园地”去看看，了解班级的活动动态。中二班的家长也很喜欢到“家长园地”前欣赏浏览、研读学习。老师经常将班级工作中要配合的事件，张贴在公告栏里，把最近帮助班级做事情的义工家长感谢信贴在表扬栏里。最近班上小朋友们阅读的兴趣特别浓厚，老师又搜集了一些亲子阅读的文章分享在育儿指导栏中。总之，中二班的“家长园地”中经常更换内容，家长能够从中获得很多信息。

三、面谈

幼儿园的面谈分为两种形式，一种是日常面谈，一种是期末面谈。这里主要是指日常面谈。面谈的时机分为接送时间的短暂面谈和正式的约见。面谈的发起人可能是老师也可能是家长。老师就个别儿童的发展情况进行分析，认为需要家长进行配合时可以请家长来进行正式的谈话，也可以在接送时间进行短暂的交流。家长发起的谈话围绕两个方面：一是家庭教育中家长解决不了的问题，需要老师出面与孩子沟通；二是家长根据孩子回家叙述的幼儿园情况，有些疑惑需要向老师求证。在面谈时，有哪些要注意的问题呢？

1. 面谈的氛围。由老师发起的面谈，要注意营造信任亲密的氛围。有的老师心里会想：就怪你们家长平时不配合，不管教，造成了今天的局面。老师认为发现了孩子的问题，需要家长配合，语气难免会着急、生硬，因而描述问题时有可能会多一点责难。现在每家只有一个孩子，家长也少有机会进行横向比较，孩子在某些方面的缺陷也难看出来，到了集体活动中问题显现突出也是正常的。其实家长不害怕自己的孩子有问题，家长在意的是老师的态度。无论谈话的内容是什么，家长认为老师正式请自己谈话，一定是问题较严重，总觉得会“挨训”。一件小事如果上升到某一高度，再伴以激烈的情绪和责备的态度，家长如坐针毡，从而容易产生抵触情绪。这时老师本着为孩子的发展考虑，设身处地地为孩子和家长着想，语气和气氛中营造一家人的感觉，会让家长真切地感受到，老师是为我的孩子好，老师在努力地帮助我和我的孩子解决问题。

2. *面谈的技巧*。家长发起的面谈，由于老师事先没有准备，难免会有措手不及之感。家长所反映孩子的问题，碰巧也许自己没有太多的经验，一时给予不了好的解决方案。或者家长向老师求证孩子在幼儿园的事情，老师还不太清楚，这时的谈话容易陷入教师被动的局面。此时，教师要本着实事求是的原则与家长沟通。不清楚的事情跟家长表示：“不好意思，这件事情孩子没有跟老师说，老师还不太清楚，等老师了解调查清楚以后再来和您联系。”千万不要担心家长觉得自己对工作不用心而胡乱编些理由搪塞过去。如果家长感觉到老师有说话失实的情况，内心将很难对老师再产生信任感。

老师与家长之间的谈话要注意与同事互相补台，而不是拆台。老师的一日工作繁琐复杂，面对的孩子多，难免会有观察不到的情况。两位带班老师主班的时间不一样，可能有些情况还没有进行很好的沟通。当家长问起的事情不是自己带班期间发生的事，而另一位老师也没有与自己沟通时，千万不要对家长说：“那是某老师带班的时间，你去问她吧！”如果一个班的老师不能够精诚团结，班级工作很难开展得有声有色，这样的回答也让家长觉得老师之间的配合不默契。

3. *面谈的底线*。有的家长听孩子说在幼儿园的片段，揣测老师对自己的孩子有想法、有偏见，因而来找老师谈话时，言语之中会有一些质问的口气，甚至扬言要投诉。如果与家长很难做到心平气和地交流，建议礼貌地中断谈话。老师与这类家长面谈时切记不要产生言语的冲突，过激话不要说。

4. 不要当着孩子的面谈问题。表扬当面进行，问题背后提出。孩子的心是敏感的，无论是聊什么样的问题，当着孩子的面谈论会损害孩子的自尊心和暴露老师与家长的无奈，不利于孩子的健康成长。

案例分享

峰峰小朋友最近在幼儿园的表现真是让人不满意：排队的时候满操场跑，立正的时候趴在地上，天天和小朋友发生矛盾，吃饭睡觉都不太好，老师觉得很有必要约家长谈一谈。老师给峰峰的妈妈发短信约她到幼儿园来聊一聊，峰峰的妈妈回复短信答应了。可是到下午来接的时候，却是峰峰的爸爸来要和老师谈。老师认为峰峰的爸爸长期在外地工作，很少有时间和孩子在一起，前面两次谈话就是跟爸爸谈的，基本没有效果，孩子没有任何变化。所以老师婉拒了："我们很久没有见到妈妈了，还是请妈妈来谈吧！"

第二天，妈妈来和老师谈话。老师先搬了张椅子请她来到午睡房坐下，倒了一杯水给她，笑眯眯地说："我们今天来沟通沟通育儿理念，你对孩子的教育是一种什么样的态度呢？"峰峰妈妈说："我的理念就是自由发展，不要给孩子什么束缚。我听说对孩子管得多就会导致思维机械，没有创造力。在日常生活中，我也不批评他，我担心他这么小的孩子心理上有压力。我觉得男孩子要爸爸多陪一些。"通过这样的一席话，老师判断了峰峰妈妈的教养方式是"放任型"的，她钻了"自然发展"理论的牛角尖。老师就"自然发展"的问题和她交换了看法，自然发展不等于放任不管。孩子有问题要纠正引导，不能担心孩子有心理压力就忽略不问，长此以往，会给孩子的发展造成更大的麻烦。爸爸确实要对孩子的教育多负责任，但是也要看爸爸的精力和实际情况。峰峰的爸爸常年在外工作，让他多教育孩子显然是不现实的。所以，妈妈还是要肩负起家庭教育的重任。

峰峰妈妈听了老师的话，表示有道理，回去要好好思考，并付诸行动。渐渐地，老师明显感觉到峰峰的变化：做事越来越有条理，愿意帮助老师和同学。峰峰在老师的表扬下越来越自信了，现在也是小朋友学习的好榜样呢！

四、半日活动

家长半日活动是让家长了解幼儿在园生活和表现的非常直观重要的时机，也是展示幼儿园管理与班级情况的好机会。在半日活动中，家长可以观察孩子在幼儿园的生活情况、学习情况、交友情况，大致判断孩子在幼儿园的发展。在家长半日活动中，教师要注意以下几个方面的问题：

1. 用热情的态度接待家长。对家长热情接待，特别是平时难得到幼儿园里来、又与老师沟通交流较少的家长。老师的热情接待会让家长感受到老师对自己接纳的态度，从而在心理上产生亲近感。

2. 告诉家长要观察孩子哪些方面的情况。一般情况下，幼儿园将家长半日活动安排在每个年龄段的下学期。那么家长的三次半日活动来看什么呢？很多家长只知道参加，却不知该如何观察孩子。这就需要老师的引导。老师可以在上午吃点心休息的时间用和孩子交谈的契机，引导家长明确观察的目的。

案例分享

中班家长半日活动时间，小朋友们从操场上做完晨间锻炼活动和早操以后回到教室休息。老师先请小朋友们小便、洗手、喝点水，在大家一起坐下来吃点心的时候问："今天，谁来到我们的教室啦？""爸爸妈妈。""爸爸妈妈来干什么呢？""看我们表现。""小班的时候爸爸妈妈也来过一次，不过这次来和上次可不一样啦！小班的时候，爸爸妈妈来看看宝宝喜不喜欢幼儿园，在幼儿园里开心吗？有没有交到好朋友呢？现在，我们已经是中班小朋友了，爸爸妈妈早就知道我们上幼儿园很开心，也有很多的好朋友。还要来看，看什么呢？看看我的宝宝上课的时候能不能积极举手发言啊，看看学本领的时候会不会倾听老师、同学讲话啊，看看老师提问以后会不会动脑脑筋快快思考，想出很多的答案啊，看看做事情的时候能不能克服困难完成任务！总之，爸爸妈妈想看到一个能干的、比小班更棒的你。”

老师提醒引导家长半日活动要观察的内容，半日活动结束以后，一些家长就观察到的孩子的学习习惯、生活习惯和老师进行了沟通交流。这样的沟通更利于家园配合，能更好地促进孩子的成长。

3. 教学活动要让每个孩子都有发言或展示的机会。老师在半日活动之前会精心准备活动的内容安排。在进行教学活动安排时要考虑到每个孩子都有操作的机会，都有发言展示的机会，家长也有机会观察自己孩子的主动参与情况。

4. 注意家长参与环节的性质。家长半日活动中，家长作为观察者来到幼儿园里了解孩子在园发展情况，了解班级工作情况。教师可以在半日活动中设计一些家长参与的环节，这可以在教学活动中考虑，也可以在自由活动时间建议爸爸妈妈和孩子一起来玩户外游戏。但是家长参与不要过多，因为这毕竟不是亲子活动。特别要注意不要将教学活动变为老师教家长、家长再教孩子的状况。家长希望看到的是孩子是怎样在老师的引导下，不需

家长参加活动

要家长帮助代替而一步步地解决难题获得收获的。

五、沙龙

同一班级的孩子在同一问题上的表现会有差异，同样的问题家长的看法也会有差异。家长在教育孩子方面有许多优于老师的经验，他们的经验是通过自己的尝试得到的并且是有效的。因此，这种宝贵的经验也应介绍给更多的家长，这样既可以调动家长参与教育的积极性，又可以弥补我们在教育中的不足。引导家长参与讨论，集思广益、互相学习、和老师探讨的同时也向其他家长学习会有意想不到的效果。这样的经验介绍和互相学习的活动可以用沙龙的方式来进行，围绕孩子共性的问题一起来谈一谈各自的观点、方法和效果，促进彼此育儿经验的丰富。

案例分享

一次育儿经验分享沙龙活动中，家长就“应该如何面对孩子在交往中被打”这个问题发表看法。有的家长认为，孩子之间打闹是正常现象，孩子哪有不挨打的；有的家长认为，孩子挨打时家长应该及时制止，或帮助解决；还有的家长认为，要给孩子讲道理等等。家长对于这种现象纷纷发表了看法，但并没有看到孩子间打闹原因何在。于是，老师帮助家长分析，孩子间打闹的原因可能是：孩子语言发展晚于动作发展，孩子只能用争抢或打闹的方法来解决问题；或是孩子经常感受到成人在不满意时用打闹来宣泄情感等。大家对于同一个问题说出了多种看法，从生理、心理和环境、教育等方面进行了分析，使家长能从多种角度去看待发生在孩子身上的问题。

在这次育儿经验交流的沙龙活动中，家长交流了很多在教育孩子中的一些有效事例，如：有家长尊重孩子，与孩子能平等相处的；有如何培养孩子意志力方面的等。另外，老师和家长们还针对一些共性的问题进行讨论，如：当孩子任性怎么办？当孩子在外人面前不听话是给孩子面子，还是当场教育等。家长们各抒己见，老师还针对如何培养情感智力，关注孩子情绪、情感的重要性做了阐述。活动结束后，家长们纷纷表示希望能有更多的机会与教师共同探讨教育中的一些问题，和其他家长共同分享科学育儿的经验。

六、论坛

随着科技的发展，网络已经深入生活。现在的家长依赖于班级的网络论坛，不用到幼儿园就可以了解孩子的在园情况。论坛需要教师经常维护与引导。教师还要养成及时拍摄上传照片的习惯，每天将幼儿园的活动和小朋友的表现拍摄成照片或是录像传送到网络上。这虽然给老师的日常工作提出了更高的要求，但同时对家长工作和班级活动资料的积累也起到了不可估量的作用。家长在单位、家里、出差的途中，一切有网络的地方都能够看到直观的图片。根据幼儿园的教师满意率评分调查结果显示：活动丰富且照片上传多的班级满意率更高。

案例分享

小班刚入园，锐锐的妈妈就到广西出差半个月。这半个月对于锐锐的妈妈来说真是百般的煎熬，因为她非常担心从没有上过托班的锐锐没有妈妈的陪伴、呵护和安慰还能不能适应幼儿园的生活。不过好在幼儿园有"论坛"，老师每天都把小朋友在园的活动拍成照片发布在网上。锐锐的妈妈一有时间就上网看照片。她在网络留言中这样写道："从没有觉得网络是一个如此让人充满感激的地方。我在遥远的广西，每天都能够看到儿子在幼儿园快乐的笑脸，让我既放心又解了相思之苦！感谢老师在忙碌的工作中既要拍照片又要上传，你们辛苦了！"

七、电话及短信

现在手机使用方便，使人与人之间的沟通更为便捷。家长的请假、询问、老师对于班级活动的安排和通知，都可以通过手机短信进行传递。老师带班的时间是不允许接电话的，家长可以将请假或是询问问题的短信发给老师，待老师有时间时给予解答。

八、书面便条

老师有一些通知、活动说明或调查反馈的问题用便条的方式请小朋友们带给家长，家长可以直接在回执单上说明问题。有一些孩子的爸爸妈妈工作非常忙，孩子的教育问题由爷爷奶奶代为执行。文字类的便条也便于老年人和老师沟通，爷爷奶奶对手机短信、上网等方法不熟悉，更加喜欢选用便签条的方式和老师沟通问题。

对于与家长有效沟通的各种途径，老师应根据当时情况选择合适、便捷、有效的方法。教师在沟通时本着就事论事、真诚交流的原则，让家长真切感受到老师对孩子的关心、关注、关爱。沟通商讨拿出对策之后，老师要坚持观察并进行反馈，而不是“告一状”之后，全是家长的事。教师主动沟通会带来很多的益处，所以，日常的家园沟通还需要老师主动积极的努力。

第三节　解决矛盾的八个妙招

家长与教师之间是互相配合的关系，在入园以后互相磨合的过程中，难免会发生一些小矛盾。教师如果能够用较有效的招数化“敌”为友，化“干戈”为玉帛，将会创造一个家长工作的新局面，也为日后的工作顺利开展奠定更加坚实的基础。

一、以柔克刚

案例分享

大班下学期，小朋友们准备排练“六一”儿童节和毕业典礼的节目。童话剧中有一个森林仙子的角色，很多女孩子都想演。老师为了公平，在班级里进行森林仙子角色评选活动。妞妞和岚岚两个人表现都不错，妞妞得了19票，岚岚得了14票。老师决定：森林仙子的角色由票数较高的妞妞来担任。由于岚岚是一个较害羞的孩子，能有这样的表现值得鼓励。等到幼儿园评选“六一”儿童节和毕业典礼的小主持人的时候推荐岚岚去试一试。岚岚回家以后把这件事告诉了妈妈，妈妈也特意来跟老师聊了这件事。很遗憾，岚岚参加小主持人的竞选也没有获得成功。这时，班级中发现了手足口病例，第一例患者就是妞妞。幼儿园依照“有2例手足口病确诊可以停课”的规定，第二天给家长发了停课通知书。下午放学以后，岚岚的爸爸看到停课通知书很生气，在幼儿园的论坛上匿名发帖质疑幼儿园和班级老师：为什么昨天就发现病例，今天才发停课通知书？为什么患病的孩子还要来上幼儿园传染给其他同学？事实上，患病孩子的家长事先也不知道自己的孩子感染了手足口病。将心比心，谁的孩子生病了还不快去医院？怎么还会送到幼儿园来上学延误病情呢？其他的家长对待这件事都很平静，唯独岚岚的爸爸如此激动。其实，追根溯源是因为岚岚在竞选森林仙子角色时败给了妞妞，爸爸觉得老师偏心。而岚岚竞选小主持人也没有被幼儿园选上，一直以来把女儿当做掌上明珠，每一件事都事无巨细、认为自己的孩子是最棒的岚岚爸爸因而心理失衡了，手足口病例的出现是他发泄的途径。

虽然网络发帖是匿名的，但是老师从字里行间是能够推断出来是谁在“发难”。幼儿园出面解释了市卫生防疫部门关于手足口病停课的要求,网络风波算是平息了。但是恢复上课以后,面对每天都能见到的岚岚及其家长,老师心里的想法也是千回百转。

一般情况下,老师觉得家长这样无理取闹,实在是太过分了。但是家长匿名发帖也是不想和老师发生正面冲突。这时,老师没有选择“以暴制暴”,而是选择了“以柔克刚”。小朋友停课在家的时候,老师注意电话问候。给岚岚打电话时一如既往地关心。岚岚再来上学的时候,老师装作对匿名发帖事件毫不知情,一如既往地对孩子和家长很热情。在以后的幼儿园生活中,让孩子和家长更加强烈地感觉到老师对孩子的赞赏和喜欢。毕业时节,岚岚的爸爸没有来和老师告别,而是在网络论坛里写了一首送给老师的诗,用这样的方法来表达自己感激的心情。其实,匿名发帖事件已经过了一段时间,老师的心情早已平息。岚岚的家长觉得老师对自己的孩子如此的关心,心里有愧疚感,从而选择写诗赞美的方式表达对老师的谢意。

就这个事例而言,不谈家长和老师的心理,只是说老师在事情发生以后的解决策略,针锋相对只会引发更大的误会和矛盾,而“以柔克刚”却赢得了更好的结局。

二、道是无情却有情

案例分享

宁宁的家长是家委会的委员,平时帮助班上和老师组织了许多大型的活动,其中如购买材料、通知家长、分组实施等需要与家长联系的事都需要她们去做。老师对于这样为班集体出力的家长也是非常感谢的。不过宁宁这个孩子实在是好动,上幼儿园一年了,还很难跟随老师进行集体活动。老师只好耐心地帮助他一个一个解决问题,并经常与家长沟通。时间一久，宁宁的家长觉得：我为老师和班级付出了这么多的精力，可是老师却总是在找我孩子的问题，一点儿也没有给予更多的照顾。

一次，解放军叔叔来到幼儿园给小朋友们表演行军拳。老师请宁宁和另外一个也很活泼的孩子代表班级给解放军叔叔献上花环。照片发到论坛上以后，宁宁的妈妈很高兴，主动问老师班上近期活动还有什么需要帮助的地方。

家委会的委员是老师的左膀右臂，是老师开展大型活动的得力助手。其实，每一位家长对班集体的爱护一部分源于归属感，也有一部分原因是希望老师对自己的孩子能够再照顾一些。如果老师能够在基本公平的基础上，适当让家长感受到老师对孩子的关注和照顾，对班级工作的开展也会更加有利。

三、孩子是最重要的证明

案例分享

小班刚入园，歆歆的妈妈非常关注自己的女儿，生怕女儿有一丝丝的不如意，恨不得天天盯在班上看着才好，老师总是在不经意间发现歆歆家人窥探的目光从各个角落里射过来，甚至秋游的时候也会出现在公园的角落里。其实，老师带班的时候，不喜欢有一双窥视的眼睛在僻静的地方盯着观察。但歆歆的妈妈就是百般不放心，操场上锻炼身体，歆歆自己摔了一跤要和老师"理论"半天；论坛上老师每天拍的照片数量多少也要和老师交涉："老师，为什么今天的这个照片歆歆的镜头这么少啊？"面对这样的家长，老师也很头疼。保持例行的得体的交谈之外，别无他话。虽然家长不太好相处，但是老师心里明白这和天真可爱的孩子没有任何关系，所以老师对歆歆还是非常温柔地呵护。歆歆的妈妈觉得老师对自己不像对其他家长那样有说有笑，心里也有一些不愉快，主动来找老师沟通："老师，你对我们是不是有意见？"老师惊讶地回答："是我觉得你对我们不放心有意见啊！"两人开诚布公地谈了以后，了解了彼此的想法和认识，达成了情感上的融洽。但是歆歆妈妈说了一句让老师记忆深刻的话："其实，我觉得老师对我们有意见的时候，很担心孩子会被'穿小鞋'，动过转园的念头，但是孩子不同意，孩子非常喜欢老师，喜欢这个班。我就问她一句想不想换个幼儿园，孩子竟然哭了。"

当家长与老师之间产生情感的嫌隙以后，老师千万不要把对家长的想法转移到孩子身上。天真可爱的孩子是没有任何过错的，越是工作不好做的家长，越要对孩子更好，这样家长能够看到老师就事论事，而不是睚眦必报。

四、一语解困境

案例分享

小洵的爸爸给老师发来短信："老师，今天我回家又发现女儿脸上有个印子，她说还是豆豆弄的。请你跟豆豆的家长郑重交涉，下不为例。如果还有下次的话，我就不通知你了。"很遗憾，老师不知道豆豆又弄到小洵了，班上这么多的小朋友，都是刚刚入园，不会说也不会告状。如果被别人碰了一下子不疼不哭的话，老师还真的不容易发现。小洵和豆豆是同一组的小朋友，上次被豆豆抓了一下，而这次又被挠了。小洵的皮肤是小麦色，挠出的印子很浅也很小，不容易被发现。老师没有发现，小洵的妈妈来接的时候也没有发现。恰巧的是，豆豆是幼儿园同事家的孩子。小洵的爸爸肯定是认为老师对于豆豆的各种侵犯行为未能加以严厉的制止，难道幼儿园老师家的孩子就能够欺负人而被包庇吗？其实，老师真的不知道小洵脸上有了这么一个印子，不然会主动跟家长打招呼的。电话里，老师及时向小洵的爸爸表示了歉意，并且承诺也会跟豆豆的父母谈一谈，加强对豆豆的引导。最重要的是老师的一句话让小洵的爸爸卸下了防备，能够温和地进行沟通了："小洵吃了苦头，老师心里有数。"

其实，一点小事，小洵爸爸如此动火，原因有三点：(1)老师不关注自己的孩子，脸上被别的小朋友搞出印子来都不知道；(2)如果老师知道这件事却没有对小洵的家长当面解释说明一下，说明老师没有把家长放在心上；(3)小洵被豆豆伤害了，不了了之，没有说法，说明老师包庇同事的孩子。老师解释已经说明问题："老师疏忽了，没有观察到孩子的脸上有印子。小洵自己或是其他小朋友也没有告诉老师这样的事情。老师会在日常工作中更加细致观察，也会加强对豆豆的引导教育，并请对方家长配合。"最重要的原因是老师的那句话让小洵的爸爸放下心来，不再具有攻击感。

新入园的家长不了解老师工作的状态，对老师的工作作风也不太熟悉。每一件小事都会牵动他们寻求"公平"的神经。每个宝宝都是爸爸妈妈的心头肉，在一个还不太熟悉的群体里面，谁也不愿意做"吃亏"的人，当弱者。所以任何一件小事都能引起家长情感的波动。其实，家长与老师产生矛盾，最重要的原因是觉得老师不公平。有时，老师只需要一句话就可以安抚家长的情绪，并让家长与老师的关系更加亲近。

五、承认疏忽及时补救

案例分享

下午起床时，刚当保育员的刘老师发现保温桶里的水不够了，急急忙忙从开水房里拎了一壶开水倒在了保温桶里。琪琪起床口很渴，就直接拿不锈钢的小茶杯接水喝。她的小手刚刚握了茶杯把，就突然大叫一声把茶杯丢下了。老师循声连忙过去问："怎么了？"琪琪说："烫！"老师掰开琪琪的手看到了手指关节被烫红了，赶紧带她到水池边冲洗降温。冲了好一会儿，老师问琪琪还疼吗？琪琪说不疼。老师就让她回到集体里去参加活动了。老师打开保温桶的盖子让水快些凉下来，并站在一边看着，不让小朋友们靠近。下午来接的时候，老师简单地向琪琪的奶奶说了这件事。第二天一早，琪琪的爸爸怒气冲冲地拉着琪琪来找老师："老师，你们是怎么工作的？把我女儿的手烫成这样。"老师连声道歉："对不起，是我们工作的疏忽，不应该直接把开水倒进保温桶里。这件事是我的不对，下次一定会注意的！"琪琪的爸爸见老师真诚地道歉，语气和表情也缓和下来了。

琪琪被烫了，老师非常不安。发生了这样的事情，确实是老师的失职。由于自己的疏忽让孩子遭受痛苦，这是幼儿园老师一定要注意的问题。遇到家长的责难，老师要鼓起勇气承认并督促自己改正，才对得起"师德"二字。以后不管什么天气，刘老师都在中午孩子上床午睡以后打一壶水倒进保温桶里，到孩子们起床时，水温降下来刚好喝。

六、与祖辈的误会请爸爸妈妈帮助解决

案例分享

媛媛的婆婆把媛媛接走以后又气势汹汹地拉着媛媛的手回来找老师:“老师,你看我们媛媛的袖子怎么湿成这样?”老师一看,媛媛的袖口确实有一些湿,老师立刻想到可能是洗手的时候弄湿了袖子。刚想解释一下,再仔细一看,一只袖口湿,另一只袖口却是干的,而且湿的这只袖口是一个半圆形的水渍,另外半圈是干的。半圆形水渍上有明显的咬痕。老师联想到媛媛平常喜欢咬衣袖的行为,于是蹲下身来温柔地问:“媛媛,这个袖子怎么湿了?”媛媛没有说话。老师又问:“是洗手的时候弄湿的吗?”媛媛还是没有说话,估计是被婆婆气势汹汹找老师的行为吓住了。老师又问:“如果是洗手弄湿了,老师再找一件衣服给媛媛换上,湿了的衣服穿了会生病的。”媛媛开口了:“不是的。”“那是咬衣袖弄的口水吗?”媛媛点了点头。婆婆忽然很尴尬。老师继续说:“哦!下次我们媛媛不咬衣袖好吗?这样不卫生。老师给你找一件衣服换上吧!”婆婆说:“不用了,不过老师你要对我们媛媛更多关心啊!”老师笑着说:“我们对媛媛很关心啊!”

事隔两天后的早上,婆婆送媛媛来上幼儿园,老师已经带小朋友们到场地上进行晨间锻炼了。老师跟媛媛问早以后,又向媛媛的婆婆点头致意。过了一小会儿,媛媛跟老师说:“老师,我要小便!”老师说:“好的,自己去吧!”(操场离班级很近,而且班级里有老师在,一般孩子在操场上想小便,只要班级中有老师都是孩子自己到班级中去小便。)媛媛的婆婆一转脸就发现自己的外孙女不在操场上了,也不问老师一声就四下寻找,终于在教室里找到了。媛媛的婆婆就对教室里的老师说:“杨老师对我们媛媛有意见,小孩没有了都不知道,也不去找。”

等到杨老师回班以后，班级老师转告了媛媛婆婆的话，杨老师觉得真是冤枉。她觉得跟婆婆是没有办法沟通了，这其中一定有什么老师不知道的原因，不然不会这样不分青红皂白地冤枉老师。老师请媛媛的妈妈到幼儿园里来沟通。原来是这样的：开学之初的家访，老师告诉每一位家长接孩子的时候，一定要等到老师喊到孩子的名字，亲手把孩子送到家长的手上再跟老师说再见离开。因为刚入园，孩子是不懂接送规则的，而且小朋友情绪不稳定，如果家长来接时一起拥到门口窗口呼唤孩子的名字，也会造成孩子情绪不稳定和秩序的混乱。但是开学之初都是媛媛的婆婆来接。显然，媛媛的妈妈没有把家访的内容告诉婆婆。每次婆婆来接时，就在窗口看，媛媛看到婆婆就从混乱的门口挤出去跑到滑滑梯那里玩了。婆婆怕媛媛出危险，不跟老师打招呼追着孩子就跑。婆婆每次来都能够看到老师蹲在门口热情地向每一位家长汇报孩子今天的表现。可是这样的机会自己一次也没有，她觉得是老师有意冷落他们和孩子。老师每次发现媛媛没有了，就心惊胆战地在幼儿园里找，却总是看到媛媛在快乐地玩着。老师还有想法呢：为什么每次媛媛的婆婆把孩子接走都不跟老师讲一声呢？害得老师心惊胆战，怕把孩子弄丢了。

老师希望妈妈回家以后跟婆婆讲清事情的原委：不是老师不重视，而是老师没有机会来和婆婆说一说孩子今天的表现。下次就算孩子看到婆婆来了，也不能带走，告诉她要等老师喊了她的名字才能离开，老师要跟小朋友说再见的。第二天，媛媛的婆婆笑眯眯地说："老师，真是不好意思哦！我误会你了！"老师笑笑："没事的。"

这是一起由于妈妈没有把老师制定的接送规则传达给老人引起的误解。有时候老年人有自己的思维方式和看问题的角度。而且"隔代亲"使得每一个爷爷奶奶、公公婆婆都不允许自己的孙子孙女被"冷淡"。

由于误会因而会产生一些想法，又不会和老师正面沟通，所以就会别别扭扭、疙疙瘩瘩。这时，老师要主动寻找原因，解决矛盾。请爸爸妈妈来转达老师的意图和观点并劝说父母，效果会更好。

七、还原事情的真相

案例分享

难得来幼儿园的辉辉妈妈今天来接孩子，她走到老师跟前说："老师，最近辉辉是不是表现不太好啊？"老师说："还挺好的啊！""哦！我昨天上论坛看到小朋友画画。我就问他：'你们今天画画的吗？'辉辉说：'是的，不过老师把我的纸收走了，我没有画。'我就问他老师为什么收你的纸呢？他说是因为他表现不好。再问他犯什么错误了，他自己也不知道。"老师想了想，昨天画画的时候确实把辉辉所在的第6组的纸都收掉了，因为他们都在把图画纸折纸玩。后来老师和他们谈完话以后又发给他们了。老师找出昨天小朋友的画画作品，确实没有辉辉的作品。老师又找了辉辉的抽屉，在里面找到了没有完成的作品。原来孩子年纪小只记得事情的片段而没有讲清楚完整的过程，自己的作品没有画完，所以也没有交给老师。老师在找作品的期间也跟辉辉妈妈耐心解释了事情的原委。妈妈表示没有别的意思，而是想了解他的表现，回家以后好帮助教育。

有时候家长与老师之间的误会，源于孩子传达得不清晰。由于孩子年龄小，对于事件的理解和讲述停留在片段的水平，家长片面听了孩子的表达，从而引起不必要的担心和误会。老师只要耐心询问孩子，了解事情的经过，还原事件的真相，都能够获得家长的理解。

八、不卑不亢明确提出要求

案例分享

东东今天又抓人了,老师牵过他的手一看,指甲有些长而且很硬。老师拿来指甲钳为东东剪指甲。老师担心东东留一点指甲边还会伤到其他的小朋友,就剪得短了一些。当时东东没有什么特殊的反应。等到晚上,东东的妈妈给老师发来一条短信:"老师,谢谢你今天为东东剪指甲。不过东东回来以后说手疼,我问他怎么回事?他说他今天又挖人了,老师很生气就给他剪指甲。可能剪得深了一些,他有点疼。下次我会做好给孩子剪指甲的工作的。"这条短信看上去是感谢老师为孩子剪指甲,而更多的是认为老师带着气给孩子剪指甲,故意伤害了孩子。

老师也回了一条短信:"不用客气,给孩子剪指甲是老师应做的事情。东东的指甲很硬,总是会伤害到别的小朋友,所以老师觉得剪短一些更加放心。不过老师并不是很生气地给他剪指甲,我给自己的孩子剪指甲也是这样剪的。如果您能够保持他的指甲不要太长,并且教育他不去抓别的小朋友那就更好了。谢谢配合!"

老师的回答不卑不亢,并且提出了要求。总是攻击别人的小朋友的家长也会感到压力,而不会继续纵容自己孩子的行为。家园配合,孩子会更快改掉打人、抓人的缺点。

家长是幼儿园老师服务的对象,是老师合作的伙伴,是班级工作重要的评价者之一。如果把家长工作做好,老师与家长之间的关系信任、和谐融洽,老师会对自己的本职工作更加有信心,也能够体会共同合作的快乐!

第七章　幼儿园的家长

——家园共育的有力合作者

第一节　家长义工

班级组织大型活动时总是希望人手越多越好，如外出春游时，老师既要忙着引导孩子们欣赏美景，还要照顾行走秩序，给孩子拍照就无暇顾及了。这时，如果有负责摄影的家长义工跟着孩子，就可以随时记录下孩子游玩的精彩瞬间，为班级活动留下美好的记忆。义工，能为班级工作添砖加瓦，能让家长换位思考，是家园共育的好形式。

一、激发家长主动来园做义工的意愿

家长义工是指利用业余时间，运用自己的知识和技能、时间和精力，自愿地、不计报酬地为幼儿园和孩子的发展提供热情有效服务的家长。在国外，家长义工比较常见，如美国、加拿大、德国等国都有家长义工，很多家长都喜欢利用业余时间，来到幼儿园或学校当义工，协助老师指导学生做课外拓展活动，帮老师做课前课后的辅助工作，参与设备的维护等。近年来，我国也陆续出现了家长义工，家长义工活动既丰富了幼儿园的教学资源，又使家长更加理解自己孩子的在校表现，了解老师和幼儿园或学校的各种情况，成为一种全新、有效的家园合作形式。

家长义工的意义无疑是积极正面的，但是对于没有接触过幼儿园，不了解家长义工形式的家长来说，老师一定要解释、宣传，介绍清楚活动的出发点和积极意义，在取得家长的认可支持的情况下安排实施。

案例分享

网上一则“家长义工”帖惹热议

近日一网民发帖称，一所幼儿园发出通知：“本班需家长义工，时间为每天下午1:30—5:30，每个家庭出1名家长，请家长将自己的义工时间报给老师，老师做统一安排，每天2名，谢谢您的支持！”发帖人称：“是不是很有创意？没有老师，让家长来，还美其名曰：家长义工。真是太有才了！”此帖一出，立刻引来网友的一片热议。很多家长对此举持反对意见，认为家长掏了钱让孩子上幼儿园，就不应该去做义工。幼儿园让家长做义工是为了节省开支，这种做法有点过分。有网友留言说：“好有爱的节省开支的做法，这是当掏钱的消费者们都是傻子吗？”还有网友表示：“家长上班赚钱供孩子到幼儿园，还要抽时间到幼儿园接受所谓心甘情愿的义工工作，这和社区矫正对象有什么区别？”

对此，记者采访了幼儿园有关负责人，接听电话的老师解释说：“我们的初衷就是想让家长走进课堂、走进班级，根据一些家长的职业特点，让家长有针对性地参与幼儿园的管理工作，我们这种做法也是为了推动家庭教育和幼儿园教育的一致性。”当记者问到现在网上对这种做法持反对意见的人特别多，园方怎么看时，这位老师说，我们之前跟许多家长提前探讨过了这个事情，很多家长表示支持，可能是后来班主任老师在与家长交流沟通过程中工作不到位，导致很多家长没能更好地理解这件事情。我们现在也在积极地与班主任老师和孩子家长们沟通，早点让家长理解，也让我们把好事办好。

很明显，一件具有积极意义的活动，由于老师的解释沟通工作没有做好，造成了家长的误会。因此这类事件的解释、宣传，还是面对面的沟通效果更好。

二、让家长选择义工项目

家长不是专业的幼儿老师，不清楚自己能够提供什么帮助。所以，老师不仅要宣传动员，还要帮助家长分析自身的优势，明白自己可以做什么。如有的家长有单反相机，可以在大型活动时为孩子们拍照片；有的家长亲和力强，可以组织孩子做游戏；有的家长语言表达能力好，可以给孩子讲故事；有的家长电脑设备用得好，可以为班级编辑录像视频；有的家长对种植有一套，可以指导班级开辟自然角等等。

案例分享

家长义工申请单

您愿意来园当义工老师，教授孩子知识本领吗？您愿意参与幼儿园的大型活动，并贡献智慧出谋划策吗？您愿意协助老师制作玩教具，给孩子提供更加丰富多彩的游戏材料吗？您想和孩子一起外出参观，一路护航吗？您想当幼儿园的安全巡视监督员吗？

如果您愿意利用业余时间，运用自己的知识和技能、时间和精力，不计报酬地为幼儿园和孩子的发展提供自愿服务，就来报名做家长义工吧！

项　　目	是否参加	服务内容	服务时间
学具制作义工		协助老师制作学具、玩具、成长档案等	每学期 1—2 次
种植活动义工		整理种植园地、栽种活动等	每年 1—2 次
后勤服务义工		大型活动时运送物品、场地布置等等	每学期 1 次
摄影摄像义工		记录班级活动的过程	每学期 1—2 次
外出活动义工		班级外出活动时协助组织	每学期 1 次

续 表

项目	是否参加	服务内容	服务时间
兴趣指导义工		发挥喜好和专长，教授孩子趣味活动	每学期1次
教学活动义工		结合个人专业，向孩子们传递粗浅的知识	需要时
讲故事义工		与小班孩子分享童话世界的乐趣	每学期各1次

以上项目家长如有兴趣参加，请填写后交到班级老师处。（完全自愿）

家长姓名：________

（一）参与教育教学活动

家长义工可以辅助班级老师的教学工作，充当教学助手；也可以独当一面，组织一个教育活动。家长义工还可以开展兴趣指导活动，传授孩子一技之长。

有的家长义工有着丰富的经验阅历，可以通过讲座的形式，对孩子传授相关的知识经验，如交通规则、爱护牙齿、爱护眼睛、自我保护等。还可以为家长开设专题讲座，如“冬季幼儿巧穿衣”“亲子阅读知多少”等。

（二）辅助大型活动

幼儿园的大型活动有外出参观、春秋游、社会实践、运动会、迎新年等。家长义工可以参与到这些活动的组织筹划中，也可以利用自身资源，为活动增光添彩。如在活动中充当解说员、护送员、管理者等。遇到重大活动或新游戏开展，可以请家长义工参与环境布置、教玩具制作，以此来丰富孩子的教学、游戏材料。

（三）协助安全管理

在“人防、技防、物防”不到位的园所，家长义工还可以协助幼儿园做好安全管理工作，做到“早迎接、晚巡视”。早上孩子入园时，站在门口提醒家长刷卡入园；离园期间巡视幼儿园，检查安全设施、劝阻不安全行为等。

三、提前让义工准备

家长填写好《义工申请单》以后，老师要对所有的申请单内容进行汇总。了解单个项目的人数和人员，制订本学期家长义工活动的时间安排，采用轮流的方法实施。例如选择讲故事的家长义工有 10 名，老师安排每周五下午 3:30—4:00 是家长义工讲故事的时间，并根据家长的时间需求排定家长的顺序，发布到班级论坛里，让家长了解自己服务的时间，提前有所准备。老师要注意，所有填写了《义工申请单》的家长都要有至少一次的服务机会，不能因为哪位家长技术更好就一直请他，免得个别家长负担过重。

四、给予帮助支持

有些家长虽然有特长，但不善于表达。有的家长面对自己孩子时讲解辅导得很好，但面对全班孩子显得难以招架。老师在家长来园做义工前，要和义工共同备课，交流组织的程序、内容、方式方法等，帮他们梳理要点。来园活动的时候，老师更要组织帮助。如拍照的家长需要老师用语言引导孩子做动作、看镜头等等。

案例分享

媛媛妈妈是中学地理老师，在小朋友进行《世界的奥秘》单元教学时，作为家长义工的她被请到幼儿园来给小朋友们讲一讲关于地球上五大洲、四大洋的知识。媛媛妈妈准备了丰富的教具和幻灯片，一开始就吸引了小朋友。可讲着讲着，小朋友就开始走神而且叽叽喳喳聊起天来。原来媛媛妈妈习惯了用对中学生讲课的口吻进行讲解，而孩子的理解能力和经验水平还远远没有达到能够听懂的程度，小朋友听不懂就会分神。班级老师立刻充当将问题简化的“翻译”，媛媛妈妈说出一个难懂的名词，老师就想办法用孩子能够听得懂的语言或比喻进行解释。小朋友的注意力又被吸引了过来，媛媛妈妈也意识到了自己的问题，注意表达得浅显。小朋友们获得了很多知识，活动效果也很好。

五、及时发布义工成果

义工参与了班级活动后，对成功与否很关注。老师要及时拍摄义工活动的照片发布到班级论坛上，不仅介绍活动的过程，还可以介绍活动前义工是如何准备的，孩子们的情绪态度，以及最后的结果等等。让组织活动的家长义工觉得自己的辛苦没有白费，得到了大家的认可，从而产生自信和成就感，产生继续介入的愿望。

六、颁发荣誉证书

每学期家长义工活动结束后，家长会要为每个义工颁发“义工感谢状”，以鼓励他们为孩子、为幼儿园服务的精神。对表现特别突出的义工，如次数多、时间长、特别让孩子喜欢等，可以颁发“优秀义工感谢状”。虽然是简单的一张奖状，但在家长会上颁发的意义却不同凡响。家长义工感受到幼儿园、老师、家长对自己工作努力的承认和尊重，在其他的家长面前也觉得很有光彩，激励自己不断地为幼儿园班级服务。

七、整理资料归档

活动之初的计划安排，活动开始前签到留名，活动过程中积极参与，活动后的资料收集整理，老师和家长要及时整理义工参与这些活动的资料，将义工活动计划、服务项目、过程效果、文字资料、图片资料等留存归档，一方面作为班级工作的资料收藏，另一方面为以后班级开展相关活动提供借鉴。

八、推广宣传普及，让家长参与成为时尚

从孩子的角度来看，自己的爸爸妈妈来幼儿园当义工，他们会感到非常自豪，看到别的孩子围在自己爸爸妈妈身边，会骄傲地说："这是我爸爸（妈妈）！"爸爸妈妈的善举为孩子树立了良好的榜样，爸爸妈妈助人为乐的精神、为大家服务的意识也会带给孩子积极的影响。

家长在做义工的同时，也深刻感受到教育孩子不仅仅是幼儿园的责任，更是全社会的责任。"义工"让家园之间真正形成了教育合力，形成了非常和谐的家园关系。

第二节 成长档案

孩子的成长过程是不可逆的，总是会有家长感叹："孩子长得真快啊！一转眼就从小毛娃长到这么大了！"特别是对于平时工作比较忙的爸爸们来说，这样的感触更加深刻。现代家庭都有相机或手机可以拍照记录，但是这样的照片往往是拷贝到电脑里，堆积在一起。很少有家长会花心思和时间整理照片，编辑时间、地点、事件，回忆记录该照片的意义和幕后花絮。孩子在幼儿园的情况也只能通过班级论坛和有限的家长开放时间来了解。怎样才能完整记录孩子的成长过程，将孩子在家和在园的生活有选择地浓缩到一起呢？让我们和家长一起制作《儿童成长档案》吧！

一、制作成长档案的意义

孩子的生活分为家庭和幼儿园两个部分，一本完整的成长档案也需要老师和家长共同完成。制作《儿童成长档案》有什么样的意义呢？首先，一本精彩的成长档案记录了孩子在这个年龄阶段各个方面的发展状况和发展水平，通过《儿童成长档案》内容的分析，可以预测到下一阶段的发展目标和努力方向。其次，一本完整的《儿童成长档案》记录下孩子生活的美好瞬间，增进亲子、同伴、师生之间的浓厚感情。再次，一本细致的《儿童成长档案》给幼儿提供了展示的平台，反映了幼儿的进步与成长。总之，家庭和幼儿园合作的成长档案，详尽地反映了幼儿各个方面的生活和发展，是一笔非常宝贵的财富。

既然是家园共同制作《儿童成长档案》，就一定要让家长了解成长档案的意义，在欣赏、需要的基础上和老师一起完成。在这里，向家长介绍成长档案的意义，让家长明白自己的责任和义务非常重要。老师要善于运用智慧化的语言，让家长变被动为主动，不要让家长觉得这样一件有意义的事情是负担。

案例分享

小班上学期的家长会上，余老师举着手里空白的《儿童成长档案》笑眯眯地对家长说："下面要说的这件事情非常重要，非常有意义，也需要大家 3 年的配合。"家长们立刻安静下来，眼睛注视着余老师手里的这本册子。余老师接着说："也许大家在上我们幼儿园之前就听说过，或是有机会看到过我们幼儿园的《儿童成长档案》，这是我们幼儿园的特色。这样的成长档案每学期 1 本，3 年共 6 本。里面将记录孩子 3 年来最快乐的时光。孩子的生活不仅仅是幼儿园，还有丰富的家庭生活，所以，这本《儿童成长档案》也需要家长和老师一起共同完成。"有的家长立刻发出"啊"的声音。余老师又笑了笑说："不要惊讶，先想一想，你只是做了这一本册子的一半，而老师要做 33 本册子的一半。"家长立刻点点头。"当然，内容量的多少不是我们讨论和计较的问题。我想每个家庭只有一个孩子，而且很可能一生就只有这一个孩子，爸爸妈妈对孩子的爱是无可比拟的。把这些浓浓的爱花点时间记录下来，和老师一起努力记录孩子的成长过程，是一件多么伟大而有意义的事情啊！我想这样的记录也只有在幼儿园阶段能够做到，到了小学、中学、大学再也不会有这样的时间和雅兴了！当6本《儿童成长档案》完成以后，用一根红色丝带把6本装订起来，好好收藏。待到孩子结婚的那一天，作为礼物送给他，这将是多么有价值、有意义的一份大礼啊！”听到这里，家长们笑了，纷纷点头表示赞同。余老师接着说：“所以，让我们一起努力吧！虽然时间跨度很长，虽然每次拿到空白的《儿童成长档案》都会有些紧张和彷徨，但是完成以后沉甸甸的果实会让你更加陶醉，更加有成就感。”家长已经开始鼓掌了！“别忘了，我们还真有能干的孩子哦！小班的时候，他们的能力还很弱，到了中大班，他们的小手也变得更加能干了，也可以和我们一起制作自己的成长档案呢！”

余老师一番话讲完，家长的情绪已经由惧怕、担忧变为希望、期待了！

二、推荐以往优秀作品

家长通过老师的介绍，已经了解成长档案的意义，并且也信心满满地要和老师一起来完成。但是面对空白的成长档案，还真是丈二和尚摸不着头脑。有的家长既不是搞文字工作的编辑，也不是搞美术的画家，更不是学过心理学教育学的老师。到底要记录什么？怎么记录？怎么收集资料？收集什么样的资料？做出来的成长档案是什么样子的？大家都是一头雾水。老师千万不能任由家长一头雾水地自己琢磨，因为这时候，老师的帮助和支持非常的重要，家长会觉得这不是老师抛给我的一个难题，而是老师带着我学会怎样记录孩子的成长。

老师可以拿一些以往《儿童成长档案》中做得好的作品，向大家介绍工具材料的名称，在哪里可以买到，怎样使用，册子的专题栏里要记录什么样的内容，文字和照片怎样配合，介绍完了以后给大家传阅分享。通过这样直观的欣赏，家长对《儿童成长档案》有了感性的认识，了解了成长档案的内容形式、制作方式。《儿童成长档案》里精彩的内容又进一步激发家长想要好好做的愿望。

现场交流展示结束以后，家长印象可能过两天又不深刻了。所以老师最好把成长档案的照片发送到网络的班级论坛里，让家长有时间打开来继续学习，在制作的过程中也有明确的范例参考对照。

三、分配任务细致明确

《儿童成长档案》的页面是丰富多彩的，有的页面已命题，有的则是任由老师和家长自由发挥，选择主题。所以一本《儿童成长档案》家长制作哪些页面，老师制作哪些页面，事先都要有明确的计划安排。最好是同年级组的老师在一起共同商定，以免因各个班级页面的多少引起个别家长的猜测和比较。

在把《儿童成长档案》发给家长的时候，要将家长负责制作的页面标注清楚，并给家长悉心的指导。在通知上写明每一页的主题、内容、怎样收集资料、怎样进行装饰、怎样进行文字记录等等，让家长在制作的过程中有目标、有方向、有据可循。

案例分享

小班上学期《儿童成长档案》发放给家长时，扉页上用透明胶带粘着一份通知：

请您配合

亲爱的家长：

一本崭新的《儿童成长档案》已经发到您的手中，相信您一定和我们一样充满信心、充满力量，想要完美地完成这本宝贵的手册。让我们一起加油吧！任何时候请别忘记：老师是您值得信赖的朋友，如果您在制作的过程中遇到了困难，欢迎您通过任何方式和老师交流探讨。本学期的《儿童成长档案》共 23 页，请您配合完成 10 页。内容如下：

P1.“可爱的我”，选择一张宝贝近期的照片，贴上底板。在下面的资料栏里填写内容。

P3.“可爱的小手小脚”，请用一张彩色复印纸，将宝贝的手印和脚印描绘下来。或是将宝贝的小手小脚蘸颜料在纸上拓印下来，干了以后，沿边剪下。妈妈可以把宝贝的手印、脚印组合成一个造型，然后在里面穿插记录宝贝小手、小脚能够做的事情，用照片和文字进行说明。

P8—P9.“我会做的”，配合完成《调查表》，用照片和文字的形式记录宝贝近期的成长，特别是能够做的事情，例如自己吃饭、自己脱衣服、自己画画做手工、帮助大人拿拖鞋等。

P11.“每月亮点”，从家庭步入了社会，宝贝发生了哪些变化？有什么进步呢？请妈妈留意观察并总结记录在五角星栏内。

P12—P13. 此页为空白栏，没有主题。请爸爸妈妈根据自己家庭的活动选择主题进行记录。可以是宝宝过生日，走亲访友、外出旅游，也可以记录参与班级亲子活动的情况，请大家记录时图文并茂。

P14—P15.“儿童生活写真”，将您平时收集的宝宝照片，配上文字，介绍此张照片拍摄的时间、地点和事件。

P18.“童言稚语”，收集记录孩子口中可爱有趣的话语，这可是非常宝贵的资料哦！

四、老师率先示范

成长档案是老师和家长共同完成的内容，老师不能够一味地给家长提要求，而应该让家长看到老师制作的精致、全面。用实际的行动、精美的范例推动家长朝着更好的目标迈进。如果老师自己制作的部分简单而没有实际意义，还对家长提出苛刻的要求，家长心里也许会想：老师做的也不过如此，我能够做成这样就行了；或是老师都只是做成这样，我也不专业，随便做做就行了。而老师制作得精美，给予家长的震撼就不一样了：老师真了不起，真不容易！30几本成长档案个个都做成了这样，太厉害了！我要好好做，不然就太不协调了！

案例分享

小班上《儿童成长档案》制作后，家长在论坛留言：

小班幼儿家长：今天拿了孩子的《儿童成长档案》，刚打开就不由"哇"了一嗓子，一个字——美！！！在手上翻来翻去欣赏了好久，想想班上有那么多孩子，老师们真是辛苦了！感谢呀！现在才真切体会到立体记录册的魅力，浮雕效果哟，向老师们学习！再次向老师表示感谢！！！

小班幼儿家长：昨天到学校和老师面谈，老师把《儿童成长档案》放在换洗衣服的那个袋子里给我们了。晚上8:30俺才发现这个秘密，顿时惊呼，一家三代扑过来一起看，从前到后一共认真地看了三遍，非常非常非常感动。老师的手艺真是好，而且每页都很精彩，能感到老师花了多少心思和心血。二话不说，献花！三位老师辛苦了。

小班幼儿家长：我们今天早上刚拿到。乖乖，那是一个美啊！就连每一个文字描述都是写得那样的工整。看得我实在是惭愧啊，老师做32本都这样的认真，我只做一本中的几页，还态度不端正。自我检讨，同时不忘送花，感谢老师们，你们辛苦了！

小班幼儿家长：今天带到单位"献宝"了，同事们都惊呼"绝美"，对鼓幼还有鼓幼老师敬佩万分！

五、互相交流学习

成长档案的制作持续3年，家长从一开始的懵懵懂懂到逐渐步入佳境，这其中也会积累自己的经验。教师也可以在班级固定位置存放《儿童成长档案》，提供已积累和制作的档案资料，供家长取阅和欣赏。同时也要创造机会让家长之间能够互相交流探索。这样的机会，可以是家长会上抽时间请部分家长介绍自己的心得，一方面给予家长鼓励，另一方面也让好的经验进行传播推广；还可以是学期结束的时候，举办《儿童成长档案》展示会，以亲子活动的形式，邀请家长和幼儿一起欣赏班级孩子的成长档案，相互了解和学习，借鉴他人记录孩子成长的方式方法。教师也可以利用这个机会与家长沟通，相互聊聊感想，分享交流经验。在互相交流学习的过程中梳理积累资料的经验、购买制作工具的经验、运用软件编辑照片的经验等等。当看到家长和孩子翻阅成长档案惊喜和愉悦的表情时，成长档案的价值自然就体现出来了。

案例分享

在召开"《儿童成长档案》展示会"的时候，李老师和家长们一起翻阅欣赏了全班小朋友的成长档案，然后请家长们来说一说：看了这些成长档案，觉得哪些内容最有价值？哪些内容最让自己感动？那些内容最让自己惊讶？哪些内容值得自己学习？

家长们你一言我一语讨论开来。有的说："老师制作的内容很全面，有音乐、数学、语言、美术、社会交往等各个方面的发展状况，且记录的方式图文并茂，反映了孩子的发展水平，让我觉得很有价值。"有的家长说："老师的评语让我很感动！虽然我的孩子很调皮，一定是让老师操透了心。但是老师的字里行间流露的还是对孩子的爱和关心以及期盼，用赞赏的眼光看待孩子的点滴进步。我非常感动。"有的家长说："露露妈妈记录下孩子很多的第一次，如露露第一天上幼儿园的表情；露露第一次拿筷子吃饭；露露第一次帮妈妈洗碗；露露第一次独立分房睡觉；露露第一次参加公开表演；露露第一次学会轮滑等。我觉得非常有纪念意义，以后也要注意收集孩子的第一次。"还有的家长说:“虽然我家儿子的成长档案不是那么精致,但是收集了很多孩子想要保存的东西。例如儿子最满意的画画、最喜欢的照片、最得意的智力游戏单、最心爱的蝴蝶、树叶标本,还有他的童言稚语,逸事趣闻和他参加排球比赛得到的奖状。我想这以后也会成为宝贵的回忆。”

家长的发言给了李老师很多的启示,也让家长之间相互借鉴和学习。果然,第二学期的《儿童成长档案》就更加丰富和精美了。

当孩子拿到自己的《儿童成长档案》后,看了又看,爱不释手。在家庭中,每当有亲朋好友造访,孩子都会迫不及待地拿出自己的《儿童成长档案》给客人们欣赏,因为这是他们的骄傲。在闲暇时,在孩子升入小学,甚至长大后,再与家长一起翻阅幼儿园时期的成长档案,照片中、文字中的故事开始叙说孩子幼儿园时光的点点滴滴,收藏着儿时珍贵的回忆。家长感慨:最大的收获就是和孩子一起成长、一起快乐分享!

《儿童成长档案》是幼儿成长历程的积累,记录了每个孩子特有的成长轨迹。家长也经历了从认识到认可到乐于参与制作,再到主动收集资料和记录的过程。家长的参与在一定程度上保证了孩子发展资料的全面性和详实性。这样有效利用家长资源,实现家园资源共享,最大限度地发挥合力作用,使家园教育显现出了整体性、一致性、连续性,促进了幼儿的发展。

第三节　教学资源的宝库

如果说家长义工是家长亲力亲为的行动,那么家长资源就是丰富而强大的隐形宝库。家长有不同的职业、不同的专长、不同的优势,他们是幼儿园教育教学资源的提供者。无论什么样的幼儿园,无论什么样的家长群体，无论什么样的班级构成，家长资源都是现实的、客观的、丰富的。怎样了解、挖掘、发动、利用家长资源，让其成为教学资源的源泉，这是幼儿园老师值得思考的一个命题。如果能够很好地运用家长资源，将会在和谐积极的状态下将班级工作、幼儿园活动开展得更加卓有成效。

一、个体资源的挖掘使用

虽然有义工活动的支撑，但那毕竟是一种帮助性的工作。而让家长成为真正的老师，走进课堂，就需要班级老师的发现、鼓励和雕琢。细心观察不难发现，有的家长温柔细腻，有的家长雷厉风行；有的家长善于表现，有的家长默默关心；有的家长对运动项目有研究，有的家长对美食营养有一套；有的家长会唱戏，有的家长会弹琴，有的家长爱舞蹈，有的家长善编剧。这些可能在填写“义工申请单”时不会体现，家长也不知道自己的小爱好能够成为孩子们学习的内容和方向。老师在观察发现后可以邀请家长和孩子们一起扩展学习的内容，丰富教育资源。

（一）细心观察，处处留意

当家长和老师成为朋友以后，交流的话题会从孩子在园情况，拓展到家长的生活、工作、学习、兴趣爱好等等。老师要细心观察、处处留意，善于捕捉家长身上的闪光点。

案例分享

墨墨妈妈在中班下学期就教墨墨学习跳绳了。妈妈把墨墨学习跳绳的过程总结成三部曲，还分析了重点和难点，并配图公布在论坛上。老师觉得墨墨妈妈总结得非常到位，比自己平时教小朋友练习跳绳的方法还好，于是就虚心向墨墨妈妈求教，并且约定到了大班时，请墨墨妈妈抽出一下午的时间来到班上教小朋友们学习跳绳。墨墨妈妈对老师邀请自己来园指导非常高兴。

大班一开学，墨墨妈妈主动来问老师，什么时候来教小朋友们跳绳？老师安排了一个下午的时间，墨墨妈妈教得非常认真，而且组织得也很有趣。她自己说，为了教小朋友们学跳绳，自己在家琢磨了一个暑假呢。以后早上来送墨墨上幼儿园时，妈妈总要在操场上停留一会儿，看看小朋友们练习跳绳，还会去帮助一下有困难的小朋友。

（二）热情邀请，支持配合

有的家长具有某方面的专长，自己做可以，但是不善于表达，对于自己到幼儿园当老师心存疑虑。所以班级老师在热情邀请的同时，要给予支持和配合，满足家长的需要，帮助家长一起完成教学活动。

案例分享

彤彤爸爸是一位棋类专家，象棋、军棋、跳棋样样精通，听说还参加正式的比赛获过奖呢。大班下学期的单元活动中有“好玩的棋类”主题，老师想请彤彤爸爸到幼儿园里来给小朋友讲一讲各种棋类的玩法。彤彤爸爸面对老师的热情邀请心有疑虑：自己不善言辞，下棋还可以，但是讲解实在不行。他担心语言枯燥，小朋友们听不懂。老师表示没有关系，先请彤彤爸爸自己选择两种认为比较好讲解的棋类，然后约时间讲给老师听，正好借此机会，老师也学习学习。然后老师再帮助彤彤爸爸梳理语言，用孩子能够听懂的话来说。经过这一番试教，彤彤爸爸理解了怎样将严肃的规则用活泼的语言讲给孩子听，老师也学会了棋类的简单下法。正式上课时，小朋友们很感兴趣，纷纷表示还想学一学其他棋类的下法，彤彤爸爸很有成就感。

（三）虚心求教，取长补短

幼儿园课程涉及了五大领域，涵盖的内容也非常广泛。幼儿园老师不是万能的，很少有老师能够做到样样精通，所以有特长的家长也是老师学习的对象。先向家长学习，再传递给孩子们，师生都受益。

案例分享

擅长美术教学的朱老师带大班时很想给小朋友们开辟一个科学区，带领他们玩科学小游戏，进行科学探索，激发他们对科学的兴趣，获得科学知识。选择什么样的游戏，小朋友们既喜欢又有科学价值呢？朱老师虚心向浩宁的爸爸求教。浩宁的爸爸是大学机械工程专业的老师，平时对科学小实验就很有研究，也经常在论坛上发布自己和儿子一起做的科学小实验。浩宁爸爸见老师向自己请教受宠若惊，连忙带来很多有关科学小实验的书籍，还主动购买了一些简单的实验器材放到了科学区。虽然浩宁的爸爸没有直接给小朋友们上课，但是教会了老师很多小实验，还提供了很多的资料和器具，这也是一种教学资源的利用。

二、生活资源的挖掘使用

幼儿园的活动一般都是单元主题下的领域活动，孩子需要对教具学具进行观察、操作、探索。所以幼儿园教学活动经常需要家长配合带一些资料来。这些教学资源往往蕴藏在家长的生活中，需要搜集寻找。而家长生活资源的挖掘有的是老师发起的，有的是家长主动捐献的。

（一）教学资源的收集利用

孩子的年龄特点决定着他们喜欢生动、形象、直观的学习材料，照片、图片是幼儿园常用的资源。但幼儿园资料室库存有限，加上班级众多，图片资料在班级之间轮换，效益发挥不大。如果家庭中有适宜的图书、画册、图片资料，不仅解决了教学活动需求，也可以短时用于布置班级单元墙饰了。有些家长是网络高手，不仅能下载，还会编辑制作，这样的资源比幼儿园课程资料库里的还要有趣。

（二）游戏资源的收集利用

除了教学活动需要资源外，幼儿园游戏需要的资源则是无底洞了。幼儿园有“资源回收站”，班级有“百宝箱”。老师可以经常性地向家长征集废旧材料，并把改造后的材料向家长展示。家长熟悉幼儿园的课程形式和内容后，就会主动留意生活中哪些废旧物品可以放到“资源回收站”、“百宝箱”以供再利用。家长捐献的资源，老师要积极思考可以用在什么地方，不能因暂时不需要而拒绝。培养家长主动积极的意识不容易，不能随意打击。

案例分享

亲杨阿婆有一天对老师说：“老师，我觉得你们真是太能干了，普普通通的东西到你们手里都能变成艺术品。”老师笑笑说：“我们就像捡垃圾的，看到这个也想要，看到那个也想要。马路上看到垃圾车都恨不得拦下来，跟师傅谈谈泡沫盒能不能卖给我。”亲杨阿婆说：“是哦！以后我家东西都不扔，先问问你要不要。”就这样，亲杨阿婆今天带来几本旧台历，明天带来几个超大的河蚌壳，后天又带来一个大蛋糕盒等等。旧台历成了美工区小朋友们的作品展示板，河蚌壳涂上颜色成了陈列区的艺术品，大蛋糕盒装上泥土放到自然角种大蒜了。亲杨阿婆看到自己带来的东西都被老师用上了，心里很高兴，便号召其他的阿婆也要像她一样，把废旧物品带来送给老师。

三、工作资源的挖掘使用

每一位家长都是群体中的人，都有自己所属的单位或是圈子。家长工作的单位也可以成为宝贵的教学资源提供者。例如：有的家长是医生，可以请牙科的同事来给小朋友们讲一讲保护牙齿的知识；有的家长是武警，可以请武警叔叔到幼儿园来和小朋友们联欢；有的家长是邮局的工作人员，可以请小朋友参观邮局，了解信的旅行；有的家长是广告公司的，可以帮助老师打印活动背景板；有的家长是大学图书馆的，可以带小朋友参观图书馆，了解图书馆的借阅规则等等。总之，每一位家长背后都隐藏着丰富的资源，这要靠老师的挖掘与培养。

（一）梳理职业，找准目标

每一个班级都有信息登记表，上面有孩子和家长的基本信息。老师可以从中大致了解本班家长从事的职业。这并不是要比较谁的单位好，谁家更有钱，而是考虑有什么样的家长工作资源可以利用。

（二）沟通了解，委婉表达

梳理完家长的职业以后，可以有意识地与其中的部分家长进行沟通，了解确认家长的工作性质。如果可以为孩子们服务，老师可委婉地表达自己的想法，不要让家长觉得来上幼儿园有做不完的事。

（三）体谅家长，量力而行

有时候，虽然家长在某个单位工作，从事某种职业，但并不代表家长有接待老师和孩子的权限。所以老师在提出希望的同时，一定要考虑家长的能力范围，不要让家长有压力，硬着头皮去做。

（四）不论成败，表达感谢

有时和家长联系的事情并没有完成，或是未达到理想的状态。不管结果如何，家长都付出了时间和精力，老师一定要代表班集体、代表孩子表达感谢。不要让家长觉得，老师吩咐我做事就像是应该的，为没有办好而自责。

四、社会资源的挖掘使用

随着时代的发展、社会的进步，幼儿教育日益受到社会各界的关注。一方面，家长排除千难万险追求名园，对幼儿园赋予了更多的期望与苛刻的要求；另一方面，幼儿园在高期望值压力下努力探寻更多可利用的社会资源，以丰富教育内容，提高教育质量。陈鹤琴先生在其活教育的三大纲领中阐述“大自然，大社会，都是活教材”，意喻幼儿园的教育内容要贴近儿童的生活实际，凡是与幼儿生活相关的、对幼儿成长有利的，都可以信手拈来成为教育的场所与资源。幼儿园与社会既然有了双向的需求，如何利用社会资源、实现双向服务必然成为现代幼儿园管理的新任务和新要求。

（一）教学中社会资源的利用

幼儿园与社会、家庭共同承担教育孩子的重任，社会各界人士均有关心、支持教育事业的责任与义务。幼儿园的家长、家长所在单位、幼儿园所属社区、幼儿园周边单位，都应成为幼儿园社会资源的积极提供者和支撑者；本地区有影响的风景名胜、著名建筑、民俗活动、重大活动，都应成为直接的社会实践资源场所。

教学中社会资源有效利用的最佳办法就是与单位机构签订“社区教育资源利用协作协议”。幼儿园可结合课程的需要，与单位、机构签订“社区教育资源协作协议”，协议要约定双方的责任与义务，以增强计划性（接待者、时间流程、介绍重点等），提高社区资源利用的实效。

在教学社会资源的利用上，幼儿园一定要学会回报与感恩。虽然社会各界有义务关心教育，但毕竟幼儿园在享用社会资源的同时也给资源提供方带来了一定的影响。因此，解决资源提供方子女入园、利用宣传报道赞誉资源提供方、为资源提供方提供育儿教育咨询、合理付费，都是解决矛盾的好方法。

（二）管理中社会资源的利用

幼儿园的家长、协作单位、社区管理者、关心幼儿园事业发展的热心人士，都是幼儿园管理中可利用的社会资源。他们不仅可以为幼儿园管理提供创意与建议，幼儿园更能通过他们的口口相传，获得直接的社会评价。

下表介绍了各社会资源在幼儿园管理中的作用：

资　源	作　用	介入方式
学校发展委员会、家委会	根据社会的需求提供直接的建议、意见，促进幼儿园办学与社会需求一致。	座谈、问卷调查、满意度测评
政府教育督导室	根据政府的办学标准提供改进建议、意见，促进幼儿园办学与国家要求统一。	督导、检查、评比
教研室、教科所、高校研究机构	根据教育的发展提供值得参照的理论依据，促进幼儿园的办学科学化、现代化。	视导、观摩、课题研究、教学评比
宣传媒体	根据大众的期望分析幼儿园目前的办学水平，促进幼儿园办学大众化、规范化。	广播、电视、报纸、网站的信息披露

俗话说“山外有山、天外有天”，如果幼教工作者能够借助行业外人员的力量分析幼儿园的现状、规划幼儿园事业发展的前景，“跳出教育看教育”，一定会有海阔天空之感。

案例分享

小班家长义工活动——制作运动会道具

活动时间：周六下午1:00—5:30

活动地点：小一班活动室

义工人员：4位家长义工

服务对象：小一班孩子

活动拍照：班级老师

活动目的：

1. 家长义工协助老师制作运动会道具；
2. 了解幼儿园运动会的形式，增强对班级的情感。

活动准备：

运动会道具小甲虫的卡纸、双面胶、油画棒、松紧带；点心、水果。

活动过程：

1. 家长义工签到(14:50)，挂工作牌。

2. 集中在宽敞的活动室。

3. 老师讲解运动会道具的内容。

4. 老师示范小甲虫的做法。

5. 老师和家长义工共同完成道具制作任务。

6. 休息，饮用茶水，吃些准备好的点心，水果。

7. 表示感谢，合影留念；告别。

中班家长义工活动：春天里的宝宝(摄影)

活动时间：周四上午10:00—10:40

活动地点：幼儿园

义工人员：4位家长义工

服务对象：中一班孩子

活动拍照：班级老师

活动目的：

1. 家长义工利用自己的相机、技术帮小朋友们拍摄春天里的照片；

2. 小朋友们感受到摄影的魅力。

活动准备：

小朋友事先知道拍照，打扮好来上幼儿园。单反数码相机。

活动过程：

1. 家长义工签到(9:50)，挂工作牌。

2. 认识4位摄影师。

3. 讨论拍照时注意事项。

4. 小朋友选择自己喜欢的摄影师。

5. 摄影师在老师的陪同下分别到自己感兴趣的景致内进行拍照。

6. 在班级电视机上欣赏、评价大家的照片。

7. 与摄影师道别。请摄影师将照片后期处理好以后发送到班级论坛里,供家长下载冲洗。

大班家长义工活动:棋类总动员

活动时间:周五上午 10:00—10:40

活动地点:幼儿园大一班活动室

义工人员:4 位家长义工

服务对象:大一班孩子

活动拍照:班级老师

活动目的:

1. 家长义工通过自己的介绍,帮助孩子认识更多种类的棋;

2. 尝试教会孩子掌握 1—2 种棋类的规则。

活动准备:

各种棋类、投影仪。

活动过程:

1. 家长义工签到(9:50),挂工作牌。

2. 义工爸爸轮流用视频展示仪介绍 1 种棋类的玩法。

3. 幼儿根据自己的兴趣向家长义工请教,结为师徒。

4. 师徒共同切磋棋艺。

5. 幼儿之间互相对垒。

6. 进行棋王争霸赛第一季。

7. 为冠军颁发奖品。

8. 老师和孩子感谢家长义工的参与,合影留念。

第八章　家长、孩子和老师
——活泼的亲子活动

第一节　亲子活动内容的选择

一般意义上的亲子活动是根据教育对象的成长特点和需要，在专业人员指导下由儿童和他们父母或看护者共同参与的一项具有指导性、互动性的活动，活动的主体是儿童和家长。而幼儿园亲子活动一般是由教师发起，教师、家长和儿童三方共同参与的活动，它是家园共育的重要途径和组织形式。在这样的活动中，教师与家长两方面教育资源都得到充分的开发利用，教师用其幼儿教育专业知识影响家长，家长也以所获得的有针对性的育儿经验影响教师，双方积极互动、合作，不仅可以最大限度地达成一致，形成最大的教育合力，为幼儿创造最佳的教育环境，促进幼儿更主动、可持续的发展，并且能够让教师在班级工作及家长工作方面出新出彩！

如何让班级的亲子活动不仅仅成为教师每学期都要完成的任务，同时也能够更多地展现班级风采，成为增进家长与家长、家长与幼儿、家长与老师之间沟通理解，形成班级凝聚力的良好渠道呢？这是值得老师们思索并付诸实践的话题。

一、亲子活动内容选择和设计的思路

举行亲子活动，首先考虑的是内容的选择，简而言之就是要做什么。

怎样拓宽教师和家长选择亲子活动内容的思路，让亲子活动成为大家更感兴趣，更有意义的活动呢？我们可以从以下几个方面来思考：

（一）班级状况

幼儿园孩子的年龄段是3—6岁，也就是小中大班的幼儿。各个阶段的幼儿年龄特点不一样，班级家长之间的熟悉程度不一样，家长对老师的信任依赖程度不一样，教师对家长的性格特点了解程度也不一样。我们来仔细分析各个年龄阶段的状况，以此作为班级亲子活动内容选择设计的依据。小班：儿童年龄小，社会认知度低，家长之间很陌生，甚至因为幼儿间的摩擦有些许敌对情绪；家长对老师处于观望状态，老师对家长处于熟悉、分析阶段。这个时候亲子活动内容的选择要能够让孩子明白活动的目的，让家长之间互相认识，让老师有更多的机会去接触每一位家长，让家长感受到老师对自己的热忱，从而产生对集体的向心力。中班：儿童之间的交往水平提高，身体素质明显增强；家长之间较熟悉，并形成一定的小圈子，家长与老师之间经过磨合逐渐熟悉。这个阶段的亲子活动可以开展主题意义更加社会化、运动量大些的、互相配合度高的活动。大班：儿童的社会认知度更高，各方面的发展进一步成熟，家长与老师已经共同走过美好的两年多时光，成长、怀念、展示、期待的情绪更加浓厚。这时候开展一些才艺展示的活动和意义深远的远足活动，将会给幼儿园的生活画上完美的句号。

（二）现有的各方面资源

家园共育的亲子活动不仅仅是老师思考的事情。那么一个班的家长有哪些可以利用的资源呢？例如：有的孩子的爸爸是消防系统的官兵，可以联系自己的单位，邀请全班小朋友和家长参观消防队，观看消防队员的演练，参观消防队员的生活宿舍，了解消防队员的生活，了解消防安全知识，学习发生火灾时逃生的本领。有的小朋友妈妈是大学的老师，可以联系大学的图书馆，邀请大家参观图书馆，了解图书管理员的工作情况，知道图书馆中书籍分类、查询、借阅的方法，观察大哥哥大姐姐怎样在图书馆里阅读，萌发热爱阅读的情感等。

（三）依据生活的轨迹

亲子活动是学习的一部分，这里的学习包括老师的学习、家长的学习和孩子的学习。所有的内容都应该从生活中来，到生活中去。可以依据生活的轨迹，应时、应景、应人来思考设计亲子活动。

1. 季节的变化。春暖花开的季节，秋风落叶的季节，大自然赋予我们珍贵的景致。全班小朋友、家长、老师相约在大自然美丽的怀抱中仔细观察周围发生的变化，与植物、动物亲密接触，在草地上玩快乐的亲子游戏，在清新的空气中留下欢乐的笑声和浓厚的友谊。

2. 来临的节日。中国是一个具有悠久文明的国度，我们的传统节日丰富多样，随着时代的发展，舶来的节日也在我们的生活中占据了一席之地。在节日来临之际，大家一起其乐融融地开展各种庆祝活动，也是过节的一种好选择。例如："三八"妇女节的"妈妈，我爱你"活动，父亲节的"爸爸运动会"，端午节的包粽子，中秋节的做月饼，圣诞、元旦的迎新年，在节日中留下了难忘的回忆。

3. 儿童的成长轨迹。小班的宝宝年龄小，刚上幼儿园，对家庭的依恋情绪还很浓重。此时可以举行一些亲子游戏，促进宝宝和爸爸妈妈情感的交流，展现爸爸妈妈的魅力。中班孩子认知范围扩展，可以进行一些制作类、运动竞赛类的活动。大班的孩子身体素质更加健壮，对世界生活的认知渴望也更加强烈，可以进行一些参观、远足、献爱心的活动。

二、亲子活动内容选择和设计的类型

以上所说的是选择设计亲子活动的思路依据，那么亲子活动有哪些类型呢？

（一）亲子手工制作

亲子制作活动的主题可以从课程中来，也可以围绕节日进行。幼儿年龄较小，一些有难度的手工制作活动难以独立完成，需要爸爸妈妈的帮助。如主题活动《机器兵》,邀请爸爸妈妈和孩子收集各种各样的盒子、瓶子,一起进行制作机器人的比赛;《快快乐乐闹元宵》主题活动中,大家一起用废旧材料制作花灯。下面以艺术节《青花》为例,看看其中的手工制作类型。

案例分享

花开的五月迎来幼儿园为期三周的艺术节,本次艺术节的主题是民间艺术。老师在灿若星辰的民间艺术中选择"青花"作为载体,引领小一班的孩子们在青花的曼妙世界中观赏、感受、领悟、表现。

艺术节的高潮是"六一"儿童节的庆祝活动,每个班的小朋友都将表演一个群体性的节目。于是艺术节的活动在青花的引领下紧紧围绕表演节目进行。老师设计的节目是青花时装秀——《美丽的青花梦》,活动紧紧围绕青花,从道具到服装,从发饰到背景,无一不渗透青花的雅致和孩子们的无限的潜力。

活动初期,家长将家里的青花瓷器具带到幼儿园,布置成青花瓷一角。老师还到网上搜集了青花瓷器具及青花创意生活图片布置在教室的单元环境中。老师孩子们一起"赏宝"、"鉴宝"、制作青花团扇、青花折扇、青花灯笼、青花吹画长卷、青花藤蔓等等。

 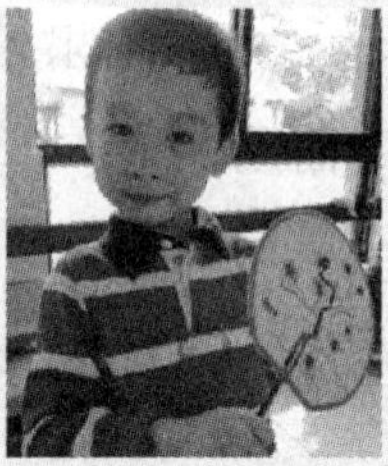 

表演的道具都准备好了，就差表演的服装啦！让我们DIY吧！老师和家委会一起商量，在网上买到大号的白色T恤衫，准备好绘画的丙烯颜料和绘画用的笔。周末，爸爸妈妈和宝宝们约好到幼儿园里画青花T恤衫。家长们先设计好绘画的图样，一位家长负责画T恤衫，另一位家长和宝宝一起来用白手帕扎染。扎好的白手绢在蓝色的染料里浸泡，用蓝色的纸剪出镂空的图案贴在白色的底板上，画好的T恤衫再进行加工改造，一件件旗袍、长裙、古装长衫在家长的手下别出心裁地变身成功。老师们再给女孩子们准备好大花、蝴蝶结等青花系列的发饰，一位位“美女”，一位位“才子”造型成功。老师还画了两把青花雨伞当做道具参与节目的演出。

艺术节的每一次美术活动创作时间，我们播放的都是周杰伦的歌曲《青花瓷》。孩子们对这首音乐已经非常熟悉了。在表演的时候，我们将孩子们分成手帕组、团扇组、雨伞组、折扇组、灯笼组、长卷组。一组组小朋友轮流出场摆造型，大家都有展示的机会。

清幽的音乐响起，身穿青花盛装的女孩犹如凌波仙子缓缓步入舞池，艳惊四座！一眼一眸，一颦一笑，都美得令人屏息！“仿佛兮若轻云之蔽月，飘飖兮若流风之回雪”，也只有《洛神赋》才足以形容女孩们的惊人之姿！男孩一上场，全场就响起热烈的掌声和惊艳的欢呼声！男孩们犹如古代的翩翩佳公子，缓缓踱步而来，每个人身上流露出的自信和从容，都恰到好处地演绎出了青花的浓浓韵味。

最后大家一起随着音乐缓缓摆动，仿佛都沉浸在那悠远的曲调中。随着流水般的音乐轻轻流淌，我们的表演完美落幕！

在本次艺术节活动中，我们将表演与创作活动完美结合。美术创作活动为表演准备道具，亲子活动为表演准备服装。老师、家长、孩子一起徜徉在青花的世界里，感受青花、领略青花、创作青花、演绎青花。活动取得了圆满的成功！

（二）亲子运动游戏

活泼有趣的亲子游戏，使家长能带着一颗童心走进孩子们的心灵世界，在游戏过程中增强幼儿与同伴、家长与家长、家庭与幼儿园之间的互动，使幼儿和家长感受游戏的愉悦，体验亲子情感，促进亲子沟通。如“两人三足”“抱大树”“捉尾巴”等亲子游戏，多年来已成为幼儿园家园活动的保留节目。

案例分享

随着《那些年，我们一起追过的女孩》电影热映，一股强劲的怀旧风弥漫在城市间。除了年轻时的情愫，还有年幼时的快乐值得我们回忆。在阳春三月，爸爸牵着当年追过的女孩（妈妈）的手，带着幸福的爱情结晶（孩子），在米老鼠和唐老鸭的队牌指示下，听着当年广播体操入场式的音乐，迈着整齐的步伐，喊着响亮的口号，一起玩着当年的游戏：滚铁环、拍洋画、踢毽子、跳绳、掰手腕等。年轻的感觉重新焕发，手把手地教会孩子自己当年玩的游戏。伴着和煦的春风，场地间弥漫着幸福的气味！

（三）亲子郊游远足

陈鹤琴先生说：“大自然、大社会都是活教材。”丰富多彩的亲子郊游活动，有的可以进行野外生存训练，也有结合课程的动物园郊游、森林公园之旅等。这些亲子郊游活动由于老师的介入指导，使之从原来的无目的、无序的组织，到有目的、有计划、有针对性地开展。教师还有意识地帮助家长捕捉身边的教育契机，让家长们感受到这些活动与以往单纯外出游玩的不同之处，体会到对孩子的教育既不是高深莫测的，也不是呆板生硬的说教，它就存在于孩子生活的每一个细节之中。充分挖掘环境的教育资源，让孩子在真实、自然的环境中接受适合的教育，同时也让家长亲身感受到身边处处是教育。每一次的郊游活动不仅让亲子关系、师幼关系更加密切和谐，更能促进幼儿身心健康和谐发展，也使家园沟通更加顺畅，深受家长们欢迎。

案例分享

在参观江宁蔬菜科技园的过程中，大家都被这里形态各异的瓜果蔬菜吸引住了目光，连连称奇。教师发现有一种植物爬满了架子，于是请孩子们仔细观察，请他们摸一摸有什么感觉，说一说这样的造型像什么。这时家长就引导孩子说："你看它长得多像门帘呀！"在生态园里，大家一起挖山芋、掰玉米。老师又引导小朋友观察山芋长在哪里，玉米长在哪里。爸爸妈妈们也引导孩子怎样撕开玉米的皮，怎样判断玉米是否成熟，怎样使用小刨子刨山芋而不会把山芋弄坏。

（四）亲子环保劳动

倡议家长和孩子共同参与到劳动中，如亲子种植、亲子拾捡周围生活中的垃圾活动等，在其乐融融的劳动气氛中，孩子们学习了简单、基本的劳动技能，增强劳动意识、环保意识，体验着劳动的乐趣，从而增进亲子间的感情，也转变了家长溺爱、包办代替的教育观念，提高了家长的教育技能。

案例分享

3月12日植树节，正好是星期六。老师、小朋友和爸爸妈妈们一起乘车到老山公园进行植树活动。大家来到植树点，每家领取一棵树苗和一把铁锹。爸爸妈妈和宝宝一起商量选择一块合适的空地进行种植。家长教孩子们怎样使用铁锹，和宝宝一起努力挖一个大坑。然后宝宝负责将树苗立在大坑中，爸爸妈妈负责填土。小树栽种好了，宝宝又亲手挂上在幼儿园中已经制作好的爱心牌，期待小树苗茁壮成长，为净化空气、绿色环境做贡献。

（五）亲子欢庆节日

快乐的节日，既有爸爸妈妈的陪伴，又能和小伙伴、老师在一起，没有比举行亲子过节活动更加合适的庆祝形式了！一个班级所组成的大家庭济济一堂，欢声笑语，其乐融融。

案例分享

圣诞节和元旦相隔几天，中一班的家长、小朋友们和老师在幼儿园的小礼堂一起庆祝节日的到来。下午，大家陆陆续续到幼儿园里来，按照事先约定的分工进行布置活动。17:00起，每家带来的拿手菜肴已经热好摆满了长桌，新年大餐开吃喽！用餐完毕，打扫完战场，欢乐的演出开始了。有小朋友们表演的歌舞、童话剧，家长们表演的戏曲变脸，时尚反串。高潮一浪接一浪，大家乐得肚子都笑疼了，直呼比看春节晚会还要过瘾。

（六）亲子阅读分享

图书是孩子最好的朋友，很多小朋友都有自己喜欢阅读的图书。怎样让孩子轻松愉快地阅读，保持良好的阅读习惯呢？亲子阅读分享可以通过推荐一本好书共同阅读一个好的故事、进行生动的表演、开办亲子剧场等形式激发孩子阅读的兴趣，提高孩子的语言表达能力、记忆力、想象力、表演能力。同时家长与幼儿共同阅读的美好时刻，将给孩子的一生留下幸福美好的回忆，成为孩子人生道路上的一笔宝贵财富。

案例分享

小朋友们进入中班以后，对图书的兴趣越来越浓厚。大家平时都在看什么好书呢？我们一起来开一场图书阅读分享会吧！每一位宝宝和爸爸妈妈一起挑选一本自己最喜欢的图书，带到幼儿园里来。大家围坐在一起，听小读者介绍自己推荐的书名和主要内容。然后分小组交流传阅，选出本组里面最受大家欢迎的书。妈妈或爸爸利用视屏投影仪，在大屏幕上讲述这本书的主要内容。大家一起来学一学故事里人物、动物的表情、语言、动作。这些书留在幼儿园中一周，小朋友们互相传阅。宝贝们专注看书的样子真迷人。

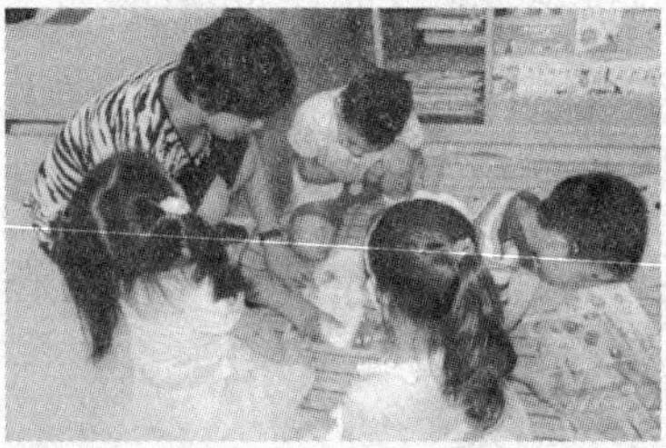

（七）亲子奉献爱心

“爱”是世界永恒的主题，随着孩子们年龄的增长，不仅仅感受到家人、老师、社会对自己的爱，也有满满的爱想要释放出去。和爸爸妈妈老师们一起为受灾地区的伙伴们、为西部贫困地区的朋友们、为福利院的同龄人做些什么吧！与报社联系，走上街头义卖报纸。与杂志社联系，义卖杂志。还可以把自己的玩具图书捐献出来义卖，筹得资金，给需要的人送去。除了义卖，还可以用慰问表演的方式献爱心。编排活泼可爱的舞蹈、歌曲到敬老院中表演给爷爷奶奶看，满堂都是欢乐！

案例分享

“六一”前夕，大三班的小朋友们开展了“爱心义卖，共度‘六一’”亲子活动。活动前，老师向家长和幼儿发出倡议：“你的家里有多余的玩具吗？您愿意通过义卖为福利院的孩子筹措‘六一’礼物的资金吗……”打破传统募捐的形式，通过义卖的方式来达成活动目的。

拿来卖的物品是孩子们自己的玩具、物品，而且买卖双方都由亲子共同参与，是让幼儿进行真正市场交易的体验。活动倡议发出后，得到了家长和幼儿的积极响应，家长与幼儿在老师的指导下，共同收集整理家中物品、制定价格、布置摊位等。活动当天，我们随处可见"爱心天使"的行动，"买一件商品，献一份爱心""爱心不打折"……"义卖"活动蕴含了对幼儿爱心、同情心、社会交往能力、社会责任感的培养以及金钱概念的形成等方面的教育。这一形式上的创新，激发了幼儿的兴趣，也让家长看到了活动的价值，大大激发了家长和幼儿参与的积极性。活动结束后，家长和幼儿代表将义卖所获得的钱购买了一些物品，连同剩余的款项一起送到了儿童福利院，让那里的孩子们也度过了一个快乐的"六一"。

（八）亲子才艺展示

每个家庭都有自己喜欢的艺术氛围。有的妈妈爱好唱歌，孩子在生活中被歌声环绕，熏陶培养出小小歌唱家。有的爸爸喜欢画画，有事没事免不了多多指导孩子进行审美活动。有的爱烹饪，有的爱健身，有的爱书法，有的爱表演，有的爱弹琴。孩子有了特别的"遗传"，家长也会在这些方面进行有意识的培养，老师也会多多进行鼓励引导。到了大班，孩子们的才艺也有了一些基础。来一场亲子秀，让大家在舞台上大放异彩。

案例分享

大一班在幼儿园的小礼堂举行了一场"我型我秀"的才艺展示活动。提前两个月发了活动通知，让大家做好充分的准备。展示的内容不限，形式不限，人数也不限，可以是孩子单独展示，也可以和爸爸妈妈爷爷奶奶一起展示。提前一周，各家将展示的内容、名称、演出人员名单上报老师。老师整理以后，制作了宣传海报。活动前家委会和老师将舞台布置得非常美丽。演出期间，精彩的魔术让人眼花缭乱，美丽的舞姿让人醉心倾倒。专业的服装、道具使演出倍添光彩。这样的机会，家长们也很珍惜。活动中涌现很多精彩节目，大家评价“深藏不露”“一夜成名”。

第二节　亲子活动的注意事项

一次成功的亲子活动离不开充分的准备和细节的精心处理。在策划、准备和进行亲子活动的过程中，注意以下事项，将会减少矛盾，获得事半功倍的效果。

一、保障经费的来源与使用

无论什么形式的亲子活动都需要有一定费用的支出，这些费用需要家长共同分担。在家委会中有一位家长专门负责经费的管理，这就是家委会的“会计”。经费的筹措有两种方式：一种事先算好每家需要的费用，包括门票、车费之类的，提前收取；或是由一位家长先行垫付，活动后再收取。还有一种方式是每学期或每学年先从每个家庭收取一定数额的资金作为班费，由家委会的会计保管。举行活动需要资金的时候，就从这里支出。仔细做好支出项目的发票、收据的管理工作，做到每一笔账目清清楚楚，每学期在班级门口公布经费使用的情况和明细。这种做法减少每次收费找零的繁琐，又可以在举办活动时量力而行、量体裁衣。

在经费使用过程中要注意合理节约使用，老师不能因为是家长掏钱就不注重经费的节俭。活动策划过程中要考虑到每一个家庭的经济承受能力，尽量举办一些经济实惠的活动。

二、拟定细节的落实与操作

活动的成功离不开精心的设计。组织者在活动设计、实地勘察、材料准备、落实安排等方面都要到位，才能够保证在活动中不出意外或少出意外。每一个活动都是由多个环节组成，环节中的衔接，场地的转换，既要组织者心中有数，也需要参与活动的人员理解并执行。老师的精力是有限的，不能同时顾及多方，所以需要一些家长助理协调完成。前期要召开亲子活动小组协调会议，商讨出活动步骤和细节安排，并将各方面的内容交由专人负责。大家齐心协力，为活动的顺利开展添砖加瓦，共尽其力。

案例分享

为了庆祝新年的到来，中一班拟举行一次亲子活动。老师提前思考活动的主题和形式，并邀请家委会委员和部分热情参与班级活动的家长召开会议，讨论活动的细节安排。在活动中需要女生扮演公主，男生扮演王子；小朋友的节目由老师在班级日常活动中进行排练，还有几个家长节目，需要家长报名排练；活动当天，每个家庭还得准备两道拿手菜，让大家一起品尝，由于天气较冷，家长带来的菜需要加热。会议讨论，决定分成女生服装组、男生服装组、饭菜准备组、舞台布置组、各节目表演组、材料准备组并落实了各组组长和组员，拟订出详细的活动方案。会议结束以后，各组组长做好充分的准备。活动期间，有了大家的齐心协力，各个环节衔接紧凑，家长们各司其职，互相帮助。活动效果超出预期，成为大家宝贵的回忆。

三、进行前期的宣传与动员

作为活动的组织者，最大的欣慰是大家积极参与活动并能够获得快乐和收获。但是亲子活动不是幼儿园半日活动，虽然大多是安排在双休日时间，但有的家庭会有各种各样的其他安排，有的爸爸妈妈需要加班，或是活动对于家长的吸引力不大，参与度低。怎样做好活动的宣传工作呢？首先亲子活动时间一定要提前2—3周确定，家长能根据活动时间安排好工作和家庭生活的内容。随后的宣传我们可以从三个方面着手：

1. 孩子的宣传。小朋友们最喜欢大家一起玩了，当得知班级将举办亲子活动会非常兴奋。老师可以提前将活动的内容、地点、要做什么告诉孩子，激起孩子参与的愿望，请孩子回家邀请爸爸妈妈积极参加。再忙的爸爸妈妈也是希望能够抽出时间来陪自己宝宝的。

2. 老师的宣传。老师在论坛上和班级的通知栏中宣传亲子活动的安排，用热情的口吻邀请大家积极准时参与。

3. 家长的宣传。家委会的委员和部分参与方案讨论的家长会在QQ群中聊起话题，还会将活动策划方案发放到家长手中。

宣传的作用不仅仅是号召大家参与，而且也是提前让每一位参与人员了解活动的详细过程并做好准备，这样活动中参与度更高、活动效果也更好。

案例分享

“三八”妇女节活动后，爸爸们在论坛上表达了对妈妈们的羡慕，所以老师决定举行一场爸爸运动会，给工作劳累的爸爸们一个放松运动的机会。由于爸爸们平时工作很忙，邀请所有的爸爸们都到场还真不是一件容易的事情呢。我们采用如下的策略：(1)孩子口头邀请。请小朋友们回家告诉爸爸，幼儿园将举行爸爸运动会，每位小朋友的爸爸都要来参加哦！(2)孩子的书面邀请。老师带领孩子们制作运动会邀请卡。小朋友用简笔画的方式画上自己想象中爸爸运动的样子，老师在卡片封底贴上爸爸运动会的主题、时间、地点和简要的邀请语。孩子把邀请卡带回家，郑重地交给爸爸。爸爸感受到孩子的期盼和邀请的正式，心中一定会把它当做重要的事来安排。(3)老师的邀请。老师在论坛中发布运动会讯息，号召爸爸们多多锻炼身体，运动减肥，为比赛取得好成绩而努力。在日常生活中见到孩子爸爸也会就运动会关心地询问：“练得怎么样啦？”(4)妈妈的邀请。平时带孩子的任务一般都是由妈妈担当，这次活动邀请爸爸隆重登场，妈妈们也是欢呼雀跃呢！每天回家鞭策爸爸努力锻炼，无形中也给爸爸们增添了信心。

有了这样强有力的宣传，活动当天，所有爸爸悉数到场，妈妈和宝宝组成的啦啦队和后援团喊声震天，战况激烈，战果辉煌。

四、体现过程的互动与交流

亲子活动不仅是幼儿园与家长之间互动沟通的途径，也是家长与家长之间，家长与别的孩子之间互动沟通的良好平台。怎样才能实现良好的沟通？最关键的因素是活动的设计。活动的设计需要家长与家长之间结成团队，有效配合，促使家长之间互相认识、互相了解、成为朋友。游戏的设计需要家长与别的孩子配合进行，也就使家长有机会能够感受到其他孩子的可爱活泼。这样的沟通交流多了，大家彼此认识了解，把别人的孩子当成自己的孩子来关心疼爱，班级大家庭之间又多了一份和谐。这种友好氛围的建立也有利于班级工作的管理，家长之间成为朋友，孩子之间发生矛盾、摩擦，家长也就不会计较，一笑而过。有的家长平时很忙，孩子都是由阿姨或老人接送，家长来参加活动的时候，会比较陌生和矜持。这时老师要对平时来得少和老师沟通少的家长更加热情，让家长产生归属感。

案例分享

红山动物园中，爸爸妈妈围成一个大圆圈。孩子们在圆圈里边念儿歌边走路玩“抱大树”的游戏。当念到最后一个字的时候，孩子要迅速跑到圈上一个大人那里抱住他(她)。一开始，孩子们总是第一时间寻找自己的家长来抱，但是由于每轮家长人数都比孩子少一人，所以，玩了两次，孩子明白了：不能光找自己的家长，那样不仅很慢，而且也不一定能找到。应该就近找一位叔叔或阿姨抱住就能取得游戏的胜利。孩子们渐渐放开了，爸爸妈妈看到急急扑来并搂住自己的别人的宝宝，也从心里产生无限的爱怜。

五、记录共同的收获和欢乐

活动中，当每一个人都受到尊重与重视，就会激起强烈的内驱力展示自我，积极参与。当活动的策划、准备、组织中都有自己的心血，对活动的认识就不仅仅停留在表面的参与了。记录活动过程是盘点收获与回忆欢乐的重要手段。活动准备之前，确定摄像、拍照人员是很重要的部分。专业相机记录下欢乐的瞬间，活动摄像捕捉每一个细节。活动结束以后将这些照片、视频发送到班级论坛上，大家一起回味、评论，重温精彩画面，盘点收获与欢乐。

案例分享

“童话世界·跨年盛典”亲子活动中，冬冬的爸爸拜师学艺，要给大家表演一个新颖的节目《变脸》。演出前的保密工作做得非常到位，除了老师，谁也不知道有这样的一个节目。节目开始之前，作为主持人的老师说：“为了让大家看到更加专业的演出，庆祝新年的到来，特意从剧团请来助演嘉宾。”戴着面具、身着专业表演服装的冬冬爸爸随着音乐虎虎生风地走上台来，大家报以热烈的掌声，屏住呼吸观看演出。当演出快结束时，冬冬爸爸露出自己的脸，大家一片尖叫，效果空前劲爆。活动结束后，负责拍照的家长把照片发送到论坛上，大家继续表达对变脸节目的惊讶。冬冬爸爸来到幼儿园接孩子，就会被一群小朋友围着表扬：“叔叔，那个变脸是你表演的吧？你真厉害！”“你真牛，你教我学变脸吧！”冬冬也觉得非常自豪。此后，冬冬爸爸更加积极地投入到班级活动中来。

六、注重材料的回收与循环使用

每举行一次隆重的亲子活动，有可能需要购买制作很多的物品。教师要注意材料的回收与再利用，这样既经济又环保。例如前一年过圣诞购买的泡沫雪花片、圣诞树、毛条、彩灯等等，保存完好留到第二年时再拿出来用，也可以循环给别的班用。一个班级就像一个家庭，老师就像家长，对这个家庭的生活各方面进行梳理指导。老师的节约原则渐渐地感染其他人和孩子，人人都会想要用最少的钱办更多的事，也会想着这次的材料留到以后再用。

七、建设积极的班风与团队

一个班级的风气是靠平时的活动不断积累、点评获得的。活泼的亲子活动是大家沟通交流、熟悉团结的平台，也是建设积极的班风与团队的助推器。每一位老师都渴望得到家长的配合和理解，每一位家长也渴望得到老师的关注与赞扬。那么两者结合起来，一个积极的团队就形成了。平时教师会观察家长的特点，了解家长的特长，每次活动，老师就会根据家长的特点来轮流选择筹备小组成员，让所有家长都感受到老师的重视与信任。每一个家庭不是简单的参与者，而是活动的主人，为活动所做的工作不仅仅为了自己小家，更是为了班级大家庭。活动结束后，老师要在“家长园地”或是“论坛”中对于积极出力做出贡献的家长给予表扬。这样能让有所付出的家长感受到温暖，让每一位家长了解努力的方向。

案例分享

“童话世界·跨年盛典”亲子活动结束后，老师浏览完论坛中超级多的照片后，重发一则感谢帖《团结、和睦、温馨的大家庭》。帖中这样写道：“说实在话，这次亲子活动的策划是在实施的过程中不断添加，不断完善的。以至于到了前一天，老师们还在说，好像铺得有点大了，担心难以驾驭和控制。但是事实证明：中一班的爸爸妈妈和宝贝们是无比强大的，一切都是有条不紊地进行，这一切依赖于大家凝聚的心。这么多的环节中没有出现过一件不愉快的事情。开始充气球时发现气球买少了，一位幼儿的妈妈立刻致电还没有来的另一位幼儿妈妈去买。而她的拍照任务又被一位幼儿的爸爸接下来了。女生组的服装制作复杂，有那么多的其他组的人来帮忙，发现别针没有准备，立刻就有妈妈去买了。为了演出效果，有大老远花了半天时间一起运来大泡泡机的，为了礼堂更加美丽有特意来量背景布尺寸的。大家在礼堂里大快朵颐的时候，食堂里还有3位幼儿家长和赵老师一起用微波炉热菜。有人吃完了赶紧又过去替换他们来吃。“王子”之间因为玩耍发生了小碰擦，家长也很好地解决了问题，没有人较真朝心里去。漂亮的幕布因为大家强大的气场掉下来了，立刻冲上去一群高个子，10秒钟搞定。漂亮的气球拱门能在这么短的时间里扎好，不仅是因为充气泵，还有很多爸爸直接用嘴吹。漂亮的红地毯稳稳地躺在地上，是因为它们的四边都被粘上了胶带。化妆的时候，妈妈们不是先为自己的孩子，而是把每个"公主"都当成了自己的姑娘。观众席上，后排的家庭宁愿把孩子抱在自己的手上看，也没有挤到前面去。每一个节目大家都提前为孩子做好准备，没有一位小演员让老师去催去找。华丽的舞台、星光大道、教室、走廊、寝室在活动结束之后很快恢复了原样，这是因为有很多把幼儿园当成自己的家干到最后的家长。还有为了小朋友能够看动画片带来投影仪的，有为家长们制造巨星来临时效果更好主动买了小巴掌的，还有为了小朋友更开心而带来礼物的。还有你们的节目，牺牲了休息时间认真地排练，精心准备了道具，以饱满的情绪投入到演出中。负责拍照的家长重重的相机一刻也没有放下，他们上传的照片只是拍摄的冰山一角，还会把很多的照片放到邮箱中供大家取用。还有为了大家留下美好的回忆，特意借了单位的专业摄像机和请了专业摄影师来的。一些家长默默地帮助别人，不言不语也是大爱。还有很多很多老师看见了没有说的，还有更多没有看见的。大家都在这个集体中展现了大度、无私、奉献和团结。真的做到了把集体当成自己的家，把别人的孩子当成了自己的宝贝。老师们觉得和你们这样的家长一起走过三年，是美丽的风景和宝贵的回忆。让我们一起快乐地度过以后的时光！"

家长们在随后的留言中这样说："超级震撼，我骄傲——我是鼓幼'中一'人，我自豪——我是鼓幼'中一'人！""每一次活动都是一次震撼，让我们的心更加贴近，老师和孩子，家长和家长，老师和家长。老师，啥都别说，咱们很庆幸，能够和这个班级一起走过3年。”“能有这样的机会大家聚在一起happy，要感谢老师们！把聚会弄得如此华丽、温馨，还是要感谢老师们！所以你们就别再谢我们了，家长为孩子做得再多都是应该的，你们不同，牺牲休息时间和与家人欢聚时间，为我们策划、组织了如此盛大的欢聚，感觉一句谢谢有点轻了！昨天美好的记忆会留在每个孩子、每个家长脑海里的，很久很久！”“被中一班的宝贝、老师、家长们齐心协力的大作深深震撼着！庆幸我们彼此的相聚、相识！谢谢所有人的付出，带给我们家长和孩子一段段用什么都无法替代的美好回忆，我们爱这个集体！”

八、实现持续的发展与学习

一般情况下，老师们带班都是一轮三年。在这三年中，老师们要对自己的工作有个长期的规划，亲子活动也不例外。小班、中班、大班各开展什么样的亲子活动老师要有所思考。这次活动是下次活动的基础，下次活动与这次活动有所不同。活动中不仅是孩子的发展，还有家长的发展，老师的发展。每一次活动都是展示的机会，每一次活动都是学习的机会，每一次活动都是成长的机会。

案例分享

小班“六一”节前夕的亲子活动，是在白色T恤衫上画青花的纹样，为孩子的“六一”节节目做准备。很多家长都没有什么绘画功底。老师请家长提前备好小样，活动中不管水平如何，都给予鼓励。到了中班，“六一”节节目服装准备是在婚纱衬裙上画荷塘的景色。家长有了第一次画青花的经验就不会再担心了，纷纷表示，没想到自己还挺有艺术细胞的。每年“六一”节，给孩子手绘一件衣服，等孩子长大结婚时一起拿出来，太有意义了。

第三节 亲子活动中的教师、家长与儿童

幼儿园所有的亲子活动都是由教师、家长和儿童三方面参与的。三者在亲子活动中应做哪些事情，扮演什么样的角色，发挥什么样的作用，获得什么样的发展呢？

一、教师的角色

（一）教师在亲子活动中应该做什么

班级工作中，老师是核心，家长是配合者。在亲子活动中也同样如此。如果教师仅仅是出席一下家长策划组织的亲子活动，那效果和意义就完全不一样了。家长之间完全可以自己约了三五家好友到各种景区游玩，随意且轻松，也能够达到让孩子增长见识、互动交往的目的。家长参加全班性的亲子活动，是希望感受到班集体的魅力，体验集体活动的快乐。这样的能量调动是需要教师站出来承担的。普通的家长策划、组织、对孩子的把握、对其他家庭的了解显然没有老师全面、透彻。所以在亲子活动酝酿、准备、实施的过程中，老师扮演的是多重的重要角色。

1. 策划方案。一个好的亲子活动策划方案，班级教师最有发言权。

家长希望举行什么样的亲子活动，能够举行什么样的亲子活动，什么内容合适，有哪些环节，怎样安排，中间需要有哪些注意的地方，还有什么好的创意可以运用到活动中去，都是老师根据班级的特点需要认真策划的。亲子活动的主题，也可以邀请家委会的成员一起商量。对这些方面老师了然于胸，活动目的的把握也会更加的清晰。

2. 决策定夺。亲子活动主题确定下来后，要围绕主题进行细节的讨论。在讨论的过程中大家有一些不同的想法，最终老师将听取各方意见，根据自己的经验和判断选择一套更加合适的方案做出决定。

3. 协调统筹。活动方案确定下来之后，是细致的准备工作。准备工作可以分为多个部分。如场地的确定：郊游的地点是否有足够大的草坪容纳全班的家长和小朋友一起进行活动，需要有专人前往踩点。物品的采购：新年的节日送给孩子们什么样的礼物，需要专人选择、比较、购买。场地的布置：晚会中气球拱门放在哪里，音响话筒放在哪里，这需要专人落实。人员的安排：运动会中分为两个竞赛队，两队队员的名单组成、电话沟通等需要专人负责……这一切都需要老师协调安排。活动过程中，出现突发情况也需要教师出面协调解决。

4. 组织协调。根据以往的经验，老师组织的活动，过程顺畅，效果较好。因为老师已经练就了良好的组织能力、表达能力，孩子对老师熟悉，家长对老师也尽力配合。这样的一种关系在亲子活动中淋漓尽致地发挥，效果显著。没有老师出面而由家长组织的活动场面较混乱，因为家长对其他孩子不熟悉，孩子不听指挥，执行力差，组织孩子进行活动时没有控制力，其他家长的积极性也会有所减弱。

5. 指导帮助。亲子活动中，在父母指导孩子活动有了困难时，教师应加强对家长和幼儿的随机指导，提供解决的方法，并告诉他为什么要这样做，让家长在以后再碰到此类问题时有可以借鉴的经验。

案例分享

在“亲子走大鞋”的活动中，欢欢和妈妈老是走不快，妈妈很着急，开始责怪欢欢，而欢欢明显失去了信心。这时老师及时介入：“欢欢，想想看为什么走不好？”“纸箱太大了，不合我的脚！”“那有什么办法呢？”“我想用报纸把前面多余的部分塞起来！”“那你和妈妈去试试看吧！”欢欢的兴趣又一次被调动起来了，他忙着改造自己的鞋子去了。进而教师对欢欢妈妈说：“你瞧，孩子其实很有自己的想法，我们家长应把问题提出来，调动孩子的思维，培养他们解决问题的能力。和孩子做游戏不在于结果，更重要的在于过程中孩子的习得。”

6. 参与互动。亲子活动中，老师不仅仅是编剧、导演、主持、场记，也是演员。游戏中，老师的参与会提高小朋友和家长参与的积极性。运动会中，老师的积极出战会提高士气，加剧热烈的气氛。才艺展示中，老师的表演会让孩子和家长感受到老师的亲和与平等。所以，老师在活动中不是高高在上的决策者、评论者，而是一起同乐共成长的朋友。

7. 总结反思。一个活动完成以后，教师要善于总结得失。不仅要向对活动给予支持的家长表示感谢，也要对活动中发生的意外和插曲，总结原因，想出对策，为以后的活动积累经验。

（二）教师的收获成长

1. 丰富亲子活动资源库，提升亲子活动的实践指导能力。教师为了开展好亲子活动，会学习、查询一些资料，请教有经验的同事，丰富自己的亲子活动知识。老师每组织一次成功的亲子活动，都是给自己的资源库增添新的内容。教师在实践中丰富和发展了亲子游戏、亲子郊游、亲子制作、亲子社会性活动等一系列亲子活动指导的新方法，提高了亲子活动的理论水平及实践、总结的能力。这些经验的积累，既可以撰写成论文评比、发表，也对以后的工作起着很强的借鉴指导作用。

2. 悉心工作，获得家长的认可与支持。教师每一次亲子活动的组织，辛勤的工作、敬业的精神，都会影响触动家长的神经。家长在默默观察、细心感受的同时也会产生对老师的信赖、支持。老师的家长工作会越做越顺利，得到家长的支持也越来越大、越来越多。

3. 制造多变的快乐，赢得孩子的喜爱。孩子和老师一起走出幼儿园，来到公园里、蛋糕房、大街上，这真是新奇的体验。在老师精心为孩子们准备的活动中，孩子们收获了快乐，对老师越来越依恋。孩子也感受到，老师和我的爸爸妈妈都是好朋友，从而更加喜欢和老师在一起。

4. 日积月累，享受班级凝聚力提升的益处。优秀的亲子活动是老师、家长和孩子共同承担的。每一次亲子活动，前期的准备、宣传，活动中的精彩、有趣，活动后的评价、感触都是一种无形的宣传。每一次的成功，都给予三方更大的信心，班级的凝聚力也更强。老师在这样的班集体中工作也是一种幸福。

二、家长的角色

家园共育工作中，家长担任着重要的角色，在亲子活动中，家长也是重要的组成部分。一个高质量的亲子活动离不开家长的配合和参与。

（一）家长在亲子活动中应做什么

1. 讨论策划。俗话说："三个臭皮匠，胜过诸葛亮。"策划时，家长的作用不容低估。老师的智慧是有限的，每一位家长的智慧也是有限的，但是大家坐在一起头脑风暴一展开，顿时灵感乍现，思如泉涌。家长在亲子活动中也扮演着策划者角色，为亲子活动的开展出谋划策。

2. 精心准备。策划方案敲定之后，由于老师日常工作繁忙，没有时间去做购买物品、联系场地的事情，所以在细致的准备过程中，家长担负着重要的准备工作任务。大到场地的勘察、租用、谈判，小到一卷胶带的购买都需要家长参与解决。

3. 积极参与。既然是亲子活动，那么家长的参与肯定必不可少。由于幼儿的年龄较小，很多工作需要家长的帮助才能完成，孩子也需要感受和爸爸妈妈一起进行活动的快乐。所以家长是亲子活动非常重要的参与人员。

4. 观察教育。在亲子活动中，家长大部分时间都是陪伴自己的孩子进行各种各样的活动。很多情况下是老师把方法教给家长，家长再教给孩子并和孩子一起配合完成。所以，家长在亲子活动中还承担着教育自己宝宝的重任。

（二）家长的收获成长

1. 在活动中观察了解孩子，感受孩子的成长。亲子活动为家长提供了一个亲眼目睹孩子生活、游戏和学习等真实表现的机会，家长通过获得孩子成长的感性知识经验，加深了对孩子能力发展的认识。家长们不但会关注自己孩子的表现，还会观察其他孩子，并理性地与自己的孩子比较。

2. 在活动中学习感悟，提高育儿水平。家长和孩子是"亲子活动"的主体。在活动中家长通过观察老师的指导获取教育的经验，通过参与活动的过程领悟教育的方法。家长们亲眼目睹了自己孩子在集体中的表现，也观察其他家长对孩子的态度、教育方法，感知不同的教育方式所带来的不同结果，通过思考、分析，并通过亲身的尝试与讨论，明白孩子是在自己的不断探索中积累经验而成长起来的，从而逐步调整自己的教育行为。

家长间的相互交流，对持不同教养态度的家长改进自己的教育方法大有促进作用，也不断提升了自身的教养素质。

3. 增强对老师工作的理解，增强对班级的归属感。亲子活动中，家长看到老师忙碌的身影，从每个环节中感受到老师的细心、用心，从每一个行为中感受到老师的爱心、耐心，也进一步体会了解老师日常工作的不容易。大家齐心合力将活动举办成功之后，对于班集体将产生强大的荣誉感与归属感。

4. 结交新的朋友，拓展人生。一个班集体的家长成员平时很少有机会碰面。即使有见面的机会，如：家长会、半日活动时，又有其他的任务，也没有机会沟通交流。亲子活动给了大家认识、熟悉的机会，在配合工作的过程中增进彼此的了解。很多家长因为孩子是好朋友而成为好朋友，即使孩子毕业以后也会定期聚会，联络感情。

三、幼儿的角色

在亲子活动中，教师和家长围绕的核心目标是孩子的发展。孩子是家园共育的关键。一切的活动都要符合孩子的年龄特点，以孩子为主体。

（一）幼儿在亲子活动中应做什么

1. 宣传督促。亲子活动不是教师、家长凭空想出来的，而是根据孩子的兴趣特点、发展轨迹、实际需要来思考、来设计的。一切的思考、设计、实施都是为了孩子，孩子是活动的核心，是活动的主角，也是活动最积极的主人。孩子们需要做好举行亲子活动的心理准备，向爸爸妈妈宣传亲子活动的时间、地点、活动安排。督促爸爸妈妈协调好工作和家庭的安排准时参加。

2. 积极准备。孩子们在亲子活动开始之前也要做好各种准备，不仅有心理上的准备，也有技能上的准备和物质上的准备。制作机器人大赛要寻找各种废旧的盒子；技能展示要排练好自己的节目；亲子游戏之前要学习了解游戏的玩法等等。

3. 主动参与。孩子的参与度是评判亲子活动是否成功的重要标志。有的活动中，家长包办代替，老师看到更多的是家长的手，即使能够看到孩子的手，也是在家长的牵引下。孩子的手哪去了？孩子天生好动的手脚被家长畸形的教育理念捆住了。家长怕孩子失败、怕孩子受委屈、怕孩子不行……孩子成了亲子活动的道具。还有一种情况：活动中家长玩得很开心，孩子们却组织涣散，各自做自己的事情。这些都是要防止的。

孩子应发挥主动性，主动、快乐地参与到亲子活动中，在需要家长帮助的情况下和爸爸妈妈一起迎接挑战、完成任务。

（二）幼儿的收获成长

1. 在各种各样的活动中增长见识，获得成长。无论什么样的亲子活动，孩子只要参与到其中，都能够感受到与老师、同伴一起活动的乐趣。孩子在亲子活动中加强了与同伴、老师、家长的互动，提高了交往能力和语言表达能力。郊游式、运动式的亲子活动增强了孩子的体质。制作类、展示类的亲子活动发展了孩子的技能和自信心。环保劳动、献爱心之类的活动增强了孩子的社会责任感，促进了情感的健康发展。

2. 多方面、多角度、多通道感受全方位的爱。所有的活动主角都是孩子，孩子感受到老师、家长对自己的浓浓爱意，感受到亲情的温暖和所有人对自己的关怀，生活在幸福之中。

案例分享

亲子活动计划选粹

一、小班计划 1

活动主题：妈妈，我爱你

活动时间：3 月 8 日

活动地点：班级

活动准备：

1. 一名妈妈代表发言（内容围绕在宝宝成长过程中妈妈的付出，以及对宝宝以后成长的期盼）。

2. 幼儿在园学习的儿歌、歌曲。

3. 妈妈，我爱你的录像（内容为每一个小朋友对着镜头说“妈妈，我爱你！祝你节日快乐！”）。

4. 背景音乐。

5. 亲子游戏：摸摸小手、请你猜猜我是谁、水果蹲。

活动过程：

1. 告诉小朋友们三月八日妇女节，也是妈妈的节日。

2. 请家长代表发言，说一说妈妈平时的辛劳以及对宝宝的期盼。

3. 给妈妈们表演平时学习的儿歌和歌曲。

4. 和妈妈一起玩亲子游戏。

5. 观看给妈妈送祝福的录像，亲吻妈妈。

6. 拍照留念。

二、小班计划 2

活动主题：圣诞、新年庆祝会

活动时间：12 月

活动地点：幼儿园小礼堂

活动准备：

1. 每家准备亲子小节目一个。

2. 亲子游戏：贴鼻子等。

3. 新年礼物人手一份。

4. 一位家长扮演圣诞老人。

5. 全班小朋友共同节目一个。

活动过程：

1. 主持人宣布活动开始。

2. 集体表演歌曲《新年好》。

3. 家庭节目与亲子游戏穿插进行。

4. 圣诞老人送礼物。

5. 合影留念。

三、中班计划

活动主题：紫金山环保行动

活动时间：11 月

活动地点：紫金山景区

活动准备：每家准备捡垃圾的夹子、垃圾袋

活动过程：

1. 紫金山登山点集合。

2. 老师讲解此次活动的意义。

3. 大家一起边登山边拾捡垃圾。

4. 下山后将垃圾汇总送到垃圾点。

5. 颁发环保小卫士勋章。

6. 合影留念。

四、大班计划

活动主题：玩具义卖

活动时间：5 月

活动地点：幼儿园操场

活动准备：

1. 每家准备一件义卖的玩具。

2. 操场上布置好玩具买卖展示的桌子；制作海报和价格牌的材料。

3. 事先联系好儿童福利院，了解儿童福利院的需要。

活动过程：

1. 每位小朋友带来自己义卖的玩具放在展示台上。老师讲解活动的目的和意义。

2. 制作自己玩具的宣传海报和价格标签。

3. 分组介绍自己义卖玩具的优点。

4. 分为两大组互相购买玩具，在购买的过程中尝试讨价还价。

5. 将义卖所得的费用现场捐入爱心箱。

6. 家委会一起清点钱数后捐给福利院。

案例分享

中一班"童话世界·跨年盛典"亲子活动

活动时间:2011年12月17日(周六13:00—20:00)

活动地点:鼓幼中一班 鼓楼幼儿园小礼堂

活动形式:1. 服装准备 2. 自助用餐 3. 娱乐表演

活动准备:

1. 两台微波炉,每家准备两个菜,自备餐具。

2. 自备"王子"与"公主"走秀道具(宝剑、星星棒、小手包、小花束等),女生穿一套白色。男生上身自行打扮,下身穿黑色紧身裤(以户外不冷为宜)。

活动流程:

13:00 老师及部分家长前期准备

老师3人、幼儿妈妈5人到园准备活动场地及材料。

14:00 全体参与活动人员到场,分组活动。

1. 女生服装准备组(中一班午睡室,家长10人)

2. 男生服装准备组(中一班午睡室,家长10人)

3. 女生项链准备组(中一班教室,全体女生,家长1人)

4. 男生王冠准备组(中一班教室,全体男生,家长1人)

5. 星光大道准备组(走廊到小礼堂的通道,家长10人)

6. 盛典大厅布置组(鼓幼小礼堂,家长12人)

7. 盛典大厅用餐及演出桌椅摆放组(鼓幼小礼堂,家长10人)

8. 气球保障组(小礼堂,家长10人),负责帮助星光大道组和大厅布置组用充气泵吹气球,扎气球

9. 幼儿演出道具保障组,演出前准备好童话剧表演及舞蹈演出的道具。

15:00 老师和全体幼儿到签名板前签名、留影。

16:00 各组完成工作的家长轮流到签名板前签名、留影。

16:30—17:00 热菜、各节目组排练。

17:00 宴会开始。负责音乐、拍照的家长各司其职。

本着尊重、欣赏他人厨艺的原则，期待饭桌上的食物全部消灭光。

18:00 全体幼儿化妆（女生午睡室、男生教室，各有四位家长负责为幼儿化妆，两位家长负责拍照。）

18:30 星光大道秀

外场主持：朱老师　两位家长负责外场拍照

内场主持：曹老师　两位家长负责内场拍照

音乐由一位幼儿家长负责。

男生家长在星光大道两边站立、拍手、拍照、口哨、荧光棒、小巴掌、尖叫、呐喊，务必造成超级巨星来临的震撼效果。

女生家长在礼堂内欣赏、鼓掌。

18:50　晚会开始　四位家长负责拍照

"童话世界·跨年盛典"节目单

1. 舞蹈：王子与公主（全体幼儿）　泡泡机使用：一位幼儿妈妈

2. 歌表演：三只猴子（全体幼儿）

3. 舞蹈：nobody（妈妈们）

4. 童话剧：捉迷藏

演员名单：（略）

道具：草丛、大树

5. 歌曲反串（家庭组合）

6. 童话剧：小老鼠请客

演员名单：（略）

道具：门、桌子、垫子、椅子、食品

7. 小合唱：忐忑（家长们）

8. 童话剧：谁在敲大鼓

演员名单：（略）

道具:草丛

9. 童话剧:睡觉

演员名单:(略)

道具:床、窗户隔断

10. 舞台剧《新版白雪公主》

11. 童话剧:小刺猬摘苹果

演员名单:(略)

道具:大树、苹果、桌子、椅子

12. 歌表演《萤火虫》(全体幼儿)　彩灯发放:老师、一位幼儿妈妈

13. 歌曲《相亲相爱》

14. 合影留念

15. 收拾整理

注意事项:

1. 亲子活动时间较长,请上午给孩子睡好足够的觉觉哦!

2. 组长负责各项工作的材料和人员分工安排。一切为了 happy。

3. 准备菜肴时,一道是孩子爱吃的菜,一道是成人爱吃的菜。需要用公勺、公筷的自行准备。

4. 用全部的热情投入到演出中,用最热情的掌声鼓励优秀的大演员及小演员。

5. 换装在礼堂的后半部分,声音轻巧,尽量不要影响台上的演出和台下的观众,争当文明的观众。

6. 幼儿园是我家,人人都爱它。活动结束后请一起整理收拾哦!

7. 12 月 26 日之前交给老师 14 张 3 寸亲子活动的照片,用于制作成长档案。

部分准备活动和演出照片

第九章　幼儿园里的突发事件
——别让孩子受伤

第一节　身体受伤的孩子——伤害事故的处理

意外伤害事故在幼儿园一日生活的各个环节都有可能发生，不管事件大小，受伤的是孩子，心疼的是家长，难过的是老师。有些幼儿园因为害怕事故发生，就取消了带有危险因素的活动，如春秋游、园外参观等，甚至取消了值日生、混龄游戏、户外体育活动的一些项目等。这种因噎废食的做法，影响了幼儿园正常的教育教学，不利于年幼儿童的成长。幼儿园不敢组织有风险的活动，原因在于后续的事故处理耗时间、耗精力、耗感情。遇到通情达理的家长是幼儿园的福气，遇到胡搅蛮缠的家长，就会让整个幼儿园天下大乱，教育教学秩序彻底破坏。其实，绝大部分家长都是讲道理、重情感的，关键是“身体受了伤，心里不能再受伤”“不能流血再流泪”。

法律无情人有情，我们撰写此章节的目的，就是期望幼儿园本着尊重法律的原则，从情感的角度出发，以实事求是的态度和积极的行动妥善处理事故，用合适的方式安抚身体受伤的孩子与心灵受伤的家长，为孩子的成长营造家园共育的良好环境。我们只有明确托幼机构的责任，借助法律和情感的武器应急处理，才能在事故发生后与家庭共渡难关。

一、幼儿园与家庭之间的法律关系

（一）幼儿园履行教育、管理、保护的职责

《民法通则》规定，未成年人的父母是未成年人的监护人。监护人有

义务对其进行管理和教育，并对其民事侵权行为承担民事责任。《教育法》中也有规定，“未成年人的父母或者其他监护人应当配合学校和其他教育机构，对其未成年子女或者其他监护人进行教育”。有些家长认为孩子在园期间幼儿园是孩子的监护人，或者认为孩子入园后家长把监护权转移给了幼儿园，幼儿园就应该对孩子入园期间发生的伤害事故承担全部责任，这是把幼儿园对孩子的照看、保护职责混同于法定的监护职责。幼儿园对孩子应履行的职责和义务是依据教育法律法规进行教育、管理、保护，而不是依据《民法通则》的规定履行监护职责。

明确这一法律关系有利于幼儿园和家庭依法履行各自的职责，有利于共同做好幼儿的安全保护工作，积极预防和妥善处理伤害事故的发生。

（二）处理伤害事故的依据

2002 年，教育部第 12 号令正式颁布《学生伤害事故处理办法》，以保护在园幼儿和幼儿园合法权益为基础，突出强调了幼儿园依法保护幼儿人身安全、积极预防幼儿伤害事故的责任，明确了依法、客观公正、及时妥善处理的基本原则，界定了幼儿园对幼儿伤害事故承担的责任，规定了幼儿伤害事故处理的途径、程序及赔偿等，对托幼机构幼儿伤害事故的预防和处理有极强的指导性。

有些幼儿园发生事故后，不管任何原因，都将责任推在老师身上，予以惩罚，造成老师对事故的恐慌心理和职业倦怠，导致老师在一日活动中组织户外活动、游戏活动、操作性活动的比例大大下降。有些幼儿园发生事故后遮遮藏藏，不让班级孩子知晓，不在保健账册记录，不向上级汇报，导致小事故产生大影响。有些幼儿园喜欢和家长“私了”，一些狮子大开口的家长“胜利”后到处炫耀，造成其他家长的效仿。

《学生伤害事故处理办法》是托幼机构维护自身权益的法律武器，也是托幼机构增强自身安全意识的警示。学法懂法，在积极预防幼儿伤害事故中能起到积极的作用。

二、事故发生时的处理

（一）事故的界定

幼儿园里发生的事故一般有四类，一类为幼儿园责任事故，即由于幼儿园过错而发生的事故；第二类为幼儿责任事故，即由于幼儿本人或监护人的过错造成的事故；第三类是其他相关人员的责任事故，即与幼儿园和幼儿个人活动相关的其他个人和组织的过错造成的事故；第四类是混合型责任事故，即由多方当事人的共同过错造成的事故。

幼儿园发生的事故主要由幼儿园处理，教育行政部门予以指导、协助和调解。如调解不成，双方可多渠道进入诉讼程序。在事故处理中，责任者应根据自身过错的比例，承担与过错相应的责任。不管哪一类事故，幼儿园与家庭都应将孩子的生命安全、身体健康放在首位，采取积极的救治措施，将事故后果风险降到最低。

（二）事故发生即刻的处理

当班级孩子发生意外事故后，老师一要避免惊慌失措，不能在孩子面前大叫大嚷，防止加剧孩子的恐慌心理。二要避免弄巧成拙，要按照卫生学的知识和专业培训的要求科学处理，不能擅自按照民间偏方处置，防止加重事故后果。三要避免遮掩瞒混，发生事故一定要在第一时间送保健室交保健医生处理，不要抱侥幸心理或想着推卸责任。

保健室能够处理的轻微伤，家长来园接孩子时，发生事故时的当班老师要向家长告知，详细说明事故原委以及幼儿园保健老师处理的过程。同时，还要交待回家后的注意事项，让家长在家中继续观察、照料。

保健室无法诊断或不能医治的，在简单处理后要立即送医院，以免延误治疗时间，避免发生因幼儿园救治不及时或因幼儿园疏忽导致损害后果加重的情况。同时，幼儿园要立即通知家长，参与后续的治疗。

家长第一时间知晓，有以下好处：

1. 让家长有知情权。家长希望了解事故的真实过程，家长介入越早，老师和孩子的描述越能使家长清晰地了解事故的具体过程。就如幼儿园的观察记录一般，过程中的记录好于事后的回忆，因为没有其他因素的干扰。事故的还原越真实，家长的猜忌就越少。

2. 让家长有选择权。可以诊治病儿的医院很多，但医院有不同的等级，有不同的专科。有些家庭喜欢固定一家医院，有些家庭钟情某个医生。让家长选择医院，就是尊重家庭的参与权、话语权，为后续解决事故矛盾奠定好的基础。

（三）事故发生的后续处理

当孩子第一时间的救治处理妥当后，幼儿园要采取积极主动的态度与家庭沟通，取得家长的谅解，并就后续的治疗达成初步的共识。

视孩子伤情的轻重与事故的责任，后续处理的方式也是不同的。一般的处理方式是：

1. 垫付首次费用：家长接到孩子受伤的信息后基本都是匆忙来到医院，他们的头脑比老师还要乱，可能他们连钱包都没有带。此时幼儿园应主动垫付首次的医药费，千万不要等家长赶来后再挂号交费。

2. 协商后续治疗：对于还需后续治疗的孩子，幼儿园安全责任小组负责人应与班级教师一道，与家长商议后续的治疗方案，并就费用问题进行协商，这是解决事故矛盾的重要一环。有些幼儿园与家长只谈情感回避谈钱，只会加剧家长的不满。当然，如果孩子受伤较重，家长处于情绪激动状态，应当等孩子病情稳定，家长有对话愿望的时候再商议。

3. 痊愈后的处理：现在，各中小学、幼儿园都有“校园意外险”。孩子治疗期间发生的费用，幼儿园可以通过此险得到部分理赔，用于补偿先期垫付部分。有些家庭在幼儿园购买了“校园大病保险与意外伤害险”，幼儿园要帮助家长向保险公司提交材料，获取补偿。除此之外，幼儿园、家庭和其他责任方要按照事先的约定，视责任程度结算所有费用。

三、事故处理中各类人员要做的事情

（一）保健老师要做的事情

只要是保健老师无法确定或无法处理的伤情，经紧急处理后，应在第一时间向园长和安全责任人汇报。保健老师要简要向园领导汇报自己的初步判断，并就到什么医院治疗提出专业的意见。

孩子初次送医院治疗，保健老师要陪伴整个过程。一来可以用专业方式保护孩子，防止孩子再次受伤或后果加重；二来可以和救治医生交流，将前期处理的方式详细说明，帮助医生作出准确的判断；三来保健老师、班级教师、家长三人同行，可以将与医生交流、保护孩子、排队、交费、取报告等分工，减少等待时间，缩短医治过程。

回园后，保健老师要与班级教师共同分析事故原因，提醒带班老师填写事故分析表，并在保健账册中详细记录。只要孩子医治没有结束，保健老师就要指导班级教师妥善做好后续工作。孩子痊愈回园后，保健老师还要将孩子作为重点观察对象，直到完全康复为止。

（二）园领导要做的事情

接到班级教师和保健老师的汇报，园领导要立即赶至保健室，根据保健老师的建议确定病儿是留保健室观察还是送医院治疗。如果决定送医院，还要调配人员到发生事故的班级，顶替送孩子去医院的老师，保证在园其他孩子的安全。

园领导是幼儿园安全责任人。如果事故中孩子受伤比较严重，园领导要一起陪同去医院，以便在现场快速决策。有园领导出面，受伤孩子的家长会觉得幼儿园重视，后续的协商就有了好的开端。

事故发生当天，园领导、保健老师要召开发生事故班级的班务会，认真分析原因，找出安全隐患，杜绝类似事故的再发生。

在初次治疗结束后，园领导、保健老师、家长要一同听取班级教师就事故发生所作的描述。同时，就后期的治疗及费用达成初步的共识。如果是重大事故，幼儿园还要及时上报上级领导，防止事态的扩大。园领导不能解决的，由教育主管部门协助解决。

（三）班级教师要做的事情

1. 说明过程。有些时候家长在了解了事故发生的过程后，还会一遍遍追问，反复了解某个环节的各个要素，以判断事故的严重性。有些家长没有细听老师的第一次解释，还需要静下心来再次聆听。有些家庭妈妈了解了，爸爸还想知道，奶奶还要知道，老师还要第二次、第三次地描述。切不要误以为家长不问就是明白了，或者多次问就是难缠。总之，真实描述是原则，多次描述是需要。

2. 上门探望。如果事故比较严重，孩子需要住院治疗或回家休养，班级老师务必当天上门探望。比较严重的，幼儿园领导也要与班级教师一道前往。此次探望的主要目的是解释事故过程，取得家长谅解，并就费用问题简单协商。探望时要带些孩子喜欢的食品或玩具，以示对孩子的慰问。交流中，幼儿园应在情感上抚慰家长与孩子，要勇于承担应负的责任，千万不要责怪家长管教不力或孩子过于顽皮。

3. 电话问候。如果孩子只是轻微伤，未做任何处理回家观察休息，老师可以给家长发送一条慰问的短信，关心孩子的情况，让家长感受到老师的重视和牵挂。如果孩子在医院清创、包扎后回家休息，老师当晚一定要打电话，询问孩子的情况。如果孩子精神状态好的话，老师还可以和孩子通话，鼓励孩子勇敢坚强。只要孩子没有回园，老师就应每天和家庭保持联系。

4. 送去祝福。在孩子即将痊愈时，老师再次去家庭或医院探望。探望前，可以组织班级孩子用各种方式表达关心与祝福，如拍小朋友表达祝福的录像、制作祝福卡、自制小礼物等。如果家长之间留有电话号码，可以提醒孩子给对方打电话，让家长和孩子感受到集体的关心和温暖。

5. 康复保护。孩子康复回园后，老师要和家长详细交流，了解需要继续注意的事项。同时在全班小朋友面前表扬孩子的坚强勇敢，并提醒小朋友们多关心照顾他，不要触碰他受伤的部位。老师要密切留意孩子的活动情况，根据孩子的身体实际状况来实施锻炼计划。下午家长来接的时候，再和家长沟通孩子在园的情况，让家长放心。

案例分享

摔伤之后

一、事件的发生

周三早晨，孩子们像往常一样在操场开展晨间体育活动。8:40，在听到老师的信号后，孩子们开始收锻炼器械、站点子。已收拾完毕的衡衡突然快速地跑向前方，撞到了正往点子处走的多多，多多倒在地上，左侧胳膊压在了身下，哭了起来。老师赶紧上前抱起多多，听多多说左手疼，老师立即将她送保健室。保健老师为多多做了检查，初步判断左臂有脱臼、骨折的可能。老师立即与其家长联系，首先向多多妈妈表示歉意，然后简单描述了事情的经过和多多的情况，多多妈妈要求将孩子送到医院就诊。班级老师、保健老师立即带多多前往医院和家长会合。

二、医院的诊治

老师和多多到达医院，与赶到的多多爸爸会合。到放射科拍好片，在等待报告时，老师和多多共同向多多爸爸讲述受伤的过程，老师向多多爸爸表示歉意。报告出来后，骨科医生确诊多多为肘关节轻微骨折。老师与多多爸爸一起协助医生护士为多多进行了复位、用石膏固定。手术后，再次拍片，报告显示复位成功，医生表示休养一个月后即能康复。老师又一次向多多爸爸道歉，多多爸爸说："这三年，你们三位老师一直是尽心地照顾孩子，多多非常喜欢你们。今天真的是意外，不怪你们，谢谢你上午一直陪着多多！"

三、与"肇事者"的交流

中午，散步回来的衡衡低着头坐在座位上，心里很难受。老师拉着衡衡到一边单独交流：

老师："衡衡，你今天怎么会撞到多多的？"

衡衡："我听到老师说要站点子了，觉得自己来不及了，就跑了，就撞到多多了。"说完衡衡低下了头。

老师："我们知道你是不小心的，以后要注意好吗？"

衡衡一边搓手一边点头。

老师："多多的手骨折了，要休息一个月，你今天晚上打个电话给多多，道个歉，再关心关心她，好吗？"

"好！"衡衡用力地说。

四、和双方家长的交流

1. 与多多家长的交流

中午，老师打电话给多多妈妈。

老师："今天真的不好意思，让孩子吃苦了！"

多多妈妈："老师，你别再这么说了，多多爸爸说你在医院一直道歉，又发了信息给我道歉。这件事真的不怪你们。上周秋游，我当义工，真的感受到你们有多么不容易。今天真的是意外！"

老师："我们道歉是因为看到多多受苦了，我们心里难受！"

多多妈妈："没事的，很快就会好的！孩子们之间发生这样的事谁都不愿意。"

老师："是的，衡衡也是无意的，他看到自己撞伤了多多，也很难受！"

多多妈妈："不怪他，老师，我们理解的！"

老师："谢谢你们的理解！让多多好好休息，有情况我们及时联系！"

下午我们和多多妈妈发信息联系，商量了周五去多多家看望多多。

2. 与衡衡家长的交流

下午4:15，衡衡的爸爸来接衡衡，老师单独与其交流今天的情况。

老师:“衡衡爸爸,今天早上锻炼结束后,老师请大家站点子,衡衡觉得自己要来不及了,就跑了起来,速度有点快,结果不小心撞到了多多,多多摔倒了。”

衡衡爸爸:“严重吗?”

老师:“我陪多多去医院检查的,她爸爸也去了。多多左臂的肘关节轻微骨折,做了复位、石膏固定。”

衡衡爸爸:“骨折很疼的,让孩子受罪了!”

老师:“衡衡不是故意的,你们回家也别怪他!”

衡衡爸爸:“我先打个电话给多多家长道个歉,给你们老师添麻烦了。”

下午5点,衡衡爸爸打电话给老师,说已经和多多家长联系了,道了歉。衡衡爸爸表示想周五和老师一起去看望多多,亲自登门道歉,并且提出要进行赔偿。

五、和班级孩子的交流

为了让孩子们全面、清楚地了解事情,避免家长们不必要的猜测,下午点心后,老师和全班孩子详细地说明了事件的过程。孩子们做了这样的总结:(1)多多受伤了,我们要关心她,可以打电话给多多。(2)衡衡不是故意的,不要生他的气,大家还是朋友。(3)我们做每一件事都要小心点,要注意安全,不要伤害自己,也不能弄伤别人。

六、和班级老师的交流

当天下班后,园长召集班上三位老师开班务会,分析事故原因。大家达成共识:在班级对孩子加强安全教育,教育孩子不要奔跑;户外活动时,主班教师重点指导和保护按照本周发展目标正常活动的孩子,配班教师重点保护大肌肉活动项目的孩子;收拾体育活动器械时,采取分区域收放的方式,避免交叉奔跑。

七、对多多的后续关心

1. 每天早、晚，老师用打电话、发短信的方式联系多多妈妈，了解多多的病情，关心多多的休息情况。

2. 鼓励班上的孩子们打电话给多多，让多多感受到同伴对她的关心。

3. 组织全班的孩子们每人画一幅画，作为礼物送给多多。

4. 两天后，老师和衡衡的爸爸一起去看望了多多。因为前期充分的沟通，两家人见面没有丝毫尴尬，更像是朋友见面，气氛融洽、轻松。多多看到同伴们送来的礼物，露出了灿烂的笑容！

5. 一星期后，老师、多多家人陪着多多去医院再次拍片，确认恢复情况。医生表示：无碍，可以上幼儿园。老师请多多爸妈放心，入园后会更仔细地照顾多多。

八、老师的感悟

1. 勇于承担责任。摔伤事件虽是意外，但毕竟是在幼儿园发生的事情，幼儿园要主动地承担责任，不推卸，让受伤的家人感觉到幼儿园和老师的真心。

2. 保护"肇事者"。衡衡不小心伤害到多多，他很自责。然而他毕竟是孩子，不能让他承担这些责任，更不应让他的心受到伤害。所以老师同样要关心他，帮他分析问题，让他觉得老师是爱他的。

3. 尊重事实，语言艺术化。在与双方家长交流的时候，不能夸大、不能遗漏，要实事求是地交待整件事情，避免老师与孩子讲述的不一致，让家长心存疑虑。当然，在尊重事实的基础上，老师要艺术地与家长交流，不要引起家长之间的矛盾。尤其是在和衡衡家长交流时，不要一味强调衡衡的错误，要委婉地讲述，让其家长感觉到老师是理解孩子的。

4. 班级事务公开化。大班的孩子回家后喜欢讲述幼儿园的大小事，为了避免孩子们片面地传达摔伤事件，老师将整件事情用孩子们能理解的语言讲述,让他们清楚事件的过程,这样也让家长们了解事件的过程,避免造成恐慌、紧张情绪。

5. 牢固的家园情谊。事件发生后,受伤孩子的家长没有责怪老师和对方家长,反过来安慰老师,我们认为这与班级良好的家园氛围密切相关。自小班起,老师对孩子们的细心照顾、对家长的体贴理解,使得家长十分信任老师。班级丰富多彩的亲子活动促进了家园交流,家庭间像朋友一样相处、真诚相待。正是这样的感情让衡衡的家长为多多的受伤感到心疼,这样的感情促使多多妈妈发来信息:"能遇到你们三位老师,是我们的幸运!"这样的感情将激励着老师更加用心地照顾每一个孩子!

第二节　情感受挫的孩子——不良情绪的处理

《3—6岁儿童学习与发展指南》指出:"健康是指人在身体、心理和社会适应方面的良好状态。幼儿阶段是儿童身体发育和机能发展极为迅速的时期,也是形成安全感和乐观态度的重要阶段。发育良好的身体、愉快的情绪、强健的体质、协调的动作、良好的生活习惯和基本生活能力是幼儿身心健康的重要标志,也是其他领域学习与发展的基础。"陈鹤琴先生在其《儿童心理学》中提出了培养优良情绪的六个策略:做父母的切不可暗示儿童使他害怕;做父母的不要让儿童哭泣;勿以刺激来加强儿童的情绪反应;勿叙述恐怖故事;欣赏优美的事物;教师应合乎儿童的需要,使儿童养成"欢天喜地的快乐情绪"。

孩子遇到困难或受挫后的情绪失落、伤心,会让家长也沮丧。有些家长因为孩子评比栏的红花没有其他孩子多,就指责老师偏心;有些家长因为老师没有表扬自己的孩子,误认为老师忽略孩子;有些孩子因为在幼儿园遇到了无法完成的挑战和困难而畏缩退后,不愿上幼儿园,家长认为老师缺乏教育技巧，要求换老师或调换班级。了解儿童情绪表现的特点，帮助孩子和家长走出情感挫折的心理阴影，是幼儿园教育目标的要求，也是时代的需要。幼儿园老师要善于采取科学的方式实施教育，将挫折变为孩子成长的助推器，帮助孩子提高抗挫的承受力，为孩子以后适应社会奠定基础。

一、儿童情感表现的年龄特点

小班阶段，孩子刚从家庭这个小社会走出来，开始步入群体学习、交往的生活环境。由于这个时期的孩子自我中心意识相对中大班孩子来说还很强，情绪易外露，易受他人的情绪影响。他们对教师和成人有较强的情感依恋，愿意和喜欢的成人亲近，开始认同和接纳同伴，并以独立游戏和平行游戏的方式进行活动，合作行为较少。教师应关注孩子的情绪状态，并给予正确和适当的疏导。要多开展一些团体性和互动性的游戏活动，通过孩子间的相互接触，让孩子了解他人的存在，学习站在他人的立场感受情境，理解他人的感情，为遵守集体规则奠定基础。

中班阶段，孩子已适应集体生活的要求，并具有了与学习、游戏、生活相关的、必需的生活自理能力。随着身体的长高、长大，自我意识逐渐形成，能有意识地控制自己的情绪，与他人相处时表现出自信，规则意识也逐渐萌发。他们喜欢和同伴一起玩，开始了解和学习与人交往的方式和策略。他们的独立意识逐渐增强，喜欢做自己能做的事，对周围的变化感兴趣，表现出好奇和探究心。此阶段，教师应注意自己的言行和教导，关注孩子的日常行为，特别注意自己对孩子的态度，尽量给予正向的评价和反馈。要特别关注不愿交往合作或人际关系不佳的孩子，了解原因并给予正面的引导。

大班阶段，孩子的自我意识有了明显的提高，开始正确地了解自己、接纳自己，表现出自信、独立、积极、主动。他们有了相对稳定的伙伴，愿意与多人合作游戏。情绪的稳定性也逐渐增强，愿意遵守集体规则，并努力控制自己的行为。他们对周围环境有着浓厚的求知欲望，并通过探索性的行为找寻答案。此阶段，教师要为孩子提供相互学习交流的场所，让孩子了解各自的特点、特长，在相信自己的同时，产生向他人学习的愿望。要注意培养孩子的规则意识和执行规则的能力、任务意识和执行任务的能力，有一定的责任感。要让孩子正确面对生活中的小挫折，并通过认知和疏导，让孩子有情感宣泄的机会。

二、优良情绪养成的目标及教育策略

（一）优良情感养成的发展目标

经常保持愉快的心情和活泼开朗的性格，学会自己平息悲伤和怒气；有积极做事的兴趣，努力做好力所能及的事；愿意关心弱小同伴，理解和关心同伴的需要；能主动参与各项活动，学会协商解决争端；遇到失败和挫折时不沮丧，不退缩，能较快地恢复积极情绪；能用自己喜欢的方式表现自己的认识。

（二）教师的教育策略

1. 帮助孩子正确认知

人的情绪，是在对事物做出判断后产生的身心变化；人对事物的判断，又取决于当事人对该事物的认识状况。我们可以用下图表示人的情绪与认知的关系：

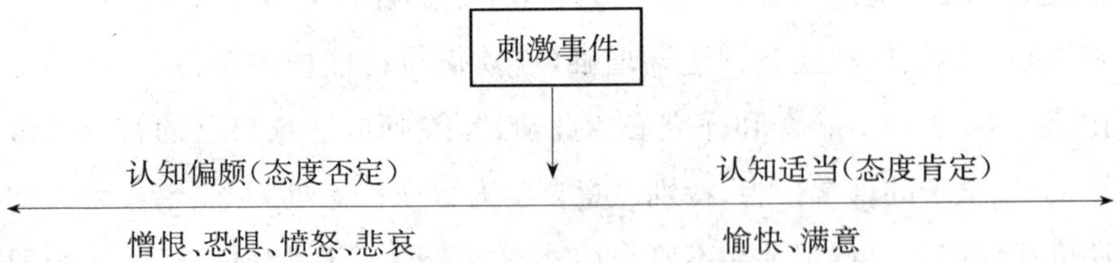

同一事件，因人的认知不同，会产生较大的情绪差异甚至相反的情绪反应，所以，欲帮助孩子养成优良情绪，首先要帮助他们学会正确认知，帮助他们学会找原因。

许多事件的发生，与孩子自身并不相关，但因经验的不足，孩子会将事件与自己挂钩，从而自责和内疚。如父母吵架，孩子会认为是自己调皮所致，大多数孩子会对父母说“我听你们的话，我再也不淘气了”。如果老师没有表扬自己，孩子会认为自己做得不好，老师不满意。长期在这种认知方式下生活的孩子，其消极的情绪体验会动摇自己活动、学习的积极性，认为自己是笨孩子，谁都不满意，也就没有良好的个性而言了。

每个孩子都有不同的优势和特点，从全面发展均衡性的角度，他们可能都存在不足，但从情绪调动对儿童认知促进的相互关系来讲，找闪光点，是对孩子最大的激励。善于找出孩子的优势，是帮助孩子树立自信、养成积极情绪的第一步。

案例分享

小眼睛的孩子

中二班转来一位新生叫尧尧，长着大大的头、稀疏的头发、扁平的鼻子、小小的眼睛。尧尧第一天进班，张老师安排了欢迎会，请小朋友对尧尧说一句表示喜欢的话。张老师带头说：“尧尧，你的头大大的，一定非常聪明，我喜欢你！”在张老师的暗示下，小朋友你一句、我一句地表示：“尧尧，你的衣服很漂亮，我喜欢你！”“尧尧，我的床边还有一张床没有小朋友睡，请你睡在我的旁边！”“尧尧，你的眼睛和我的一样，小小的、亮亮的，老师说这是星星眼！”

2. 成人话语准确到位

孩子的情绪还极易受他人的影响，他们对他人的情绪判断容易失误，因而也就影响了自己的情绪。如小班的一个孩子尿了裤子，保育员为他换了裤子，帮他清洗了小屁股。因为孩子长得白白胖胖，老师在清洗的过程中，欢喜地拍了小屁股一下，并说“这个小屁股！”但孩子并没有在意老师的表情，而把老师拍屁股的动作记在了心里。当下午爸爸接孩子时，孩子告状说“老师打我的！”老师的爱意表达成了过错。所以，教师与孩子交流时情绪表达要正向，话语表达要准确、到位。如果上面的保育员准确表达说“这个小屁股白白的，我喜欢”，孩子就不会有此错误认知了。

案例分享

情绪不佳的果果

早晨，小朋友陆续入园。小三班门前，王老师笑容可掬地迎接大家的到来。“王老师好！”“王老师早！”悦耳、欢快的声音不断传入王老师的耳中，“×××早！”“×××好！”应答声也随之从王老师的口中愉快地流出。

果果来了，一脸的不高兴，走到王老师面前的时候，犹豫了一下，仍然没有开口。王老师蹲下身，眼睛看着果果，满脸的期待，果果还是没有张口。

处理方式一（不当的）：“果果，早上到幼儿园看见老师和小朋友，要说什么啊！”“你要是不说有礼貌的话，就不能进教室。”果果扭动着身子，嘟囔道：“王老师早！”王老师喜笑颜开，摸摸果果的头：“对了，果果是有礼貌的好孩子！下次，看见老师和小朋友，也要像今天一样。”

处理方式二（正向的）：“果果早！”王老师大声地说。果果两手在身上四处乱抓，嘴巴没有动。王老师将果果揽在怀中，问：“果果今天有点不高兴了，有什么不高兴的事，告诉我好吗？”果果依然没有说话。“果果，你先进教室和小朋友玩游戏，如果你有什么事情想告诉我，就来找我，好吗？”果果点点头，走进教室。

3. 适当的环境刺激

生活中，困难与挫折无时不在，孩子会用沉默、躲避、过激反应、积极处理等不同方式表现。儿童的情绪受认知的影响，而儿童的情绪控制，也是随情景的练习而提高的。在帮助儿童正确认知的同时，场景刺激越多，儿童的情绪控制水平就越高。老师、家长要经常设置一些小小的困难与障碍刺激，让孩子在解决问题的过程中，学习积极应对挫折的方法，提高抗挫的承受力。一旦发现孩子情感受挫，可以实施疏导对策：引导孩子分析失败的原因——心理释放（说出心中的愉快或不愉快，用相应的动作或表情来表现）——心理疏导（转移注意——找孩子的长处，鼓励自信——延伸其他活动，让孩子产生新的希望——与孩子进行身体接触，进行抚慰）。

案例分享

我没有小贴花

一、事件的发生

中班开学第一天，老师给高高兴兴上幼儿园没有哭鼻子的小朋友奖励一朵小贴花，就在老师发贴花期间，畅畅打了旁边的青青，青青哭了。老师说："畅畅，你打人就不能得贴花了！"

家长陆陆续续来园接孩子，只有畅畅走出去没有那么开心，妈妈问："怎么了？""我没有贴花！"妈妈立刻问老师："为什么我家孩子没有贴花，别人都有？"老师说："他开学第一天就打人了，所以没发他贴花。如果明天表现好，而且不打人，就给畅畅发贴花！"妈妈很不开心地领着孩子转身走了。

二、分析思考

开学第一天给"高高兴兴上幼儿园"的孩子发贴花，从这个规则出发，畅畅是做到了的。而畅畅打人，违反的是另一条规则，应该接受打人的处罚而不是将两者捆绑。高高兴兴入园与打人是两种行为，不能混合评价，也就是说"丁是丁，卯是卯"，具体事情具体对待。如果依旧不给畅畅发贴花，可以和孩子妈妈沟通，表示贴花先收在老师这里，明天做到不打人就还给他,还要再奖励一枚进步贴花。妈妈一定会配合教育的。

三、策略修正

1. 将单一的奖励评价改为针对性的奖励评价。奖励贴花是老师对孩子的物质评价方式,在精神层面引导孩子不断进步。在使用贴花奖励时,要配合语言的评价:"你今天发言声音那么响亮,老师非常惊喜!""如果你能听其他人的建议,和小朋友一起商量解决问题,大家就更喜欢你了!"及时给予每个孩子适合的评价和建议,更能发挥贴花鼓励的作用。

2. 用延缓评价的方式减缓孩子对挫折的敏感性。大班阶段,可以将每日评价改为顺序评价、固定日评价或周末评价。老师可以将活动规则告知孩子与家长,根据孩子执行规则、完成任务的先后,采用即做即得、集中奖励、终极奖励的方式,让班级孩子在不同的时段获得贴花。

附:

电视访谈节目《谈幼儿抗挫力和责任感的培养》[①]

主持人:家长朋友们,我们已进入了21世纪,现正在幼儿园里接受教育的孩子,将是21世纪建设的栋梁。我想,坐在电视机前的家长或观众恐怕都想了解:我们的孩子为21世纪的到来做了哪些准备?幼儿园的老师和幼教工作者们为21世纪的儿童发展做了哪些努力?

今天,我们邀请了鼓楼幼儿园的园长崔利玲老师和大家聊聊这个话题。

崔老师,您认为我们的孩子为21世纪的到来做好准备了吗?

崔利玲:要想回答这个问题,我们首先应知道21世纪需要孩子做好哪些准备。

主持人:崔老师,听说您在南京市成立了一个儿童社会性发展的研究小组,对21世纪儿童需要的社会性发展做了众多的研究,您能和大家谈谈你们研究的内容和成

① 江苏教育电视台2001年4月6日"家庭教育"专题节目播出

果吗？

崔利玲：好的。我们这个课题组通过很多调查发现，现在的孩子在3岁入园时智力上没有什么差异，主要的差别在社会性适应上，比如自信不足、不愿和同伴交往、缺乏规则意识、胆小、不会也不愿做力所能及的事等等。

主持人：崔老师，是不是3岁入园的孩子在智力上的发展都差不多，但非智力因素差异较明显？

崔利玲：可以这么说。现在，孩子们都是独生子女，家长都有早期教育的意识，加上媒体刺激的增多，孩子在知识上的积累量是较大的。但是，由于各个家庭所处的环境不同、教养方式的不同，使孩子在能力上出现差异，也就形成了孩子发展上的差异。比如，两个孩子同样在搭一座小桥，都没有成功，心理素质较好的孩子会想：可能我搭的桥太宽了，没有这么宽的积木，我再试试搭一座窄一些的桥。心理素质较弱的孩子会想：我搭了那么长时间，还是没有搭好，我真笨！这就是儿童在抗挫能力上的差异。

主持人：是呀，前几年，新闻媒体上曾经报道过《夏令营的较量》，对中国孩子的独立能力、抵御挫折的能力显露出担忧，因为我们的孩子是独生子女，是娇宝宝。您认为，根据我们这种国情，应该怎样提高孩子这方面的能力呢？

崔利玲：俗话说"解铃还需系铃人"，要想提高儿童抵御挫折的能力，还要从挫折产生的起因去找寻。我们知道，挫折是一个人在做某件事时，遇到了无法克服的或自认为无法克服的障碍和干扰，使这个人的目的无法实现时所产生的紧张或消极的情绪反映。这种障碍和干扰，可以是受挫者自身的原因，也可能是外界的原因。

自身的原因，比如生理方面，如果这个孩子动作发展不好，跳绳就很难得第一；如果孩子的协调性不好，她自己再努力，也不一定能被老师选上代表班级参加"六一"演出。自身原因还有心理方面的，如果一个孩子做事缺乏坚持性和毅力，遇到困难不是想办法克服，而是采用回避的态度，也是造成挫折的原因之一。当然，缺乏必要的知识、经验的准备是儿童活动受挫的最大原因。

外界的原因有环境方面的，如果让5个跳绳都非常好的孩子比赛选出1个冠军，肯定就会有4个孩子受挫，这不是因为他们不努力，而是人数的限制。如果让5个孩子用"石头、剪子、布"划拳选出1位组长，这就是机遇。另外，家庭、幼儿园、社会给予儿童活动提供的条件如何，也直接影响活动的成败。

主持人：崔老师，你谈了孩子受挫的原因有外部的因素，也有内部因素。那我们怎么帮助孩子防止受挫呢？

崔利玲：要想减少孩子遭遇挫折，就要增强孩子抵御挫折的能力，如掌握与年龄相符的知识技能，比如大班的孩子应该自己的事情自己做，自己会穿衣、系鞋带、叠被整理玩具等，如果这些力所能及的事情都不会做，他就会落后于别人，长此下去，孩子就会失去自信。除这些知识技能以外，还要增强孩子的心理承受能力，如乐观积极的态度、遇到困难不退缩、失败后不悲观等。

有一次，我们与孩子开展了一项活动，看看谁从来没有失败过，结果大家都有失败的经历，当老师请孩子们猜一猜老师有没有失败过的时候，孩子们一致认为老师是不会失败的。所以，当老师告诉小朋友自己也失败过的时候，很多小朋友欢呼起来，他们不是为老师的失败而高兴，而是为自己与老师一样而激动。这个活动告诉孩子们，失败不可怕，人人都会失败，只要自己不断努力，总会成功的。

主持人：崔老师，你们的活动真有趣。那如果孩子已经遭遇挫折了，又应如何疏导呢？

崔利玲：在工作实践中，我们摸索出一套帮助孩子挫折疏导的对策，步骤是“引导孩子分析失败的原因——心理释放（说出心中的愉快或不愉快，用相应的动作或表情来表现）——心理疏导（转移注意——找孩子的长处，鼓励自信——延伸其他活动，让孩子产生新的希望——与孩子进行身体接触，进行抚慰）”。

具体说来，如果一个孩子画画得很好，但老师并没有表扬他，孩子就很沮丧，不愿参加下面的活动。用上面疏导法，我们可以走到他的身边，与他一同谈谈老师为什么没有表扬他，这里的原因可能有多种，可能有的孩子画画进步大，可能这个孩子画画技能较好但创新不够，也可能是孩子上课违规了，这些都可能是老师不表扬的原因。如果我们与孩子一一分析了，孩子就会知道自己到底问题出在哪儿。接下来，要让孩子心理宣泄，可以对孩子说“如果你不高兴，可以大声喊一喊，也可以皱皱眉，或者做一个怪脸，把不高兴赶走”。然后，我们就要对孩子进行心理疏导，告诉他“你的画大家都很喜欢，老师经常表扬你的画，下次画画时要听清老师的要求，就会画得更好”。最后，我们可以抱抱孩子，让他知道大家很喜欢他，他是受大家欢迎的。

其实，要让孩子正确对待挫折、抵御挫折，最好的办法是让孩子经常有一些小挫折，在解决小挫折的过程中，增强抗挫能力。在生活中，小挫折无时不在。比如，在街上打的，明明是你们家招的，却给别人捷足先登了，汽车走了，你连说理的机会都没有，如果你不善于疏导，就会影响一天的情绪。这时，我们不妨一起找找原因，让孩子猜想可能是手挥得幅度太小，司机没看见；可能是上车的人有急事，来不及打招呼；可能上车的人没看见我们招车；也可能他很霸道……总之，我们要让孩子知道失败的原因有多种，除自己的原因以外，也会有外界的原因，我们要总结失败的原因，下次尽量避免。只要努力争取，就会成功。

主持人：崔老师，你刚才说，挫折是儿童在实现目标的过程中，因为遇到障碍而无法实现目标所产生的一种心理反映。如果有这样一个孩子，他有很多的目标，但都遇到了障碍，无法实现，他自己也无所谓，仍然今天做一件事不成功，明天做一件事还是不成功。你觉得，这样的孩子，遇到挫折了吗？

崔利玲：这个孩子不是遇到挫折了，而是缺乏责任感。在幼儿时期，我们把这种责任感称为任务意识和规则意识，就是孩子有没有完成任务或执行规则的意识。一个没有责任感的人，即使挫折就在面前，他也很少体会到。所以，没有责任感的人，是不能完成重大任务的。

主持人：看来，培养孩子的责任感，也是幼儿时期的任务啊！

崔利玲：是呀，现在的孩子，因为是独生子女，家长包办代替过多。孩子饭来张口，衣来伸手，家长辛辛苦苦为孩子做事，而孩子竟认为是大人应该做的，不懂得知恩图报。所以，我们从小要教育孩子学会自己的事情自己做，自己对所做的事负责。

如有一次，为了了解儿童任务意识的发展水平，我们请孩子第二天带一张画有圆形的画，结果第二天有三分之一的孩子没有完成。他们的理由是“妈妈忘记了”“家里没有笔”“昨天在爷爷家的”“爸爸忘记提醒我了”，没有一个孩子认为任务没有完成是自己的原因。所以，我们做家长的，应从孩子成长的角度，放开我们紧紧保护的双手，让孩子去尝试，去获得经验，通过自己的尝试获得主动的发展。著名儿童教育家陈鹤琴老先生曾说过“做中学，做中教，做中求进步”，就是要大人们充分放手让孩子去尝试，去做感兴趣的事，有了活动的积极性，孩子的责任感就会提高的。

主持人：电视机前的观众朋友，教育孩子是一门学问，要遵循儿童发展的规律和教育规律，期待下次再聆听专家的教育忠告。

结　语

1979 年，当我在晓庄师范入学典礼上聆听陈鹤琴先生讲话并与之合影时，我还不了解陈鹤琴教育思想对中国幼教的影响。之后，我来到陈鹤琴曾任院长的南京师范大学学习，深层次地接触了中外幼儿教育，感受到陈鹤琴教育思想的博大精深。在鼓楼幼儿园 30 年间，我每天都与陈鹤琴教育思想为伴，家庭教育思想、活教育理论……，我惊讶陈鹤琴教育思想的丰富，惊讶鼓楼幼儿园办学初期就确定的中国化、大众化、科学化的办学宗旨，惊讶伟大教育家的远见卓识。

陈鹤琴先生是鼓楼幼儿园的第一任园长，我是第八任园长，与伟人前后担任鼓幼的园长，光荣的同时亦感责任重大。在幼儿园每天都会看见陈老塑像、陈老纪念室、陈老故居、陈老栽的树、陈老写的书、陈老的教育名言……在这样的文化环境里，责任感、使命感倍增。

幼儿园的教育涉及千家万户，幼儿园的教育质量影响着国家未来建设者的素质。作为中国幼儿教育研究的发源地，传播陈鹤琴教育思想、探索科学幼儿教育之路，是我们的责任。20 世纪，陈鹤琴《家庭教育》一书被陶行知誉为“中国做父母的必读之书”“小孩子可以多发些笑声，父母也可以少些烦恼了”“这本书是儿童幸福的源泉也是父母幸福的源泉”。我们将此书奉为圣典，也想“以科学的头脑，母亲的心肠”开展家庭教育工作。

从 1923 年办园起，鼓楼幼儿园就将幼儿园与家庭的联络作为重要的管理内容，视家庭为重要的教育场所，让家长成为不可缺失的教育资源。本书就是近年来在管理中家园共育实践经验的花絮，如果此书能够帮助到幼教同仁们，能够帮助到困惑的父母们，我则和孩子们一样幸福、快乐了！

感谢我的导师杨九俊院长，一直指导我、引领我，梳理我园的管理思想、教育理念，鼓励我们在教育实践的基础上形成教育主张。感谢金生鈜、吴永军、袁浩、储宏启导师，不断地问诊、把脉、开方，推进我的成长。感谢鼓楼幼儿园所有的老师们，是大家敬业、乐业、专业、创业的精神，给本书提供了无尽的素材。

崔利玲撰写第 1、2、3、4、5、9 章，朱水莲撰写第 6、8 章，崔利玲、朱水莲、丁仕华合作撰写第 7 章。陈笑萍、丁仕华提供了书中的部分案例。

谨以此书作为鼓楼幼儿园建园 90 周年的献礼！

崔利玲　2012 年 11 月